新时代智库出版的领跑者

国家智库报告 2023（26）
National Think Tank

经济

全球数字经济发展指数报告
（TIMG 2023）

张明　王喆　陈胤默　著

GLOBAL DIGITAL ECONOMY
DEVELOPMENT INDEX REPORT (TIMG 2023)

中国社会科学出版社

图书在版编目(CIP)数据

全球数字经济发展指数报告. TIMG 2023 / 张明，王喆，陈胤默著. —北京：中国社会科学出版社，2023.9

（国家智库报告）

ISBN 978 - 7 - 5227 - 2525 - 3

Ⅰ. ①全… Ⅱ. ①张… ②王… ③陈… Ⅲ. ①信息经济—经济统计—指数—研究报告—世界—2023 Ⅳ. ①F491

中国国家版本馆 CIP 数据核字（2023）第 165943 号

出 版 人	赵剑英
项目统筹	王 茵　喻 苗
责任编辑	黄 晗
责任校对	郝阳洋
责任印制	李寡寡

出　　版	中国社会科学出版社
社　　址	北京鼓楼西大街甲 158 号
邮　　编	100720
网　　址	http://www.csspw.cn
发 行 部	010 - 84083685
门 市 部	010 - 84029450
经　　销	新华书店及其他书店

印刷装订	北京君升印刷有限公司
版　　次	2023 年 9 月第 1 版
印　　次	2023 年 9 月第 1 次印刷

开　　本	787×1092　1/16
印　　张	13.75
插　　页	2
字　　数	178 千字
定　　价	78.00 元

凡购买中国社会科学出版社图书，如有质量问题请与本社营销中心联系调换
电话：010 - 84083683
版权所有　侵权必究

评估全球数字经济发展状况的新尝试
（代序）

  数字金融、绿色金融与普惠金融可谓当前全球与中国金融业发展的三大方向。身为金融研究者，自然不应错过上述行业发展最新趋势与动态。为此，我与自己的几位学生：杨晓晨、王喆、陈胤默、仇力、路先锋，组成了一个数字金融研究小组。我与杨晓晨关于比特币与互联网金融的论文均发表于 2014 年，这说明我们小组关于数字金融的研究已经有十年时间了。初期，我们关于数字金融的研究偏向于数字货币，例如比特币、天秤币与央行数字货币。自 2020 年以来，我们关于数字金融的研究明显发力，且选题日益多元化。放在读者眼前的这本报告，就反映了我们团队关于数字经济研究的最新成果。

  王喆是我在中国社会科学院金融研究所合作的博士后。她 2021 年在南开大学获得经济学博士，导师是蒋殿春老师，博士学位论文的主题是全球数字并购。在博士学位论文中，她构建了一个衡量全球主要国家数字经济发展状况的指标体系。她来金融研究所之后，我建议团队成员在王喆初步构建的指标体系基础上充分拓展，将其扩充为一个更加系统化、更加全面的指标体系，并将其发展为一个学界的公共产品。由于这个指标体系主要涵盖技术（Technology）、基础设施（Infrastructure）、市场（Market）与治理（Governance）四个维度，我们将其取名为

TIMG 指数。我们关于 TIMG 指数构建与应用的首篇论文《测度全球数字经济发展：基于 TIMG 指数的特征事实》发表于 2021 年第 6 期的《金融评论》杂志上。

过去两年以来，我们团队主要在做两件事情。其一，是利用我们构建的 TIMG 指数来撰写定量研究的学术论文。例如，我们团队在《世界经济研究》2022 年第 12 期上发表的《全球数字经济发展能降低收入不平等吗?》一文就采用了 TIMG 指数相关数据。其二，我们在进一步打磨 TIMG 指数。截至目前，我们已经将该指数扩展为一个包括 4 个一级指标、12 个二级指标以及 24 个三级指标的指标体系。《全球数字经济发展指数报告（TIMG 2023）》就反映了我们的最新努力。这本报告的时间跨度为 2013—2021 年，涵盖了 106 个全球主要经济体。感谢高蓓提出的修改意见，感谢路先锋所做的数据处理与校对工作。

如前所述，TIMG 指数包括数字技术、数字基础设施、数字市场与数字治理 4 个一级指标。之所以选择这 4 个指标，主要出于以下考量：第一，数字技术是数字经济的核心驱动力，也是未来影响企业与国家核心竞争力的关键要素；第二，数字基础设施能够为数字经济发展提供基础性支持，前者的发展水平将会制约后者的增长潜力；第三，由于数字经济具有规模经济、范围经济、网络效应、长尾效应等特征，数字市场的规模与深度变得极其重要；第四，良好的制度环境是数字经济发展的重要保障，数字治理的水平奠定了一国数字经济发展的制度基础。总体来看，数字市场扩张与数字基础设施建设是全球数字经济发展的主要驱动力，数字治理的发展经历了由慢到快的转换，而数字技术指数的提升相对缓慢。

TIMG 指数最重要的用途之一，就是帮助我们了解特定国家数字经济的整体发展程度与竞争力，以及在各个维度的长短板，这能够为未来一国数字经济发展指明方向。例如，2021 年，中国的 TIMG 指数总体排名全球第 8 位，同期内全球前 7 位分别为美国、新加坡、英国、德国、荷兰、日本与法国。又如，2021年，在4个分项指数中，中国在数字技术方面排名全球第15位，在数字基础设施方面排名全球第3位，在数字市场方面排名全球第2位，在数字治理方面排名全球第41位。再如，从2013年到2021年，中国无论是TIMG指数总体排名还是分项排名都有明显进步。总体排名上升了14位，数字技术、数字基础设施、数字市场与数字治理的分项排名分别上升了4位、18位、1位与18位。

美国在数字经济发展方面依然具有全球优势。在2021年，除总指数排名第1位之外，美国在数字技术、数字基础设施与数字市场3个细分指标均排名第1位，仅在数字治理方面排名第4位（仅次于新加坡、芬兰与丹麦）。新加坡的数字经济发展程度位居全球前列。在2021年，新加坡总指数排名第2位，数字技术、数字基础设施、数字市场与数字治理分别排名第6位、第2位、第13位与第1位。总体来看，TIMG指数与一国经济发展水平大致正相关。2021年，在TIMG指数排名前20位的国家中，有18个国家为发达国家，仅有中国与阿联酋为新兴市场国家。相比之下，北美、东亚与西欧的数字经济发展水平较高，非洲、拉美的数字经济发展水平较低，其他区域则位于两者之间。以上分析也意味着，"数字鸿沟"有进一步扩大的风险。

除了给出年度排名与时间序列，《全球数字经济发展指数报告（TIMG 2023）》还附加了两个专题。考虑到2023年是"一带一路"倡议提出十周年，专题一重点分析了"一带一路"沿线国家（地区）数字经济发展状况。总体来看，自2017年至今，"一带一路"沿线国家（地区）的数字经济发展速度超过了非沿线国家（地区）。但"一带一路"沿线区域与国家的数字经济发展程度同样具有鲜明的异质性。例如，东亚和太平洋、东盟、中东欧是数字经济发展较快的区域，中亚是数字经济发展较慢的区域，其他区域的数字经济发展状况处于两者之间。

从国别来看，新加坡、中国、阿联酋、以色列的数字经济发展程度最高，而也门、老挝、吉尔吉斯斯坦的数字经济发展程度最低。

当前数字经济国际合作已经成为国际合作的新领域与新赛道。本报告的专题二重点分析了数字经济国际合作的现状。总体来看，目前欧盟、美国、英国等发达经济体依然是数字经济国际合作的规则制定者和主要参与国。一国数字经济国际合作参与度与该国数字经济发展水平总体上呈现正相关。目前与中国建立数字经济合作的国家多为数字经济发展程度相对较低的国家。

2023年5月30日，我们在中国社会科学院金融研究所正式发布了《全球数字经济发展指数报告（TIMG 2023）》。在这次会议上，中国社会科学院金融研究所所长张晓晶研究员、北京大学国家发展研究院助理院长黄卓教授、中国社会科学院数量经济与技术经济研究所数字经济研究室主任蔡跃洲研究员、蚂蚁集团研究院院长李振华先生对下一步如何继续完善TIMG报告提出了很多真知灼见。例如，对各项指标权重设定应该继续斟酌，应充分考虑数字经济市场规模的重要性等。又如，在数字技术指标测度方面，应充分考虑顶尖科学家数量。再如，在数字基础设施指标选取方面，建议将数字基础设施覆盖率与触达比例作为衡量指标。此外，还应考虑不同指标之间的相关性与权衡关系。我们将在2024年的TIMG报告中针对上述意见尽可能加以完善。

《全球数字经济发展指数报告（TIMG 2023）》是笔者团队的第一份相关报告，我们希望能够把它做成一个连续发布的年度产品。这份报告也是笔者主持的第二份指数报告。从2014年至2020年，笔者所在团队曾经连续七年发布《中国海外投资国家风险评级报告（CROIC - IWEP）》。该报告曾经三次入选中国社会科学院创新工程年度重大成果、四次入选中国社会科学院优秀国家智库报告、一次入选中国智库索引（CTTI）年度精品成果，已经成长为中国社会科学院世界经济与政治研究所的旗舰型产品，并在国内外产生了较大的影响力。笔者希望，《全球数字经济发展指数报告（TIMG）》也能够持续发力，成长为一个兼具标识性与内涵的公共产品。

张　明

2023年6月1日

摘要： 近年来，数字经济依托于新一代信息技术，掀起生产组织、商业模式、社会生活、政府治理等各领域的深刻变革。根据牛津词典中的界定，数字经济是"一种主要依靠数字技术运作的经济"（OUP，2021）。在1996年，塔普斯科特最早提出数字经济的概念，认为数字经济是基于"比特"（字节）而非"原子"的经济（Tapscott，1996）。

当前，全球数字经济发展已经进入战略竞争和布局阶段。各国如何在全球数字经济竞争赛道上赢得头筹，成为广受关注的焦点议题。在全球数字经济发展的竞争赛道上，先发国家如何保持自身优势以继续领跑全球？后发国家如何借助数字经济发展以实现弯道超车？回答上述问题的关键在于对全球数字经济发展水平进行准确度量，以明确各国自身发展优势与短板。这是各国制定全球竞争战略和政策的前提与依据。

大量学者和机构对数字经济的内涵、范围进行了界定。但是，面对全球数字经济发展状况，已有指数并未能达成统一结论，且无法完全兼顾时空范围。本报告在吸收和借鉴已有相关数字经济指数优点的基础上，对指标选取、样本区间和国家范围进行综合权衡和改进，构建了度量2013—2021年全球主要国家数字经济发展水平的TIMG指数。在指标构建方面，本报告确保了测度时间的连续性和指标体系的一致性。

本报告从全球视角出发，选取数字技术（Technology）、数字基础设施（Infrastructure）、数字市场（Market）和数字治理（Governance）4个维度，构建TIMG指数，对全球106个经济体在2013—2021年的数字经济发展程度进行度量。

从总体评级结果来看，2013年以来全球数字经济发展整体呈现上升趋势，主要由数字市场发展和数字基础设施建设所推动。从区域来看，北美、西欧、东亚和太平洋地区是2021年数字经济发展水平较高的三大地区，非洲、拉丁美洲地区的数字经济发展较为落后。从国别来看，美国、新加坡、英国是2021

年数字经济指数排名最高的国家,并且在具体的数字经济竞争优势上存在差异。就中国而言,2021年,中国在数字市场方面具有竞争优势,但在数字技术、数字治理方面与美国、新加坡等国家相比,还存在一定差距。

2023年是"一带一路"倡议提出十周年。随着数字经济的快速发展,"数字丝绸之路"建设已成为共建"一带一路"的重要组成部分和新的国际合作突破口。总体来看,"一带一路"沿线国家(地区)的数字经济发展较快。"一带一路"沿线国家(地区)的TIMG指数在2017年之后开始超过样本内的非"一带一路"沿线国家(地区)。从区域来看,东亚和太平洋、东盟、中东欧是区域内数字经济最为领先的地区,西亚和独联体地区的数字经济表现相当,中亚则是"一带一路"沿线整体水平偏弱的区域。从国别情况来看,"一带一路"沿线数字经济水平最高的国家是新加坡,其次为中国、阿联酋和以色列,而也门、老挝、吉尔吉斯斯坦、黎巴嫩等国家的数字经济发展较为薄弱。

数字经济国际合作将成为未来国际合作的新领域和新竞争赛道。目前,欧盟、美国、英国等发达国家是数字经济国际合作的主要参与国和规则制定者。从TIMG指数得分和数字经济国际合作情况来看,一国数字经济国际合作参与程度与数字经济发展水平整体呈现正相关。然而,数字经济国际合作与数字经济发展依然存在不匹配的情况。数字经济发展相对落后的国家正在通过国际合作来提升本国数字经济发展水平,这表明数字经济后发国家正在努力与追赶。

中国正在与长期经贸往来密切的国家在数字经济领域开展更为深入的合作,加快推进与"一带一路"沿线国家(地区)的数字经济合作,并与数字经济发展领先国家陆续在细分领域开展数字经济合作。从国际合作实践与TIMG指数评级结果来看,与中国建立数字经济合作的"一带一路"沿线国家多为后发国家。

在全球数字经济发展进入战略竞争和布局阶段的背景下，全球主要国家陆续将数字经济发展纳入本国的战略发展规划之中。特别是在 2018 年之后，全球主要国家在数字经济方面的追赶竞争态势愈发明显。因此，有必要对全球主要经济体的数字经济竞争优势和劣势进行深入分析和比较，为政府部门制定具有针对性的数字经济战略和国际竞争策略提供参考。

关键词：全球数字经济发展；TIMG 指数；指数编制；国际比较；"一带一路"；国际合作

Abstract: In recent years, relying on the new generation of information technology, the digital economy has set off profound changes in various fields such as production organization, business model, social life, and government governance. According to Oxford Dictionaries, digital economy is "An economy that primarily operates on digital technologies" (OUP, 2021). Tapscott first proposed the concept of the digital economy in 1996, arguing that the digital economy is an economy based on "bits" (bytes) rather than "atoms" (Tapscott, 1996).

At present, the development of the global digital economy has entered the stage of strategic competition and strategic layout. How countries can win the top spot in the global digital economy competition track has become the focus of widespread attention. On the competitive track of the development of the global digital economy, how can the first-mover countries maintain their own advantages and continue to lead the world? How can late-developing countries take advantage of the development of the digital economy to achieve cornering overtaking? The key to answering the above questions is to accurately measure the development level of the global digital economy, so as to clarify the advantages and disadvantages of each country's own development. This is the premise and basis for countries to formulate global competition strategies and policies.

A large number of scholars and institutions have defined the connotation and scope of the digital economy. However, with the development of the global digital economy, the existing indexes have not reached a unified conclusion, and cannot fully take into account the scope of time and space. On the basis of drawing lessons from the advantages of existing relevant digital economy indexes, this report comprehensively weighs and improves the index selection, sample interval and country scope. This report constructs the TIMG index to measure the development level of the digital economy of major countries in the world from 2013 to 2021. In terms of indicator construction, this report ensures the continuity of measurement time and the consistency of the indicator system.

From a global perspective, this report selects the four dimensions of digital technology, digital infrastructure, digital market and digital governance to construct the TIMG index, which measures the degree of digital economic development of 106 economies around the world during 2013 – 2021.

Based on the overall rating results, the development of the global digital economy has shown an overall upward trend since 2013. This is mainly driven by the development of the digital market and the construction of digital infrastructure. From a regional perspective, North America, Western Europe, East Asia, and the Pacific are the three regions with a relatively high level of digital economy development in 2021. Africa and Latin America are the regions with relatively backward digital economy development in 2021. From a country perspective, the United States, Singapore, and the United Kingdom are the countries with the highest rankings in the digital economy index in 2021. However, the competitive advantages of the digital economy of these countries differ in specific segments. In 2021, China has a competitive advantage in the digital market. Compared with the United States, Singapore and other countries, China still has a gap in digital technology and digital governance to some extent.

2023 is the tenth anniversary of the "Belt and Road" initiative. With the rapid development of the digital economy, the construction of the "Digital Silk Road" has become an important part of the joint construction of the "Belt and Road" and a new breakthrough in international cooperation. Overall, the digital economy of the countries along the "Belt and Road" is developing rapidly. The TIMG index of countries along the "Belt and Road" began to surpass other countries in the sample after 2017. From a regional perspective, in 2021, East Asia and Pacific, ASEAN, Central and Eastern Europe are the most advanced regions in the digital economy. Digital economy development in West Asia and the CIS region is comparable in 2021. Central Asian is region along the "Belt and Road" whose overall level is relatively weak in 2021. From the perspective of countries, the country with the highest level of digital economy along the "Belt and Road" is Singapore, followed by China, the United Arab Emirates and Israel in 2021. However, the development of digital economy in Yemen, Laos, Kyrgyzstan, Lebanon and other countries is relatively weak.

International cooperation in the digital economy will become a new field and a new competition track for international cooperation in the future. At present, developed countries such as the European Union, the United States, and the United Kingdom are the main participants and rule-makers in international cooperation in the digital economy. Based on the TIMG index score and the international cooperation in the digital economy, the degree of participation in international cooperation in a country's digital economy is positively correlated with the overall level of digital economy development. However, there is a development mismatch between international cooperation in the digital economy and the development of the digital economy. Countries with relatively backward digital economy development are improving their digital economy development level through international cooperation. This shows the efforts and catching up of digital economy developing countries.

China is carrying out more in-depth cooperation in the field of digital economy with countries which have long-term close economic and trade ties with China. China is accelerating the establishment of digital economic cooperation with countries along the "Belt and Road". In particular, China is successively carrying out digital economy cooperation in subdivided fields with leading countries in digital economy development. Based on international cooperation practices and TIMG index rating results, most of the "Belt and Road" countries that have established digital economic cooperation with China are latecomers.

With the development of the global digital economy entering the stage of strategic competition and deployment, major countries around the world have successively incorporated the development of the digital economy into their national strategic development plans. Especially after 2018, the trend of catching up competition in the digital economy among major countries in the world has become more and more obvious. Therefore, it is necessary to conduct an in-depth analysis and comparison of the advantages and disadvantages of digital economy competition among the world's major economies. This helps to provide a reference for government departments to formulate targeted digital economy strategic and international competition strategies.

Key words: Global Digital Economy Development; TIMG Index; Index Compilation; International Comparison; "Belt and Road" initiative; Global Cooperation

目　录

引　言 …………………………………………………………（1）

一　现有主流数字经济评价指数回顾 ………………………（4）
　（一）主流数字经济测度指数介绍 ……………………（7）
　（二）主流数字经济评价指数的特征比较 ……………（9）
　（三）主流数字经济测度指数存在的问题 ……………（12）

二　TIMG 指数编制方法 ……………………………………（15）
　（一）指标体系 …………………………………………（15）
　（二）样本选取 …………………………………………（17）
　（三）无量纲化处理 ……………………………………（18）
　（四）权重设置 …………………………………………（19）
　（五）指数特点和优势 …………………………………（21）
　（六）TIMG 指数的意义和价值 ………………………（22）

三　TIMG 指数结果分析 ……………………………………（23）
　（一）指数排名情况 ……………………………………（23）
　（二）特征事实分析 ……………………………………（34）
　（三）代表性国家分析 …………………………………（46）

四　"数字丝绸之路"专题分析 ……………………………（68）
　（一）整体趋势 …………………………………………（68）

（二）区域比较 …………………………………………………（70）
　　（三）指数排名 …………………………………………………（71）
　　（四）代表性国家 ………………………………………………（75）

五　数字经济发展与国际合作专题分析 ………………………………（96）
　　（一）总体情况分析 ……………………………………………（96）
　　（二）数字经济国际合作的特征事实 …………………………（98）
　　（三）数字经济国际合作的国别情况 …………………………（102）
　　（四）中国参与数字经济国际合作情况 ………………………（105）

六　主要结论与政策建议 ………………………………………………（109）
　　（一）主要结论 …………………………………………………（109）
　　（二）政策建议 …………………………………………………（111）

附录一　TIMG 指数数据 ………………………………………………（114）
　　（一）TIMG 指数情况 …………………………………………（114）
　　（二）TIMG 指数的一级分项指标情况 ………………………（118）
　　（三）TIMG 指数的二级分项指标情况 ………………………（134）

附录二　TIMG 指数代表性维度的国家排名 …………………………（181）

附录三　样本国家列表 …………………………………………………（191）

附录四　团队相关研究成果 ……………………………………………（196）
　　（一）期刊论文 …………………………………………………（196）
　　（二）研究报告 …………………………………………………（197）
　　（三）财经评论 …………………………………………………（197）

附录五　全球数字经济发展指数（TIMG）数据库 ……………（199）

参考文献 …………………………………………………………………（200）

引　言

近年来，数字经济依托于新一代信息技术，掀起生产组织、商业模式、社会生活、政府治理等各领域的深刻变革。20 世纪 90 年代至 21 世纪初期，数字经济主要以信息技术为核心，并基于互联网发展出电子商务等早期商业应用。进入 21 世纪特别是 2010 年后，数字经济以移动互联网、大数据、云计算、物联网、人工智能等新一代信息技术为核心，在涌现出大量数字产业化新兴业态的同时，逐渐向传统经济领域渗透融合，全球数字经济进入新的快速发展期。根据中国信息通信研究院（以下简称"中国信通院"）数据，2021 年全球 47 个主要国家数字经济增加值规模达到 38.1 万亿美元，占全球 GDP 的比重达到 45%。

数字经济已经成为驱动全球创新发展、国际技术进步和产业竞争的关键领域。特别是 2020 年新冠疫情以来，数字经济作为经济增长新引擎的作用更加突出，各国也在 5G、人工智能、数字货币等新兴领域展开更为激烈的竞争。

各国和国际组织普遍将数字经济发展作为重要的战略性目标。一方面，各国和国际组织加快推进和实施数字经济发展规划和战略政策。1998 年，美国商务部最早发布关于数字经济的官方报告，并相继出台《数字经济议程》《美国国家网络战略》等政策。欧盟积极推进数字化单一市场战略，打造"数字欧洲"，英国也陆续推出多个数字战略计划。根据 OECD 统计，截至 2015 年约有 80% 的成员国制定了有关数字经济的国家战略或部门政策。2016年，G20峰会发布《二十国集团数字经济发展与合作倡议》，首次将"数字经济"列为G20创新增长蓝图的一项重要议程。另一方面，近年来各国对数字经济治理愈发重视。例如，随着ChatGPT等人工智能技术快速发展，欧洲国家更加警惕数据安全问题。2023年3月31日，意大利个人数据保护局宣布，从即日起禁止使用聊天机器人ChatGPT，并限制开发这一平台的OpenAI公司处理意大利用户信息。同时个人数据保护局开始立案调查。同年4月，德国、法国和爱尔兰的隐私监管机构表示可能会追随意大利的脚步，因数据安全问题"封杀"ChatGPT。

数字经济具有显著的规模经济、范围经济、网络效应等特征，为后发国家发展数字经济提供了"弯道超车"的机会。近年来，中国数字经济发展突飞猛进。截至2021年，中国数字经济规模已经从2012年的11万亿元增长至45万亿元，成为仅次于美国的数字经济大国。2022年《"十四五"数字经济发展规划》提出，2025年中国数字经济核心产业增加值占GDP的比重将达到10%。

党的十八大以来，数字经济已经上升到国家战略高度。中国正在加快推进数字经济发展，陆续出台了《网络强国战略实施纲要》《数字经济发展战略纲要》等政策，然而，面对数字经济大而不强、市场竞争无序等现实问题，提升数字经济发展水平、塑造数字经济国际新优势是下一阶段的重要任务。2022年习近平总书记提出要"不断做强做优做大我国数字经济"。2022年12月15日，习近平总书记在中央经济工作会议上指出，要积极推动《数字经济伙伴关系协定》（DEPA）等高标准经贸协议，并主动对照相关规则、规制、管理、标准，深化国内相关领域改革。[1] 未来，如何增强中国数字经济的国际竞争力和参与

---

[1] 习近平：《当前经济工作的几个重大问题》，《求是》2023年第4期。

国际数字规则制定成为下一阶段中国数字经济发展的关键所在。

数字经济的测度与度量是分析比较数字经济发展水平、制定数字战略、培育数字竞争优势的重要前提和基础。

一方面，国际组织和各国政府正在加快构建数字经济规模测算的新统计框架和标准。OECD、BEA等机构均尝试构建衡量数字经济的统计框架。中国信通院连续多年对数字经济规模进行测算，并于2022年发布《全球数字经济白皮书》，对全球47个主要经济体的数字经济规模进行测算。

另一方面，测度和评价本国数字经济发展程度也尤其重要。中国信通院、赛迪顾问、新华三集团等国内机构和学者主要对国内省际或城市层面的数字经济发展水平进行测度。当前，鲜有一套连续、动态的指标体系从国别角度来科学、全面地概括全球数字经济现状。

本报告立足于国际视角，通过对数字经济特征和重要因素的分析，从数字技术（Technology）、数字基础设施（Infrastructure）、数字市场（Market）和数字治理（Governance）4个维度构建TIMG指数，以此来评价2013—2021年全球106个主要经济体的数字经济发展水平和驱动力。TIMG指数旨在通过对一国数字经济发展水平的准确评估，从宏观上把握全球数字经济发展进程，比较国别间的数字经济竞争优劣势，为数字经济战略制定、参与数字经济国际合作等方面提供借鉴和参考。

本报告结构安排如下：第一部分对现有主流的数字经济评价指数进行回顾；第二部分介绍TIMG指数编制方法、指数特征和价值；第三部分对TIMG指数结果进行总体分析；第四部分基于指数对"一带一路"沿线国家（地区）的数字经济发展状况进行专题分析；第五部分基于指数分析数字经济发展与国际合作的情况；第六部分为主要结论与政策建议。

一　现有主流数字经济评价指数回顾

数字经济内涵和范围的界定是数字经济测度的基础。简言之，数字经济是基于数字技术而兴起或颠覆的一系列经济活动。数字经济是"一种主要依靠数字技术运作的经济"。① 塔普斯科特最早提出数字经济的概念，认为数字经济是基于"比特"（字节）而非"原子"的经济。② OECD 将数字经济定义为由数字技术驱动、在经济社会领域发生持续数字化转型的生态系统。③ 大量学者和机构也对其内涵、范围进行界定。④ 依据数字技术对传统经济社会的渗透程度和范围，可以将数字经济活动按照不同口径进行归类。一种为"三分法"。例如 Bukht 和 Heeks 将数字经济划分为数字部门、密集使用 IT 技术的数字活动、广泛使用

---

① OUP, *Definition of Digital Economy*, Oxford University Press, 2021.
② Tapscott D., *The Digital Economy: Promise and Peril in the Age of Networked Intelligence*, New York: McGraw-Hill, 1996.
③ OECD, *Measuring the Digital Economy: A New Perspective*, Paris: OECD, 2014.
④ Kling, R. and R. Lamb, "IT and Organizational Change in Digital Economies: A Socio-Technical Approach", *ACM SIGCAS Computers and Society*, No. 29, 1999; Mesenbourg, T. L.: "Measuring the Digital Economy", *US Bureau of the Census*, No. 5 - 6, 2001; Knickrehm, M., B. Berthon and P. Daugherty, "Digital Disruption: The Growth Multiplier", *Accenture Strategy*, No. 1, 2016; Dahlman, C., S. Mealy and M. Wermelinger, "Harnessing the Digital Economy for Developing Countries", *OECD Development Centre Working Papers*, 2016.

IT技术的经济社会活动三个口径。① UNCTAD也将数字经济分为数字基础设施、数字内容和传统经济的数字化三个组成部分。② 另一种为"二分法"。一般将数字经济分为数字产业化和产业数字化两个部分。③ 此外，若将更广泛的制度领域考虑在内，数字经济又可以分为支撑层、数据层、商业层和治理层四个层次。④

数字经济测度的方向之一是对其规模的核算测度。OECD设立专家小组建立数字经济的卫星账户核算框架。⑤ 美国经济分析局（Bureau of Economic Analysis, BEA）则利用供给使用表对美国数字经济增长值与产出规模进行测算。⑥ 此后，澳大利亚、新西兰、加拿大等国家参考OECD或BEA的框架对数字经济进行测算。⑦ 中国信通院主要基于投入产出法对数字经济规模进行测算，覆盖数

---

① Bukht, R. and R. Heeks, "Defining, Conceptualising and Measuring the Digital Economy", *Development Informatics Working Paper*, 68, 2017.

② UNCTAD, *World Investment Report* 2017: *Investment and the Digital Economy*, New York and Geneva: United Nations, 2017.

③ 中国信息通信研究院：《中国数字经济发展白皮书》，2017年。

④ 阿里研究院：《数字经济系列报告之一：数字经济2.0》，2017年。

⑤ Ahmad, N., P. Schreyer, *Measuring GDP in a Digitalised Economy*, Paris: OECD Publishing, 2016; Ahmad, N., J. Ribarsky, *Towards a Framework for Measuring the Digital Economy*, Paris: OECD Publishing, 2018.

⑥ Barefoot, B., D. Curtis, W. Jolliff, J. R. Nicholson and R. Omohundro, "Defining and Measuring the Digital Economy", *BEA Working Paper*, 2018; BEA, "Measuring the Digital Economy: An Update Incorporating Data from the 2018 Comprehensive Update of the Industry Economic Accounts", *BEA Working Paper*, 2019;

⑦ Millar, J. and H. Grant, "Valuing the Digital Economy of New Zealand", *Asia-Pacific Sustainable Development Journal*, No.1, Vol.26, 2017; Statistics Canada, "Results from the Digital Economy Survey", *Statistics Canada Report*, 2018; Zhao P. F.: "Measuring Digital Activities in the Australian Economy", *Australian Bureau of Statistics (ABS) Report*, 2019.

字产业化和产业数字化部分。① 向书坚和吴文君②、许宪春和张美慧③、韩兆安等④也尝试构建数字经济范围框架并对规模进行测算。

数字经济测度的方向之二是对数字经济发展水平的指数测度。目前，国内许多机构对地区数字经济发展水平进行测度，例如数字经济指数⑤、中国数字经济指数⑥、"互联网+"指数⑦、中国城市数字经济指数⑧等。此外，刘军等⑨和王军等⑩学者也对区域数字经济发展进行测度并探讨主要驱动因素。除此之外，国别层面的数字经济测度对于评估中国数字经济发展阶段和水平，发现国际数字经济竞争优劣势具有重要指导作用。然而，目前国内关于国别层面的数字经济测度研究相对较少。

因此，本部分重点介绍当前主流的国际数字经济测度指数，对比分析各类指数的特点、优势与不足。

---

① 中国互联网络信息中心：《CNNIC 发布第 51 次〈中国互联网络发展状况统计报告〉》，https://www.cnnic.net.cn/n4/2023/0302/c199-10755.html。
② 向书坚、吴文君：《中国数字经济卫星账户框架设计研究》，《统计研究》2019 年第 10 期。
③ 许宪春、张美慧：《中国数字经济规模测算研究——基于国际比较的视角》，《中国工业经济》2020 年第 5 期。
④ 韩兆安、赵景峰、吴海珍：《中国省际数字经济规模测算、非均衡性与地区差异研究》，《数量经济技术经济研究》2021 年第 8 期。
⑤ 中国信息通信研究院：《中国数字经济发展白皮书》，2017 年。
⑥ 赛迪顾问：《2020 中国数字经济发展指数白皮书》，2020 年。
⑦ 腾讯研究院：《中国"互联网+"指数报告（2018）》，2018 年。
⑧ 新华三集团：《中国城市数字经济指数白皮书（2017）》，2018 年。
⑨ 刘军、杨渊鋆、张三峰：《中国数字经济测度与驱动因素研究》，《上海经济研究》2020 年第 6 期。
⑩ 王军、朱杰、罗茜：《中国数字经济发展水平及演变测度》，《数量经济技术经济研究》2021 年第 7 期。

（一）主流数字经济测度指数介绍

目前，一些大型国际机构和国际组织基于不同视角，陆续编制了测度全球数字经济发展水平的指数。

早期的全球数字经济发展指数的测度主要表现为对信息通信技术（Information and Communications Technology，ICT）发展水平的度量，例如 ICT 发展指数（ICT Development Index，IDI）主要反映了一国对 ICT 接入、使用和技能培养方面的发展水平，由国际电信联盟（International Telecommunication Union，ITU）编制。

随着数字技术的快速创新和发展，数字经济的衡量测度也需要与时俱进。目前，国际上对国别数字经济发展水平进行全面测度的主要指数包括：世界经济论坛发布的网络就绪指数（Networked Readiness Index，NRI）、欧盟发布的数字经济与社会指数（Digital Economy and Society Index，DESI）、瑞士洛桑国际管理发展学院发布的世界数字竞争力排名。除此之外，部分指数重点测度了数字经济在某一侧面的表现。例如，全球移动通信系统协会（Global System for Mobile communications Association，GSMA）发布的移动联通指数（Mobile Connectivity Index，MCI）侧重于对数字基础设施的度量；联合国发布的电子政务发展指数（E-Government Development Index，EGDI）侧重于对主要经济体的数字治理水平的测度。

近年来，国内的科研机构和大型高科技企业也在尝试对全球数字经济发展情况进行测度。例如，上海社会科学院发布了《全球数字经济竞争力发展报告》。此外，阿里研究院的数字经济发展指数、华为的全球联接指数（Global Connectivity Index，GCI）对从国际视角衡量数字经济发展进行了有益探索。吴翌琳①、吴晓怡和张雅静②等学者也尝试对数字经济的国别竞争力进行测度。

当前，具有代表性的国际数字经济指数介绍如下。

1. 网络就绪指数

网络就绪指数（NRI）由世界经济论坛（World Economic Forum，WEF）编制，从2002年开始每年定期发布，其测度范围从起始的75个经济体逐渐扩展到如今的130多个经济体。NRI指数早期主要反映一国接入互联网、进行信息化发展的就绪程度。该指标体系包括环境、就绪度和应用3个维度，共包括60余个指标。2002—2016年，世界经济论坛在《全球信息技术报告》中定期发布网络就绪指数，但在2016年之后的一段时间内暂停发布指标。2019年之后，NRI指数进行了较大调整，世界经济论坛专门发布了《网络就绪指数报告》。特别是在现有指标体系架构基础上，重新构建了治理、技术、人群、影响力4个全新维度，在指标选取上有侧重地加入反映数字经济新进展的指标。

2. 数字经济与社会指数

数字经济与社会指数（DESI）由欧盟从2014年开始编制。该指标体系包括连通性、人力资本、互联网使用、数字技术整合与数字公共服务5个维度和30多个指标。该指数的底层数据来源于欧盟的多项家庭、企业使用ICT的微观调查数据，旨在刻画欧盟国家的数字经济给经济与社会带来的综合影响。2020年和2022年，欧盟基于DESI指数发布国际版的I-DESI指数（International Digital Economy and Society Index），将欧盟国家与

---

① 吴翌琳：《国家数字竞争力指数构建与国际比较研究》，《统计研究》2019年第11期。

② 吴晓怡、张雅静：《中国数字经济发展现状及国际竞争力》，《科研管理》2020年第5期。

美国、中国等18个全球主要经济体的数字经济发展水平进行横向比较。

3. 世界数字竞争力排名

世界数字竞争力排名是由瑞士洛桑国际管理发展学院（International Institute for Management Development，IMD）编制并发布的。该指数旨在衡量全球主要经济体在经济和社会转型过程中使用数字技术的能力和准备程度。该指数测度的起始时间为2017年，测度范围涵盖63个全球主要经济体的数字竞争力情况。该指标体系涉及54个子指标，从知识、技术和未来准备3个维度对数字竞争力进行测度。

4. 全球数字经济竞争力指数

全球数字经济竞争力指数由上海社会科学院编制。从2017年起，上海社会科学院每年定期发布《全球数字经济竞争力发展报告》，构建全球数字经济竞争力指数。该指数衡量全球50个经济体的数字经济竞争力。该指标体系涉及24个子指标，从数字产业、数字创新、数字设施和数字治理4个维度对全球数字经济竞争力进行测度。

（二）主流数字经济评价指数的特征比较

当前，测度全球数字经济发展的各类指数（见表1-1）具有三大特征。

表1-1　　　　世界主要数字经济指数情况

指数名称	发布机构	范围	时间跨度	指数构成
ICT发展指数（IDI）	国际电信联盟（ITU）	176个经济体	1995年至今	ICT接入 ICT使用 ICT技能

续表

指数名称	发布机构	范围	时间跨度	指数构成
数字经济与社会指数（DESI）	欧盟	27个经济体	2014年至今	联通性 人力资本 互联网使用 数字技术整合 数字公共服务
网络就绪指数（NRI）	世界经济论坛	133个经济体	2002—2016年；2019年至今①	环境（治理） 就绪度（技术） 应用（人群） 影响力
世界数字竞争力排名	瑞士洛桑国际管理发展学院（IMD）	63个经济体	2017年至今	知识 技术 未来准备
电子政务发展指数（EGDI）	联合国	193个经济体	2003年至今	电信基础设施 人力资本 在线服务
移动联通指数（MCI）	全球移动通信系统协会	170个经济体	2014年至今	基础设施 可负担性 消费者意愿 内容和服务
全球联接指数（GCI）	华为	50个经济体	2014年至今	供给要素 需求要素 体验要素 潜力要素
数字经济竞争力指数	上海社会科学院	100个经济体	2017年至今	数字基础设施 数字产业 数字创新 数字治理
数字经济发展指数	阿里研究院	150个经济体	2018年	数字基础设施 数字消费者 数字商业生态 数字公共服务 数字教育科研

注：笔者自行整理。

---

① NRI指数在2002—2016年连续发布，后经历中断并从2019年重新开始。指数构成中的括号为2019年的指标变更。

第一，已有指数从不同角度对数字经济发展水平进行度量。部分指数重点关注数字经济发展的某一侧面。例如，IDI 指数主要对一国 ICT 产业发展情况进行度量，侧重于信息化发展水平的测度，而对于数字经济近年来的新特征较少关注。EGDI 指数则重点考察数字技术在政府治理中的应用。此外，有些指数基于竞争力视角，考察各国在数字经济领域的实力，例如世界数字竞争力排名和数字经济竞争力指数。

第二，已有指数所覆盖的时间和地理范围存在差异。IDI 指数的编制时间最早，始于 1995 年；NRI 指数和 EGDI 指数始于 20 世纪初，时间跨度较长，但 EGDI 指数是每两年发布一期，NRI 指数则在 2016 年中断发布一段时间。在 2013 年后，随着数字经济 2.0 的快速崛起①，对构建测度数字经济发展程度的指数提出了现实需要。DESI 指数以及 GCI 指数始于 2014 年；世界数字竞争力排名以及数字经济竞争力指数始于 2017 年。近年来，新兴的数字经济指数在时间连续性上还有待考察，部分指数为一次性的截面样本。例如，数字经济发展指数仅披露了 2018 年的情况。另外，从样本覆盖范围来看，IDI 指数、NRI 指数、EGDI 指数等数字经济指数覆盖的国家范围最广，超过 100 多个国家。DESI 指数主要以欧盟发达国家作为研究对象，仅包含 27 个经济体；GCI 指数和世界数字竞争力排名所覆盖的国家相对较多，涉及 50—60 个全球主要经济体。

第三，已有指数的指标体系构建既有共性也有差异。目前的数字经济指数多采用多层级的指标构建体系，在一级指标中普遍从 3—5 个维度进行考察，并重点考虑以下 3 个领域。一是技术创新。DESI 指数从人力资本和技术应用两个角度来考察；数字竞争力排名区分了知识和技术两个维度。此外，有些指数统一为技术创新维度后，做了进一步的细分。例如，IDI 指数新

---

① 阿里研究院：《数字经济系列报告之一：数字经济 2.0》，2017 年。

增了 ICT 技能维度的测度、数字经济竞争力指数新增了数字创新维度的测度、数字经济发展指数新增了数字教育科研维度的测度。二是数字基础设施建设情况，例如 EDGI 指数、数字经济竞争力指数等。现有指数在指标名称表述方面略有不同，例如 IDI 指数的 ICT 接入指数、DESI 指数中的联通性指数、GCI 指数中的供给要素指数、NRI 指数的基础设施环境指数等。三是市场与产业发展。DESI 指数和 NRI 指数考察了数字技术的市场使用或应用情况，数字经济发展指数衡量了数字消费者，数字经济竞争力指数则对数字产业情况进行度量。GCI 指数更是将其归为需求要素。此外，部分指数根据度量侧重点的不同构建了各自的独特维度。例如，NRI 指数构建了影响力的子指标主要反映数字经济对经济、社会的影响程度；DESI 指数和数字经济竞争力指数考察了数字治理或公共服务情况；世界数字竞争力排名以及 GCI 指数从发展视角考察了未来增长潜力和准备程度。

（三）主流数字经济测度指数存在的问题

现有测度全球数字经济发展的指数可能存在两个主要问题。

第一，对于指标选取、样本范围存在全面性、可得性的权衡。数字经济指数的构建不仅需要尽可能全面、准确地从不同维度构建指标度量体系，还需要考虑数据的可得性。一般而言，对指标体系的丰富度、全面性要求越高，时间跨度和地理范围的限制较多，其覆盖范围会因此而有所下降。因此，数字经济指数的构建需要在指标的全面性和可得性之间权衡取舍。

从目前已有的全球数字经济测度指数来看，DESI 指数、NRI 指数以及 GCI 指数能够较为全面地评估世界主要国家的数字经济发展情况。该类指数既能覆盖传统数字产业，又能在一定程度上反映全球数字经济发展的最新进展和未来发展潜力。

然而，这类指标在具体操作时却存在如下问题：一是一些指数涵盖国家较少。例如，GCI指数仅包含50个经济体。再如，DESI指数仅包含27个欧盟经济体，欧盟虽然后续拓展了用于国际比较的I-DESI指数，但其涉及的地理范围仍相对较小，仅涵盖46个经济体。二是为了拓展指标测度的地理覆盖范围，指标体系的复杂度增加。例如，NRI指数虽地理覆盖范围较广，但指标体系较为复杂，指标体系中的子指标超过50个，这导致指标的可借鉴性和参考性下降。

第二，已有数字经济指数测度结果存在较大差异，特别是针对中国等新兴市场国家的排名结果差异较大。已有数字经济指数在指标选取、样本范围和度量方法等方面的不同，导致国别测度结果出现差异。

从总体情况来看，在国际机构发布的数字经济指数中，中国的排名普遍在中等或中等偏上的位置，而在国内的数字经济排名中中国则明显靠前。例如，在2018年I-DESI指数中，中国的排名为第45位；在2022年NRI指数和世界数字竞争力排名中分别为第23位和第17位，在全球中处于中等偏上水平。但在数字经济竞争力指数和数字经济发展指数的排名中，中国处于世界领先地位，数字经济发展水平排在全球前三位。

从具体细分维度来看，基于不同维度构建的数字经济指数中也存在类似的问题。在反映数字基础设施领域的测度中，MCI指数、DESI指数①对数字基础设施的测度均显示中国排名在第40—50位，而在数字经济竞争力指数排名中，中国排名第4位。在反映数字市场发展水平的测度中，中国的NRI指数和DESI指数排名在第35—39位，而在数字经济竞争力指数、数字经济发展指数排名中，中国数字市场的排名位列全球第一。

中国的数字经济发展水平究竟在全球竞争中如何定位？如何客观分析国内外排名所产生的巨大差异？这些都是有待于进

---

① 排名比较采用2022年度最新报告中的指数。

一步研究和探讨的重要问题。为了解决现有全球数字经济指数在时间跨度和覆盖范围上的无法兼顾，以及指数结果差异较大等问题，本报告构建了一套全新的全球数字经济发展指数——TIMG指数，旨在衡量近十年来全球数字经济发展动态。当前，构建一套系统而全面的全球数字经济发展指数有利于国别比较，进行全球数字经济发展定位，助力一国为下一步数字经济的发展寻找新的发力点。

二　TIMG 指数编制方法

TIMG 指数从数字技术（Technology）、数字基础设施（Infrastructure）、数字市场（Market）和数字治理（Governance）4 个维度衡量全球数字经济发展。通过样本选择、无量纲化处理、权重设置等过程得到 TIMG 指数结果。

（一）指标体系

参考已有指数中的指标体系设计，TIMG 指数的构建包含三级指标体系，在一级指标中从数字技术、数字基础设施、数字市场以及数字治理 4 个维度入手（见图 2-1），衡量一国数字经济的发展水平，并结合不同影响因素和数字经济特征设置二级、三级指标。这 4 个维度的选择依据反映和影响数字经济发展的重要因素和领域而展开，基于准确性、可得性、连续性等原则进行指标选择。最终，全球数字经济发展指数的指标体系共由 4 个一级指标、12 个二级指标以及 24 个三级指标构成（见表 2-1）。

1. 数字技术

数字经济的发展以数字技术为核心驱动力，因而数字行业具有知识密集和技术密集的特点。数字技术是影响未来企业生存与国家核心竞争力的关键。

数字技术维度可以从科研产出、人力资本以及创新能力等

```
                    ┌─────────────────┐
                    │ 全球数字经济发展 │
                    │   TIMG 指数     │
                    └────────┬────────┘
         ┌──────────┬────────┼─────────┬──────────┐
    ┌────┴─────┐┌───┴──────┐┌┴───────┐┌┴─────────┐
    │Technology││Infrastructure││Market ││Governance│
    │ 数字技术 ││数字基础设施││数字市场││ 数字治理 │
    └──────────┘└──────────┘└────────┘└──────────┘
```

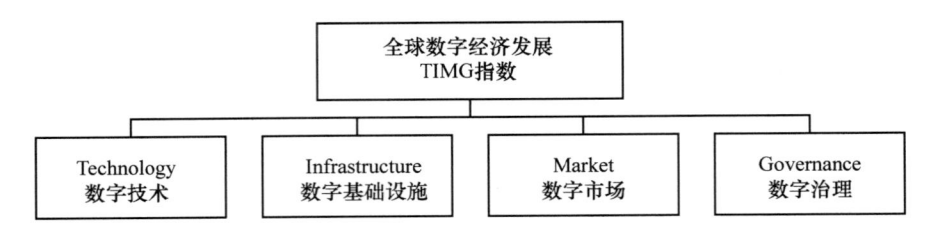

图 2-1　TIMG 指数的构建框架

资料来源：笔者自行整理。

方面加以评估。首先，科研产出是一国进行物质、人力资本投入后的科研成果，是数字技术水平的直接体现，也是数字技术向应用转化的基础。本报告通过与数字技术有关的专利申请与论文发表指标来衡量。其次，人力资本的积累是数字技术进步的重要基础，本报告利用反映高等教育普及程度以及相关领域的教育质量的指标进行评价。最后，创新能力则是数字技术发展的动力和保障。本报告利用世界经济论坛的调查数据定性评估一国的创新能力和产学研合作水平。

2. 数字基础设施

数字基础设施建设为数字经济的发展提供基础性支持，形式多样的数字产业以及广泛的产业数字化均构筑于良好的数字基础设施之上。一国数字基础设施的发展水平，制约着数字经济的未来增长潜力，数字基础设施落后将拉大数字鸿沟。

数字基础设施维度主要关注普惠性、便捷性和安全性三个方面。首先，普惠性侧重度量支撑数字经济发展的电信基础设施的联通性。囿于数据可得性，本报告选取了活跃的固定宽带和移动宽带用户数，以及移动电话订阅量指标，即主要包含一国在"管"和"端"方面的基础设施接入情况。其次，便捷性主要从反映"速度"的人均国际互联网带宽，以及反映"价格"的网络使用和移动设备成本进行衡量。最后，安全性则采用 ITU 发布的网络安全指数来衡量。

3. 数字市场

在数字经济中，由于规模经济、范围经济、网络效应、长尾效应等特征的存在，市场规模的重要性和吸引力更加凸显。

数字市场维度主要关注需求侧、供给侧以及国际市场的情况。由于目前缺乏对数字经济范围的统一界定，也没有对世界各国数字经济市场规模的动态测度。为此，本报告采用如下方式进行处理：首先，利用数字消费者规模、移动社交媒体渗透率反映数字经济的潜在需求。其次，采用数字经济领域的企业数量以及数字企业获得融资规模，反映一国数字市场的产业供给。最后，本报告以开放的视角评价一国的数字贸易进展情况。

4. 数字治理

良好的制度环境是数字经济发展的重要保障。数字治理维度反映了一国数字经济发展的制度基础。具体而言，首先，政府本身的数字化水平，即数字政府建设是数字经济发展的体现和有力保障。本报告选取联合国发布的电子政务指数反映政府利用数字技术改善公共服务效率的情况。其次，经济和商业环境为数字经济发展提供重要的制度保障。本报告利用营商环境指数来反映经济和商业环境，并侧重采用保障数字经济健康发展的知识产权保护程度进行度量。最后，法律和监管环境为数字经济的健康有序发展提供制度性框架和约束。本报告利用与数字经济有关的法律建设水平、ITU 发布的 ICT 监管追踪指数以及政府支持程度加以衡量。

（二）样本选取

在时间区间选取方面，本报告将时间跨度定为 2013—2021

年，主要考量在于：一方面是出于数据可得性的考虑；另一方面 2013—2021 年是数字经济蓬勃发展时期，选取该时间区间能够较好地反映各国数字经济发展水平和发展状况。在该时间区间内，本报告剔除指标缺失较为严重的国家，最终的指数体系共涵盖 106 个全球主要经济体。

在数据来源方面，数字技术指数中的数字专利数据来源于世界知识产权组织（World Intellectual Property Organization，WIPO）数据库，数学和计算机论文发表数据来源于 SCImago 期刊与国家排名数据库；高等教育入学率来自联合国教科文组织（United Nations Educational Scientific and Cultural Organization，UNESCO）。数字基础设施中的指标以及数字市场指数中的数字消费者、数字治理指数中的 ICT 监管指数等数据来源于 ITU、GSMA 等数据库。数字市场指数中的数字企业数量来源于 CrunchBase 数据库，数字贸易有关数据来自联合国贸发会（United Nations Conference on Trade and Development，UNCTAD）。数字治理指数中的营商环境指数来自世界银行发布的《全球营商环境报告》，电子政务指数基于联合国电子政务问卷调查构建而成。其余数据来源于世界经济论坛（WEF）发布的《全球信息技术报告》《全球竞争力报告》以及《网络就绪指数报告》。

（三）无量纲化处理

考虑到原始数据存在不同指标的内涵差异较大、度量单位不尽相同、指标间不具有可比性等问题，本报告通过标准化方法将原始数据统一到同一维度以解决该问题，即采用无量纲化方法对原始数据进行处理。当前，常用的无量纲化方法包括统计标准化、相对标准化、功效系数法等。综合考量各类方法的优缺点之后，本报告采用指数构建较为普遍使用的功效函数法进行处理，即通过确定每个指标的上下阈值将指标实际值转换到统一范围内。具体计算公式如下：

$$X^* = \frac{X - X_{min}}{X_{max} - X_{min}} \times 100 \qquad (2.1)$$

在样本内，本报告利用某一指标（X）的最大值（X_{max}）和最小值（X_{min}）之差作为基准，并将指标的原始值（X）减去样本内最小值（X_{min}）后，除以最大值（X_{max}）与最小值（X_{min}）之差；最后乘以100进行缩放处理。本报告的原始数据均为正向指标，经过标准化后指标取值越大表示数字经济发展程度越高。此外，一国数字经济发展水平存在国家异质性，且数字经济发展水平会随着时间推移而变化。因此，指标构建需要兼顾横向和纵向的可比性。基于上述考量，本报告参考郭峰等学者[①]对中国数字普惠金融指数的处理方法，以2013年作为基准年选取子指标的最大值和最小值。

（四）权重设置

本报告所构建的全球数字经济发展指数共包括三级指标体系，需要根据各子指标的重要程度对各层级的子指标赋予相应的权重。当前，普遍采用的指标权重确定方法主要包括两类：第一类为主观赋权法，例如德尔菲法、经验数据法、层次分析法等；第二类为客观赋权法，例如主成分分析、逐级等权法等。综合考量，本报告对于各级指标的权重确定采用等权重法。具体的指标和权重设置见表2-1。

全球数字经济发展指数从三级指标开始合成，即从三级指标往一级指标分两步进行聚合。第一步，三级指标到二级指标的合成采用简单的算术平均，对于二级指标类别i的计算公式为：

---

① 郭峰、王靖一、王芳、孔涛、张勋、程志云：《测度中国数字普惠金融发展：指数编制与空间特征》，《经济学》（季刊）2020年第4期。

$$category_i = \frac{\sum_{n=1}^{N} indicator_n}{N} \quad (2.2)$$

第二步，二级指标到一级指标的合成根据权重采用简单加权平均的方法进行聚合。最终，一国的数字经济发展指数计算公式为：

$$TIMG = 0.25 \times Technology + 0.25 \times Infrastructure + 0.25 \times Market + 0.25 \times Governance \quad (2.3)$$

表 2-1　　　　　　　　TIMG 指数的指标体系

一级指标	权重	二级指标	权重	三级指标[①]
数字技术	25%	研发产出	1/3	数字专利规模
				数学和计算机发表论文数量
		人力资本	1/3	高等教育入学率
				国民数字素养
		创新水平	1/3	创新活跃程度
				产学研合作水平
数字基础设施	25%	普惠性	1/3	活跃的固定宽带用户
				活跃的移动宽带用户
				移动电话订阅量
		便捷性	1/3	人均国际互联网带宽
				移动资费
				手机价格
		安全性	1/3	网络安全指数
数字市场	25%	需求侧	1/3	数字消费者规模
				移动社交媒体渗透率
		供给侧	1/3	数字企业数量
				数字企业获得融资规模
		国际市场	1/3	数字服务出口规模

① 根据拇指法则，对于偏度大于 2 以及峰度大于 3.5，且离群值较多的规模指标进行对数化处理。

续表

一级指标	权重	二级指标	权重	三级指标
数字治理	25%	数字政府	1/3	电子政务指数
		经济与社会环境	1/3	营商环境指数
				知识产权保护程度
		政治与法律环境	1/3	数字相关法律规制建设
				ICT监管跟踪指数
				政府支持程度

资料来源：笔者自行整理。

（五）指数特点和优势

TIMG指数在吸收和借鉴已有相关数字经济指数优点的基础上，对指标选取、样本区间和国家范围进行综合权衡和改进，形成度量2013年以来全球主要国家数字经济发展的指数，具有时间连续性和指标体系的一致性。与国内外国际数字经济指数比较，TIMG指数具有以下特点和优势。

第一，TIMG指数并不是对数字经济整体规模的测算，而侧重于从支撑数字经济发展的国家资源禀赋和制度环境视角，全方位地测度数字经济的发展水平，具体包括数字技术、数字基础设施、数字市场和数字治理四大维度。

第二，TIMG指数兼顾了指标的全面性与样本覆盖的广度，该指标反映了2013—2021年全球106个经济体的数字经济发展情况。相较于现有测度数字经济的相关指标，TIMG指数具有时间跨度长、国家范围广的特点。这有利于进行横向和纵向的跨国比较，为未来开展跨国层面的数字经济发展的相关特征事实和经验分析提供了重要参考。

第三，TIMG指数充分借鉴现有测度数字经济的指标构建方法，对各类数字经济指标的测度结果差异进行了权衡和折中。一方面，TIMG指数与现有数字经济指数具有较强相关性，评级结果具有可靠性。另一方面，TIMG 指数能够较为客观、动态地评价全球主要经济体的数字经济发展程度和竞争优势和不足。特别是面对中国在国内外相关指数排名中差异较大的问题，TIMG 指数能较为客观地反映中国的数字经济发展状况。与国内外其他机构编制的数字经济指数相比，TIMG 指数凸显中国在数字市场等方面优势的同时，能够反映中国在数字治理等方面的客观不足。

（六）TIMG 指数的意义和价值

本报告所构建的 TIMG 指数有两方面意义。

在理论方面，TIMG 指数将为全球数字经济的相关研究以及统计指标体系设计提供一个参考。当前，学界就数字经济的内涵和范围界定、统计口径等方面，还未形成统一标准。具体而言，现有研究就数字经济发展水平的度量，主要通过构建指数的方法来处理。但是，现有研究多从国内视角出发，例如赛迪顾问、新华三集团等构建了省际、城市层面的中国数字经济指数。目前，学界少有一套兼顾时间连续性、样本覆盖广度和指标可比性的指标体系，用以科学而全面地测度全球数字经济发展程度。本报告通过梳理国内外关于数字经济指标体系的研究，结合当前数字经济快速发展的现实情况，构建了一套系统的、全面的、长时间维度的全球数字经济发展指数，这有利于开展跨国数字经济发展的相关理论研究。

在实践方面，本报告构建的 2013—2021 年涵盖 106 个全球主要经济体的 TIMG 指数，有效地测度了全球数字经济发展程度。这一方面有助于政策制定者和金融从业者更好地了解全球数字经济的发展现状和空间特征；另一方面有利于识别一国数字经济发展的国际定位、发展瓶颈等关键问题。在数字经济发展逐渐呈现国际合作的大背景下，充分把握本国数字经济发展的国际竞争优势和劣势，有助于开展数字经济国际合作，促进本国数字经济健康而可持续地发展。

三 TIMG 指数结果分析

本章首先对 TIMG 指数的总指数和分项指数排名情况进行介绍,其后从全球、区域等不同视角对指数结果进行特征分析,最后选取代表性国家进行具体分析。

(一) 指数排名情况

本报告首先基于 TIMG 指数评价全球主要国家的数字经济发展状况,对国家发展水平进行排名,其中包括总指数排名以及数字技术、数字基础设施、数字市场和数字治理四个分项指数排名。

1. 总指数结果

表 3-1 报告了 2021 年 TIMG 指数的国家排名情况及其相对于 2013 年的动态变化。

从总指数来看,美国的数字经济指数领先世界。在 2013 年和 2021 年,美国始终是 TIMG 指数全球排名第 1 位的国家。2021 年,美国的 TIMG 指数高达 95.28,明显高于其他国家。新加坡和英国的 TIMG 指数较为接近,分别位列全球第 2 名和第 3 名。新加坡和英国的 TIMG 指数从 2013 年的 75.69 和 78.85 上升至 2021 年的 87.55 和 87.08。TIMG 指数全球排名第 4—10 位的国家分别为德国、荷兰、日本、法国、中国、瑞士和韩国,

TIMG指数均在80—86。此外，TIMG指数全球排名第11—20位的国家还包括芬兰、加拿大、瑞典等发达国家，以及来自新兴市场和发展中国家的阿联酋（第17位）。

从总指数排名变动来看，中国是数字经济排名上升最快的国家之一。在2021年，TIMG指数全球排名中国居于第8位。中国的TIMG指数从2013年的63.43上升至2021年的81.42，排名相比2013年前进14个位次。日本和瑞士在2021年的TIMG指数全球排名相比于2013年上升4位；荷兰、法国、韩国在2021年的TIMG指数全球排名相比于2013年上升2位。除此之外，越南、哈萨克斯坦和阿尔及利亚等国家的TIMG指数全球排名也上升12位及以上，至2021年TIMG指数全球排名分别为第50位、第53位和第83位。在世界各国加快发展数字经济的国际竞争中，巴拿马、哥伦比亚、厄瓜多尔等国家在2021年TIMG指数全球排名相比于2013年出现较大下滑。

总体而言，不同国家间的数字经济发展水平具有较大差异，TIMG指数排名最高和最低的国家间得分相差近7倍。TIMG指数排名靠前的国家多为发达国家。2021年，TIMG指数排名前20位的国家中，有18个国家来自发达国家，有两个国家来自新兴市场和发展中国家。而排名靠后的国家多为非洲、拉丁美洲等地区的欠发达国家。2021年，TIMG指数全球排名后20位的国家包括也门、莫桑比克、马拉维等。其中，2021年TIMG指数最低的国家为也门，仅为12.21。

表3-1　　　　　　　　TIMG指数的主要国家排名

排名	国家	TIMG指数（2021）	TIMG指数（2013）	相比2013年排名变化
1	美国	95.28	86.41	0
2	新加坡	87.55	75.69	1
3	英国	87.08	78.85	-1

续表

排名	国家	TIMG 指数（2021）	TIMG 指数（2013）	相比2013年排名变化
4	德国	85.63	75.24	0
5	荷兰	84.19	73.69	2
6	日本	83.22	72.31	4
7	法国	81.84	72.43	2
8	中国	81.42	63.43	14
9	瑞士	81.31	69.69	4
10	韩国	80.95	71.39	2
11	芬兰	80.86	73.89	-6
12	加拿大	80.65	72.75	-4
13	瑞典	80.29	72.15	-2
14	澳大利亚	79.73	73.77	-8
15	丹麦	77.79	66.27	1
16	比利时	76.50	65.76	1
17	阿联酋	76.18	58.31	9
18	挪威	76.14	69.18	-4
19	爱尔兰	76.13	60.78	6
20	以色列	75.91	64.30	0
21	奥地利	75.88	64.87	-3
22	西班牙	74.59	64.49	-3
23	卢森堡	74.22	62.18	0
24	马来西亚	74.03	63.77	-3
25	意大利	73.74	61.78	-1
26	新西兰	73.00	67.04	-11
27	印度	72.17	56.69	1
28	俄罗斯	71.43	56.38	1
29	沙特阿拉伯	70.46	52.41	6
30	土耳其	70.13	55.85	1

续表

排名	国家	TIMG 指数（2021）	TIMG 指数（2013）	相比 2013 年排名变化
31	葡萄牙	69.46	55.00	1
32	爱沙尼亚	68.88	55.87	-2
33	波兰	67.86	53.26	0
34	巴西	66.77	57.61	-7
35	印度尼西亚	66.41	49.09	5
36	捷克	65.83	51.96	1
37	立陶宛	65.24	50.98	1
38	泰国	63.77	47.98	5
39	冰岛	63.12	50.08	0
40	智利	62.68	52.01	-4
41	塞浦路斯	62.64	44.52	12
42	墨西哥	61.98	48.05	0
43	希腊	61.55	47.88	1
44	匈牙利	61.18	53.01	-10
45	斯洛文尼亚	60.98	46.91	2
46	拉脱维亚	60.47	47.12	0
47	罗马尼亚	60.43	45.77	3
48	菲律宾	60.15	42.63	10
49	巴林	59.55	44.40	5
50	越南	59.39	39.64	14
51	斯洛伐克	58.79	46.53	-3
52	塞尔维亚	58.46	40.13	10
53	哈萨克斯坦	58.42	39.62	12
54	乌克兰	58.33	44.13	3
55	保加利亚	58.24	44.38	0
56	南非	58.12	47.37	-11
57	哥伦比亚	57.30	48.57	-16

续表

排名	国家	TIMG 指数（2021）	TIMG 指数（2013）	相比 2013 年排名变化
58	阿根廷	56.98	45.99	−9
59	阿塞拜疆	55.42	38.60	7
60	克罗地亚	54.95	45.76	−9
61	埃及	54.93	40.13	2
62	哥斯达黎加	54.77	44.56	−10
63	摩洛哥	54.49	40.22	−2
64	乌拉圭	53.74	44.28	−8
65	科威特	53.57	33.31	10
66	伊朗	52.43	35.70	6
67	毛里求斯	52.25	40.60	−7
68	格鲁吉亚	50.54	34.52	6
69	肯尼亚	50.05	36.50	1
70	秘鲁	49.41	37.08	−1
71	巴基斯坦	48.63	32.29	7
72	北马其顿	48.17	34.84	1
73	摩尔多瓦	47.00	31.64	8
74	多米尼加	46.79	30.07	10
75	亚美尼亚	46.73	32.29	4
76	斯里兰卡	46.46	35.98	−5
77	巴拿马	45.92	40.79	−18
78	阿尔巴尼亚	45.71	31.09	4
79	孟加拉国	45.30	27.55	10
80	黑山	44.27	37.18	−12
81	尼日利亚	42.93	31.08	2
82	厄瓜多尔	42.48	37.70	−15
83	阿尔及利亚	41.12	22.62	14
84	黎巴嫩	38.62	32.30	−7

续表

排名	国家	TIMG 指数（2021）	TIMG 指数（2013）	相比 2013 年排名变化
85	坦桑尼亚	38.51	23.73	8
86	牙买加	38.16	32.81	−10
87	塞内加尔	37.53	24.31	5
88	博茨瓦纳	37.48	26.80	2
89	科特迪瓦	37.26	20.56	11
90	特立尼达和多巴哥	36.25	32.27	−10
91	乌干达	35.99	27.87	−4
92	吉尔吉斯斯坦	35.95	18.96	9
93	喀麦隆	35.67	23.28	2
94	危地马拉	33.53	27.64	−6
95	巴拉圭	33.45	23.19	1
96	萨尔瓦多	33.24	28.79	−10
97	玻利维亚	30.52	25.67	−6
98	纳米比亚	30.48	23.44	−4
99	洪都拉斯	29.19	21.07	0
100	委内瑞拉	27.28	29.25	−15
101	老挝	26.70	18.85	1
102	津巴布韦	25.81	18.71	1
103	尼加拉瓜	25.17	21.11	−5
104	马拉维	22.66	15.58	1
105	莫桑比克	21.84	15.90	−1
106	也门	12.21	14.25	0

资料来源：笔者自行整理。

2. 分项指数结果

本报告在 TIMG 指数基础上，构造数字技术指数、数字基础设施指数、数字市场指数和数字治理指数四个分项指数，从更为具体的维度测度全球数字经济发展。

(1) 数字技术指数

从数字技术指数全球排名前20位国家分布来看（见表3-2），美国排在第1位。2021年，美国的数字技术指数为91.83，显著领先于其他国家。数字技术指数全球排名第2—5位的国家是来自西欧的芬兰、瑞士、德国和荷兰。这四个国家的数字技术指数较为接近，均在82—84。数字技术指数全球排名第6—10位的国家分别为新加坡、瑞典、日本、韩国和以色列。数字技术指数全球排名在第11—20位的国家多以英国、加拿大、法国、澳大利亚等发达国家为主。

在新兴市场与发展中国家中，中国是唯一进入数字技术指数全球排名前20位的国家。在2021年，中国的数字技术指数全球排名为第15位，相比于2013年上升4位，表现出快速增长态势。数字技术指数也从2013年的65.16增长至74.17。

除此之外，瑞典、以色列2021年数字技术指数全球排名有较大提升，相比于2013年均上升4位。日本、比利时、澳大利亚等国家2021年数字技术指数全球排名相比于2013年则出现较大下滑。

表3-2　　　数字技术指数全球排名前20位的国家

排名	国家	数字技术指数（2021）	数字技术指数（2013）	与2013年相比排名变化
1	美国	91.83	87.06	0
2	芬兰	83.65	85.57	0
3	瑞士	82.78	79.51	0
4	德国	82.22	79.37	0
5	荷兰	82.02	75.14	3
6	新加坡	80.84	77.55	0
7	瑞典	77.66	73.16	4
8	日本	76.62	77.77	-3

续表

排名	国家	数字技术指数（2021）	数字技术指数（2013）	与2013年相比排名变化
9	韩国	75.94	75.63	-2
10	以色列	75.53	69.82	4
11	英国	75.45	72.70	1
12	加拿大	74.69	68.90	3
13	法国	74.62	70.63	0
14	比利时	74.60	74.81	-5
15	中国	74.17	65.16	4
16	丹麦	72.74	65.95	1
17	澳大利亚	71.99	73.66	-7
18	奥地利	71.47	67.09	-2
19	爱尔兰	69.16	64.98	1
20	挪威	68.56	65.74	-2

资料来源：笔者自行编制。

（2）数字基础设施指数

从数字基础设施指数全球排名前20位国家分布来看（见表3-3），美国仍然排名第1位。2021年美国数字基础设施指数得分从2013年的79.79上升至93.07。新加坡和中国紧随其后，2021年的数字基础设施指数分别为90.53和89.33。英国、卢森堡、日本、印度、德国、俄罗斯和意大利的全球排名分别为第4—10位，数字基础设施指数均在85—89。数字基础设施指数全球排名第11—20位的国家中，除了澳大利亚、法国、加拿大等发达国家，阿联酋、土耳其、印度尼西亚等新兴市场和发展中国家也榜上有名。

从数字基础设施指数变化趋势来看，2013年以来数字基础设施方面的国家排名变动幅度较大。其中，阿联酋、中国等国家的数字基础设施指数排名上升较快。相较于2013年，阿联酋和中国的 2021 年数字基础设施指数全球排名分别上升了 38 位和 18 位。而加拿大、澳大利亚、西班牙等国家的数字基础设施指数则呈现快速下滑趋势，相较于 2013 年，加拿大、澳大利亚、西班牙的 2021 年数字基础设施指数全球排名分别下降 10 位、10 位和 9 位。

表 3-3　　数字基础设施指数全球排名前 20 位的国家

排名	国家	数字基础设施指数（2021）	数字基础设施指数（2013）	与 2013 年相比排名变化
1	美国	93.07	79.79	0
2	新加坡	90.53	64.45	14
3	中国	89.33	63.72	18
4	英国	88.50	71.20	-1
5	卢森堡	88.16	64.18	13
6	日本	87.46	68.11	-1
7	印度	87.10	65.56	6
8	德国	86.93	66.53	2
9	俄罗斯	86.57	62.82	14
10	意大利	85.08	65.88	1
11	巴西	84.74	68.00	-5
12	澳大利亚	84.50	72.08	-10
13	法国	83.93	64.28	4
14	加拿大	82.89	69.62	-10
15	韩国	82.48	66.71	-7
16	西班牙	82.04	67.11	-9
17	阿联酋	81.80	46.97	38
18	土耳其	80.96	59.97	7
19	埃及	80.81	56.94	9
20	印度尼西亚	80.56	54.86	12

资料来源：笔者自行编制。

(3) 数字市场指数

从数字市场指数全球排名前20位国家分布来看（见表3-4），美国和中国是排名前两位的国家。2021年，美国数字市场指数为106.08，全球排名第1位。2021年，中国数字市场指数为95.57，排名与2013年相比上升了1个位次。从数字市场指数得分来看，中国的数字市场虽然发展迅速，但是与美国仍有一定的差距。英国、德国分别排名全球第3位、第4位，2021年数字市场指数为95.32和92.42。日本、荷兰、法国、加拿大、印度和韩国全球排名第5—10位。其余前20位的国家主要分布在西欧、东亚和太平洋等地区，印度、巴西等新兴市场国家也位列其中。韩国、巴西、日本等国家2021年数字市场指数全球排名上升较快。澳大利亚、瑞士等国家的数字市场指数全球排名则出现一定的下降。

表3-4　　数字市场指数全球排名前20位的国家

排名	国家	数字市场指数（2021）	数字市场指数（2013）	与2013年相比排名变化
1	美国	106.08	94.99	0
2	中国	95.57	77.15	1
3	英国	95.32	83.57	-1
4	德国	92.42	73.91	0
5	日本	87.41	66.66	4
6	荷兰	86.94	69.93	0
7	法国	86.29	73.82	-2
8	加拿大	84.97	69.91	-1
9	印度	84.20	66.84	-1
10	韩国	84.04	59.43	11
11	西班牙	82.32	65.89	0
12	巴西	82.12	64.98	4

续表

排名	国家	数字市场指数（2021）	数字市场指数（2013）	与2013年相比排名变化
13	新加坡	81.31	66.23	-3
14	瑞典	79.00	65.31	-1
15	瑞士	78.60	65.40	-3
16	意大利	78.02	65.14	-2
17	爱尔兰	77.60	62.35	0
18	澳大利亚	76.57	65.09	-3
19	以色列	75.55	60.67	1
20	比利时	75.55	61.86	-2

资料来源：笔者自行编制。

（4）数字治理指数

从数字治理指数全球排名前20位国家分布来看（见表3-5），新加坡排在第1位。2021年，新加坡的数字治理指数为97.50。芬兰、丹麦和美国分别排名全球第2—4位，数字基础设施指数均在90以上。除此之外，新西兰、英国、瑞士、荷兰、阿联酋和挪威也具有较为领先的数字治理水平，指数排名在全球第5—10位。在数字治理指数全球排名第11—20位的国家包括爱沙尼亚、瑞典、澳大利亚、冰岛等。

从数字治理指数排名变动情况来看，阿联酋、瑞士、冰岛、丹麦、美国、爱沙尼亚2021年的数字治理指数排名相比于2013年均有较大幅度上升。而韩国、澳大利亚、挪威、荷兰等国家2021年的数字治理指数排名与2013年相比，出现了一定程度的下滑。

中国在数字治理方面加速发力。2021年中国的数字治理指数为66.61，全球排名第41位，相比2013年上升18位。

表3-5　　　　　数字治理指数全球排名前20位的国家

排名	国家	数字治理指数（2021）	数字治理指数（2013）	与2013年相比排名变化
1	新加坡	97.50	94.51	0
2	芬兰	93.65	90.00	0
3	丹麦	91.35	82.37	9
4	美国	90.15	83.81	6
5	新西兰	89.33	87.58	-1
6	英国	89.06	87.93	-3
7	瑞士	87.61	81.11	7
8	荷兰	87.47	85.57	-3
9	阿联酋	87.12	76.83	11
10	挪威	86.85	85.35	-4
11	爱沙尼亚	86.44	79.46	6
12	瑞典	85.94	85.27	-5
13	澳大利亚	85.87	84.25	-5
14	卢森堡	85.03	80.20	2
15	冰岛	84.61	76.43	7
16	奥地利	84.50	77.87	3
17	法国	82.51	81.00	-2
18	爱尔兰	82.06	77.94	0
19	日本	81.40	76.70	2
20	韩国	81.33	83.81	-11

资料来源：笔者自行编制。

（二）特征事实分析

基于上述指数情况介绍，本报告对TIMG指数的分项指数做进一步的分析，发现不同国家数字经济发展的竞争优势存在差异，并具有动态变化特征。

1. 全球趋势

基于TIMG总指数结果，本报告对全球数字经济发展的整体水平和趋势进行概览式分析。2013年以来，全球数字经济发展水平呈现稳步上升的趋势。TIMG 指数的全球平均值从 2013 年的 45.33 上升至 2021 年的 57.01，增长幅度接近 26%；TIMG 指数的全球中位数从 2013 年的 44.46 上升至 2021 年的 58.38，增长幅度为 31%（见图 3-1）。2013—2018 年，TIMG 指数的全球中位数普遍低于平均值；2019—2021 年，TIMG 指数的全球中位数开始超过全球平均水平，并呈加速上升趋势。这表明全球数字经济发展以 2018 年为分水岭，在 2018 年之后呈现加速发展趋势。2013—2018 年，先发优势国家的数字经济发展较快，其他国家起步较晚；而到了 2018 年之后，全球主要国家都开始关注数字经济，制定相应的政策促进本国数字经济发展。

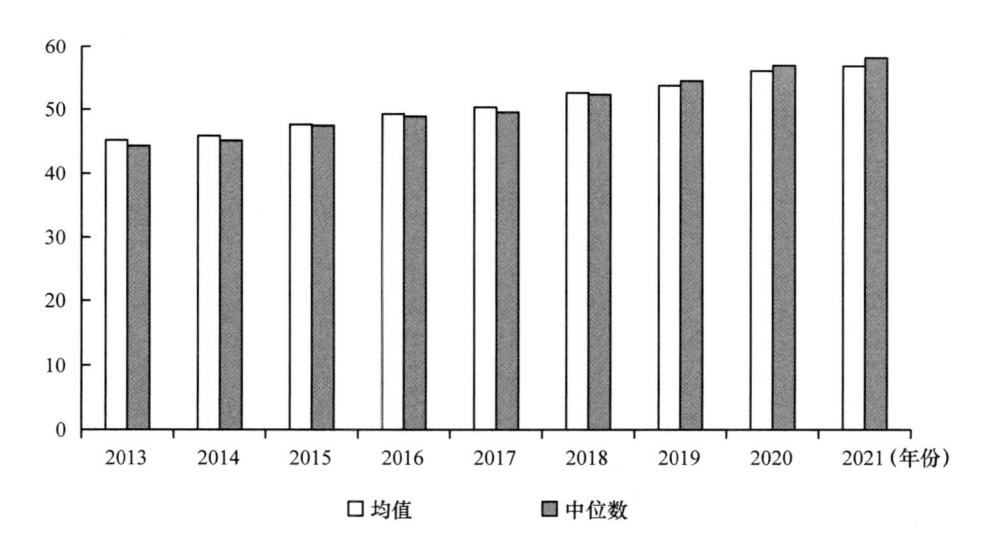

图 3-1 基于 TIMG 指数的全球数字经济发展变化

资料来源：笔者自行编制。

TIMG 指数由数字技术指数、数字基础设施指数、数字市场指数和数字治理指数四个细分指数构成，对该细分指数的分析可以了解推动全球数字经济发展的主要驱动力（见图 3-2）。具体来看，第一，数字市场扩张和数字基础设施建设是全球数字经济发展的主要驱动力。数字市场指数的全球平均水平从

2013 年的 38.99 上升至 2021 年的 54.53，涨幅高达 39.86%，这表明数字市场快速发展带来的经济效应在推动着数字经济的快速发展。数字基础设施指数从 2013 年的 46.62 上升至 2021 年的 65.01，涨幅仅次于数字市场，达到 39.45%，表明数字基础设施建设作为数字经济发展战略的重点得到较快推进。第二，数字治理的发展经历由慢到快的过程。数字治理指数从 2013 年的 53.19 增加至 2021 年的 61.33，上升了 15.30%。特别是 2018 年以来，数字治理指数加速提升，各国积极制定和实施有关数据安全、数字监管等方面的数字治理政策，加快推进数字政府建设。第三，数字技术指数的提升相对缓慢。数字技术指数仅从 2013 年的 42.52 上升至 2021 年的 47.16，增长了 10.91%。尽管近年来数字技术迭代更新较快，但主要集中于科技创新能力较强的领先国家，并没有带来全球整体数字创新平均水平的快速提升，未表现出如数字市场和数字基础设施类似显著的普惠效应和拉动效应。相对于数字市场和数字基础设施，数字技术方面的数字鸿沟问题更加凸显。

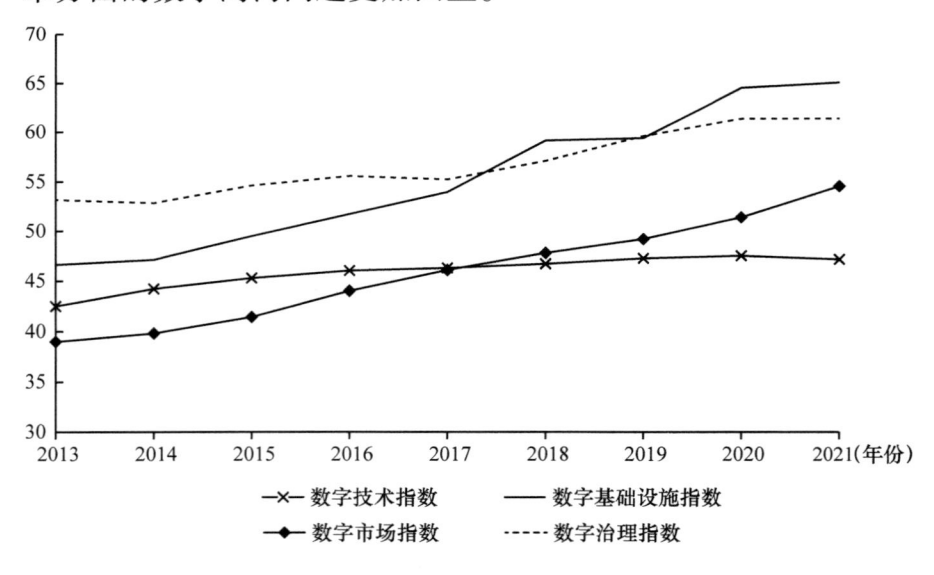

图 3-2　TIMG 细分指数的整体水平

资料来源：笔者自行编制。

进一步地，本报告考察了国家间的数字经济发展指数是否存在动态收敛特点。参考郭峰等①，σ 收敛模型可以表示为：

$$\sigma_t = \sqrt{\frac{1}{n}\sum_{k=1}^{n}\left(\ln dgindex_{kt} - \frac{1}{n}\sum_{k=1}^{n}\ln dgindex_{kt}\right)^2} \quad (3.1)$$

其中，$\ln dgindex$ 为全球数字经济发展指数的对数，k 表示国家，n 表示国家数量，σ_t 表示 t 年的数字经济 σ 收敛系数。若 $\sigma_t > \sigma_{t+1}$，则表明 $t+1$ 年的数字经济发展指数相比 t 年出现收敛趋势。图 3-3 报告了 2013—2021 年的 TIMG 指数 σ 收敛系数，结果显示 TIMG 指数 σ 收敛系数在 2013 年为 0.42，除 2015—2016 年出现略微放缓之外，TIMG 指数 σ 收敛系数呈现持续且快速的下降趋势。2021 年，TIMG 指数 σ 收敛系数降至 0.37。上述结果表明，全球数字经济发展在不同国别之间的差异呈现收敛趋势。

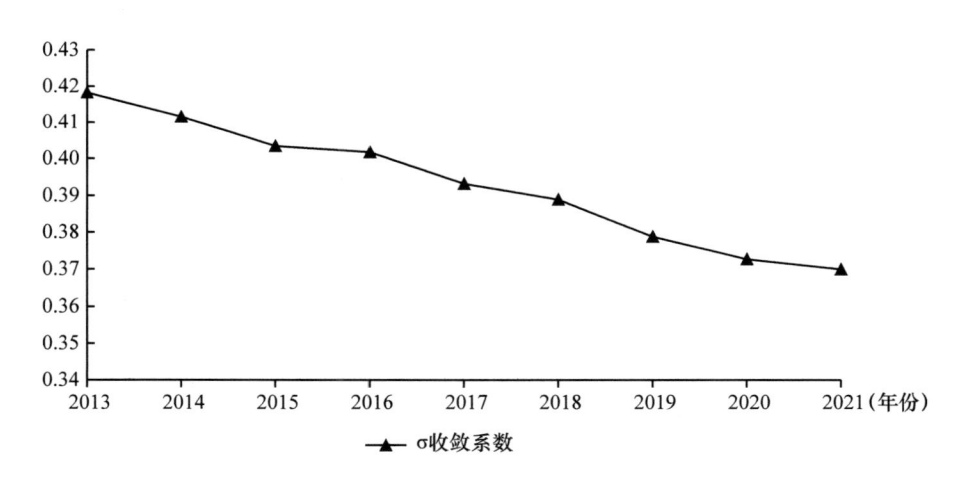

图 3-3　2013—2021 年 TIMG 指数 σ 收敛系数

资料来源：笔者自行编制。

---

① 郭峰、王靖一、王芳、孔涛、张勋、程志云：《测度中国数字普惠金融发展：指数编制与空间特征》，《经济学》（季刊）2020 年第 4 期。

2. 地区分布特征

全球数字经济发展在地域分布上具有聚集性特征，表现出动态的区域收敛趋势（见图3-4）。

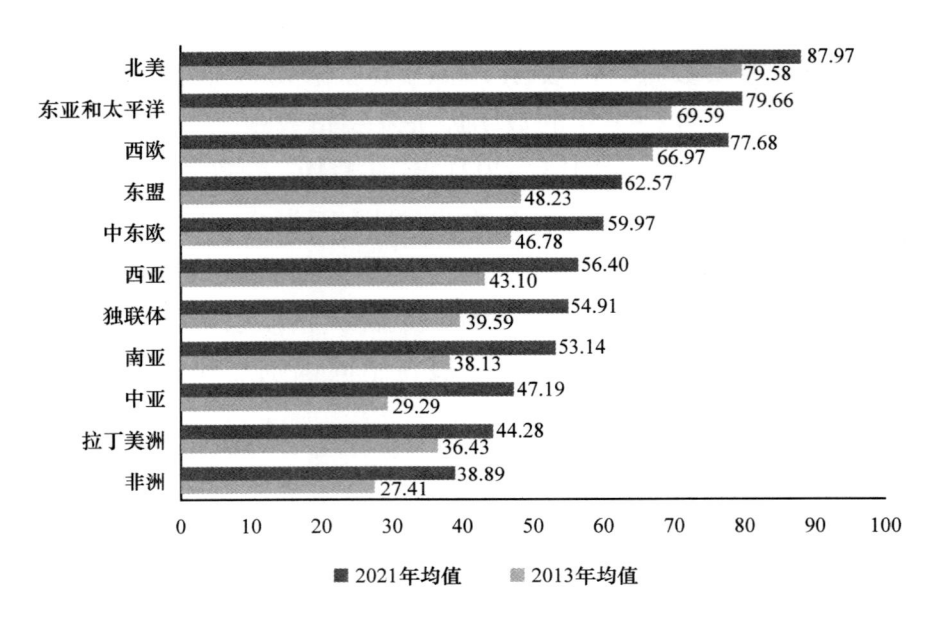

地区	2021年均值	2013年均值
北美	87.97	79.58
东亚和太平洋	79.66	69.59
西欧	77.68	66.97
东盟	62.57	48.23
中东欧	59.97	46.78
西亚	56.40	43.10
独联体	54.91	39.59
南亚	53.14	38.13
中亚	47.19	29.29
拉丁美洲	44.28	36.43
非洲	38.89	27.41

图3-4 TIMG指数的地区分布特征

资料来源：笔者自行编制。

第一，数字经济发展水平较高的国家集中于北美、东亚和太平洋、西欧三大区域。具体而言，北美地区的数字经济发展水平最高，TIMG指数在2021年的平均值为87.97，显著高于其他地区。东亚和太平洋地区，以及西欧地区的数字经济发展水平次之，TIMG指数在2021年的平均值分别为79.66和77.68。

第二，东盟、西亚等亚洲其他地区和中东欧、独联体国家的数字经济发展处于中等水平。近年来，该地区经历了快速发展趋势，并呈现地区间加速追赶的态势。具体而言，一是东盟TIMG指数的平均值从2013年的48.23增长至2021年的62.57，是数字经济发展水平最高的第四大地区。二是中亚地区成为2021年数字经济发展最迅猛的区域。2021年中亚地区的TIMG指数超过拉美地区，达到47.19，相比2013年涨幅高达61.11%。三是南亚、独联体地区发展也相对较快，这两个地区的TIMG指数增速接近40%。

第三，非洲、拉丁美洲地区的数字经济发展较为落后。2021年，非洲和拉丁美洲的TIMG指数的平均值分别为38.89和44.28。具体而言，由于非洲地区数字经济发展基础较为落后，非洲地区的TIMG指数从2013年的27.41增长至2021年的38.89，涨幅为41.88%。虽然TIMG指数的增长幅度较大，但是受制于数字基础设施薄弱、马太效应积累的影响，非洲地区仍是数字经济最欠发展的地区。近年来，拉丁美洲地区的数字经济发展则相对缓慢，TIMG指数的平均值从2013年的36.43上升至2021年的44.28，涨幅为21.55%。

表3-6报告了2021年各主要区域的TIMG指数领先国家情况，这些国家在数字经济发展中发挥了区域内的引领作用。例如，北美地区以美国和加拿大为代表，西欧地区以英国、德国和荷兰为代表，东亚和太平洋地区以日本、中国和韩国为代表。除此之外，新加坡、印度、俄罗斯、巴西、南非等国家分别为区域内的数字经济领先国家。从区域内领先国家分布情况来看，往往是经济体量较大、经济发展程度高的国家数字经济发展较快。

表3-6　　　　　2021年主要区域的TIMG指数领先国家

地区	国家	TIMG指数
北美	美国	95.28
	加拿大	80.65

续表

地区	国家	TIMG 指数
西欧	英国	87.08
	德国	85.63
	荷兰	84.19
东亚和太平洋	日本	83.22
	中国	81.42
	韩国	80.95
东盟	新加坡	87.55
	马来西亚	74.03
	印度尼西亚	66.41
中东欧	奥地利	75.88
	爱沙尼亚	68.88
	波兰	67.86
中亚	哈萨克斯坦	58.42
	吉尔吉斯斯坦	35.95
南亚	印度	72.17
	巴基斯坦	48.63
	斯里兰卡	46.46
拉丁美洲	巴西	66.77
	智利	62.68
	墨西哥	61.98
独联体	俄罗斯	71.43
	乌克兰	58.33
	阿塞拜疆	55.42
西亚	阿联酋	76.18
	以色列	75.91
	沙特阿拉伯	70.46
非洲	南非	58.12
	摩洛哥	54.49
	毛里求斯	52.25

资料来源：笔者自行整理。

3. 不同收入国家差异

本报告分析了 TIMG 指数在不同收入类型国家间的动态变化

情况。基于世界银行收入分配标准,TIMG指数共涵盖46个高收入国家、32个中高收入国家、24个中低收入国家以及4个低收入国家。

本报告基于不同收入类型的国家进行分组,得到TIMG指数在不同收入水平国家间的动态差异特征(见图3-5)。整体来看,TIMG指数的平均水平从高收入国家、中高收入国家、中低收入国家和低收入国家依次递减。高收入国家的数字经济指数得分明显高于其他类型国家,TIMG指数的平均值从2013年的58.87增长至2021年的70.31。相比之下,中高收入国家、中低收入国家的TIMG指数的平均值分别从2013年的40.54和30.26上升到2021年的52.47和43.19。低收入国家的TIMG指数的平均值最低,2021年仅为23.17。根据TIMG指数增速反映的数字经济发展趋势表明中低收入国家正在发挥后发优势,加快推进在数字经济方面的追赶战略,而低收入国家数字经济发展则较为缓慢,面临着数字鸿沟扩大的风险。

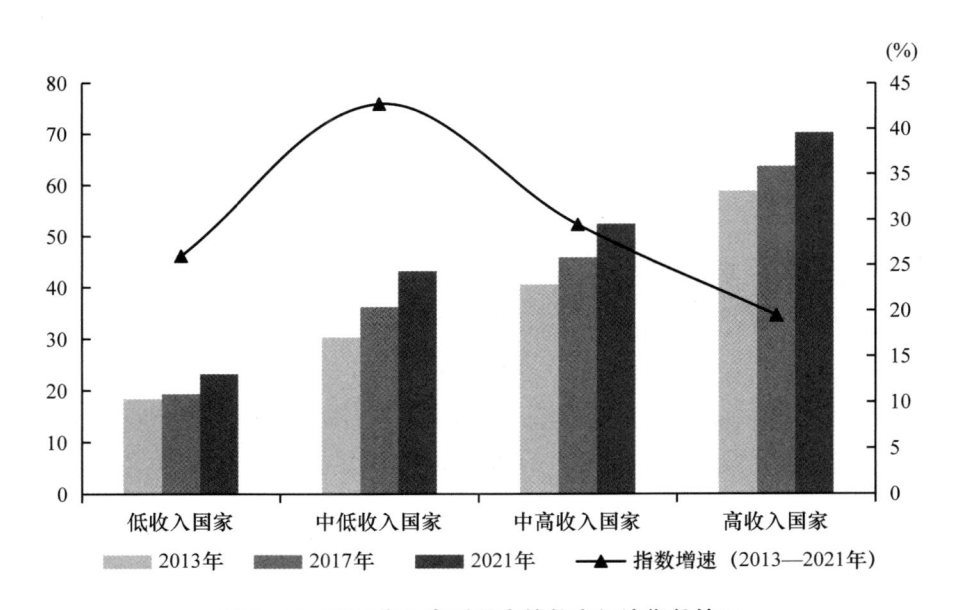

图3-5 不同收入类型国家的数字经济指数情况

资料来源:笔者自行编制。

表3-7对不同收入类型国家组别中的领先国家进行具体分析。在高收入国家组中，美国、新加坡和英国TIMG指数最高；中国和印度则分别是中高收入和中低收入国家中的领先国家。在低收入国家组中，国家间的TIMG指数得分差异较小，乌干达、马拉维和莫桑比克的TIMG指数排名靠前。

表3-7　2021年不同收入类型国家组别中的TIMG指数领先国家

低收入国家		中低收入国家		中高收入国家		高收入国家	
国家	TIMG指数	国家	TIMG指数	国家	TIMG指数	国家	TIMG指数
乌干达	35.99	印度	72.17	中国	81.42	美国	95.28
马拉维	22.66	菲律宾	60.15	马来西亚	74.03	新加坡	87.55
莫桑比克	21.84	越南	59.39	俄罗斯	71.43	英国	87.08
均值	23.17	均值	43.19	均值	52.47	均值	70.31
标准差	9.77	标准差	12.42	标准差	13.39	标准差	12.17

资料来源：笔者自行编制。

4. TIMG指数与国家经济特征的相关性分析

数字经济是全球经济发展新兴引擎和重要支撑。基于TIMG指数在地理空间与收入群体中的分布特征分析，全球数字经济的发展往往与一国的经济发展水平密切关联。一方面，数字经济可能呈现路径依赖特征，一国经济欠发达很有可能制约该国数字经济发展，加剧数字鸿沟问题。另一方面，数字经济也可能为一些后发国家提供了弯道超车的机会。

为了更清晰地反映数字经济发展表现出的国家特征，我们绘制了数字经济指数与各国实际GDP、人均GDP、人口规模以及金融发展水平间的散点图（见图3-6）。散点图呈现两个特征，一是数字经济发展与国家经济规模、人均收入以及金融发展水平间存在明显的正相关关系，相关系数分别为0.75、0.81和0.67。这表明，在经济越发达、人均收入越高、金融发展越深化的国家，数字经济指数往往也更高，当前数字经济发展仍然对传统经济和金融基础具有较强依赖。值得关注的是，TIMG指数与一国经济金融水平相关关系中的离群点显示一些国家突破了路径依赖。

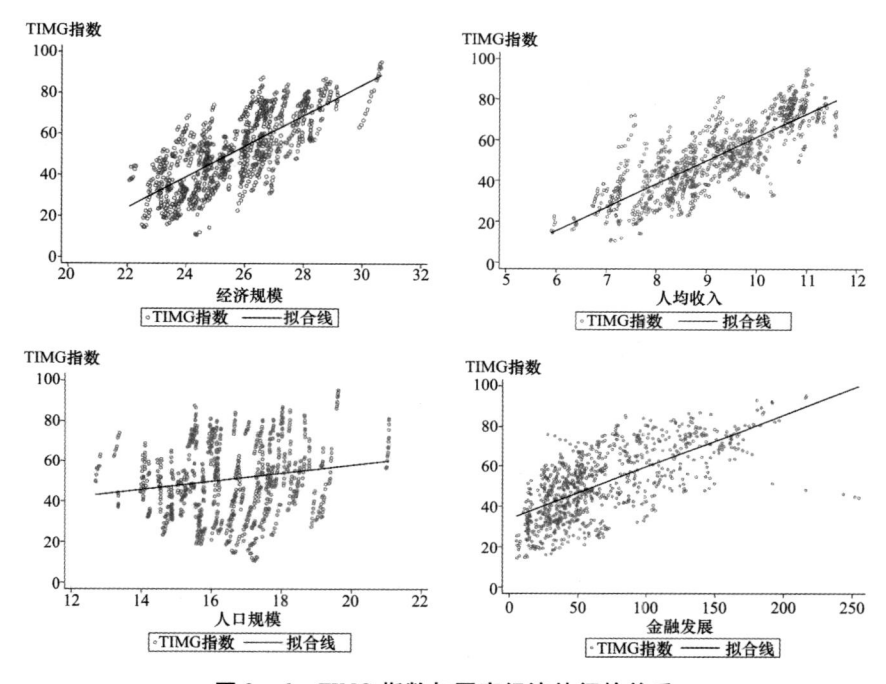

图3-6 TIMG指数与国家经济特征的关系

资料来源：TIMG指数由笔者自行编制，经济规模和人均收入采用实际GDP和人均GDP衡量，与人口规模一并进行对数化处理，金融发展水平利用国内私人信贷占GDP的比重衡量，数据均来源于世界银行WDI数据库。

二是数字经济指数与人口规模间的正相关性较弱，相关系数仅为0.18。这主要由于数字经济具有知识、技术密集特性。一个国家人口优势一般体现在劳动力数量和劳动力质量（人力资本）两个方面。[1] 劳动力数量优势与一国数字经济发展之间的

---

[1] 张明：《宏观中国：经济增长、周期波动与资产配置》，东方出版社2020年版。

相关性并不强。在人口密集但经济欠发达的地区数字经济还有待进一步发展。为了更好地发展数字经济，一国需要努力提升劳动力质量。

本报告将各国的实际 GDP、人均 GDP、人口规模、金融发展水平与数字经济四个细分指数做了进一步的检验，发现人均 GDP 与 TIMG 细分指数的相关性较强。一方面，人均 GDP 与数字技术和数字治理指数的相关性较强，相关系数分别为 0.81 和 0.87。这表明当前数字技术进步与数字治理水平表现出较强的路径依赖特征。这体现为数字技术创新不仅需要大量物质资本的投入，也依赖于人力资本的长期投入。与此同时，适应于数字经济发展的制度建设也是一个长期发展的过程。另一方面，数字基础设施和数字市场与人均 GDP 的相关性为 0.71 和 0.61，这意味着通过大力推进数字基础设施建设、发挥数字市场的规模效应有望推动一国较快提升数字竞争力。

5. TIMG 指数与其他代表性指数的结果比较

本报告将 TIMG 指数结果与主流国际数字经济指数进行比较。TIMG 指数与代表性国际数字经济指数具有较强相关性，表明本报告的评级结果具有可靠性。

本报告以 2021 年 TIMG 指数为基准，与 NRI 指数、世界数字竞争力排名以及数字经济竞争力指数等进行比较，对比发现 TIMG 指数与主流国际数字经济指数的相关性基本在 0.8 以上。此外，TIMG 指数与主流国际数字经济指数所反映的全球数字经济发展的特征事实在许多方面存在共识。例如，北美、西欧以及亚太是数字经济发展最为发达的地区，美国、新加坡及一些西欧国家的数字经济发展居于世界前列。

此外，TIMG 指数能够较为客观地评价全球主要经济体的数字经济发展程度、竞争优势和不足。在主流国际数字经济指数中，中国等国家的排名存在较大差异（见图 3-7）。在国际机构编制的数字经济指数中，中国排名近年来显著上升，但仍然较为靠后。例如，在 NRI 指数、世界数字竞争力排名的 2022 年最新报告中，中国的数字经济发展排名第 23 位和第 17 位。然而，在国内编制的数字经济指数中，中国排名处于世界领先地位。在数字经济发展指数中，中国排名第 2 位。在 2020 年的数字经济竞争力指数中，中国排名第 3 位。

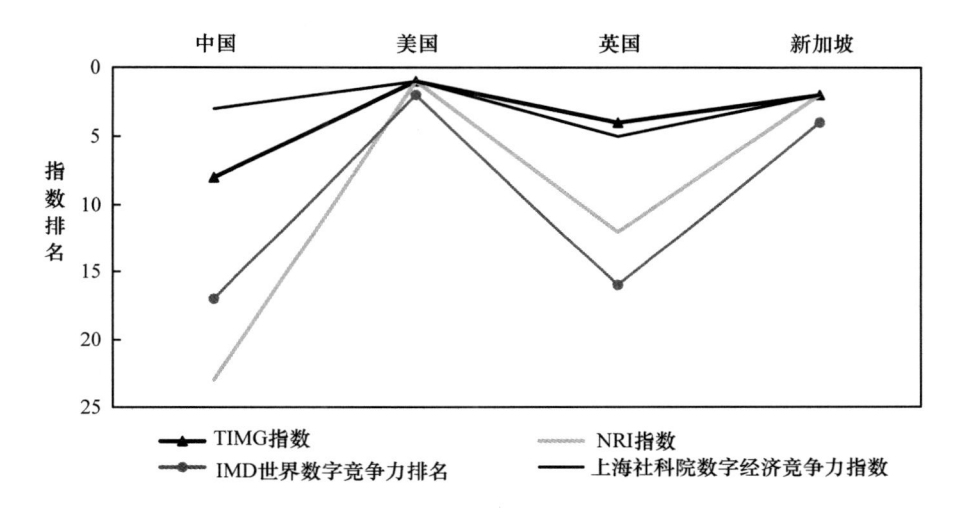

图 3-7 TIMG 指数与其他指数结果比较

资料来源：TIMG 指数以 2021 年为基准，NRI 指数、世界数字竞争力排名选取最新报告中的 2021 年结果；数字经济竞争力指数来源于 2020 年度报告。

基于上述对比分析发现，TIMG 指数对主流国际数字经济指数的边际贡献在于：一方面，TIMG 指数从供给和需求视角，结合国内外具体情况，全面测度了全球数字市场的发展程度，以期全面和客观地反映诸如美国、中国这类数字市场发展较快国家在数字经济领域的竞争优势。另一方面，TIMG 指数凸显了中国在数字技术、数字治理等方面的客观不足。为此，TIMG 指数在综合指数中折中了国内外的指数排名差异。

（三）代表性国家分析

本报告根据 TIMG 指数排名和国别发展特征，选择了中国、美国、英国、日本、印度等 10 个代表性国家进行具体的国别分析。①

1. 中国

中国数字经济发展迅猛，在国际数字竞争中后来居上，占据越来越重要的位置。2021 年，中国的 TIMG 指数为 81.42；数字技术指数、数字基础设施指数、数字市场指数和数字治理指数分别为 74.17、89.33、95.57、66.61（见图 3-8）。动态来看，中国数字经济发展在全球范围的排名持续攀升，从 2013 年的第 22 位快速上升至 2021 年的第 8 位；2021 年中国的数字技术指数、数字基础设施指数、数字市场指数和数字治理指数全球排

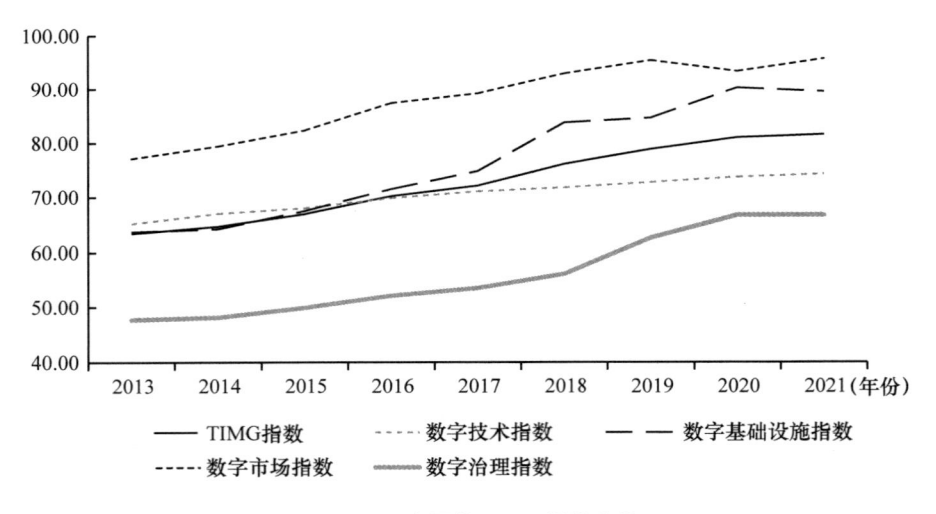

图 3-8 中国的 TIMG 指数变化

---

① 如未特别说明，本部分分析主要基于笔者构建指数的底层数据以及商务部《对外投资合作国别（地区）指南（2021 年版）》（http://fec.mofcom.gov.cn/article/gbdqzn/）等资料。

名依次为第 15 位、第 3 位、第 2 位、第 41 位（见图 3-9）。

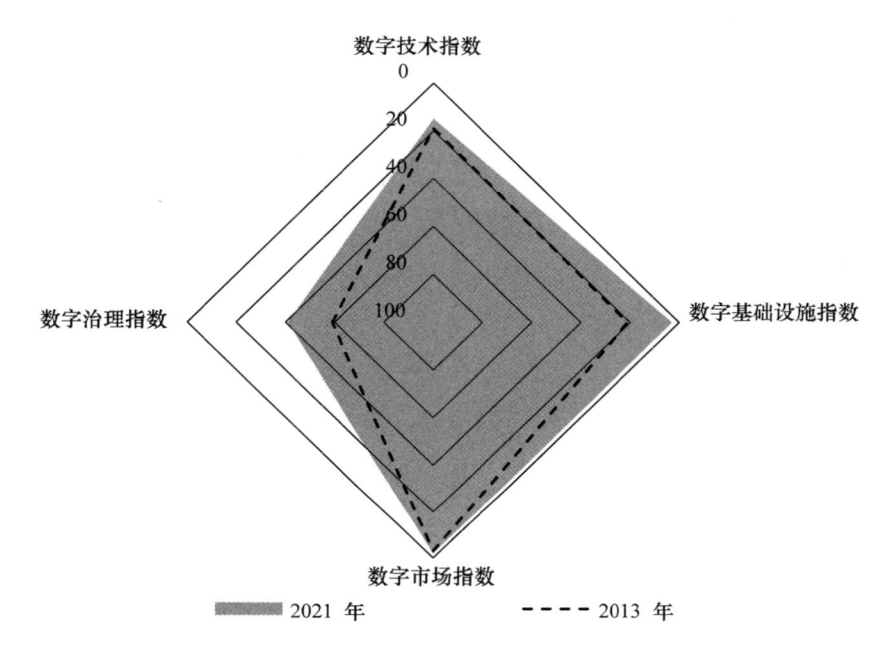

图 3-9　中国的 TIMG 细分指数排名变化

资料来源：笔者自行编制。

数字经济的快速增长主要得益于数字市场扩大和数字基础设施的快速增长以及竞争优势形成。一方面，数字市场是中国较为稳固的竞争优势所在。中国数字市场指数从 2013 年的 77.15 升至 2021 年的 95.57，排名也从 2013 年的第 3 位升至 2021 年的第 2 位。中国数字市场指数的提升主要受到需求侧拉动。截至 2022 年，中国互联网用户规模达到 10.67 亿人[①]，为数字产品创新、商业模式推广、数据生成和模型训练奠定了广阔基础。另一方面，数字基础设施正在成为中国数字经济发展的新增长点。中国的数字基础设施指数排名也从 2013 年的第 21

---

① 中国互联网络信息中心：《CNNIC 发布第 51 次〈中国互联网络发展状况统计报告〉》，https://www.cnnic.net.cn/n4/2023/0302/c199-10755.html。

位上升至2021年的第3位。"宽带中国"等战略的实施极大提升了数字基础设施的普惠性、便捷性和安全性。特别是近年来中国在5G领域实现弯道超车，目前已经建成全球最大的5G安全网络。

中国在数字技术指数方面仍需进一步提升。中国的数字技术指数从2013年的63.72增加至2021年的89.33，全球排名从2013年的第19位上升至2021年的第15位，相比于数字市场和数字基础设施领域仍处于竞争劣势，并且近年来发展速度有待提高。尽管中国在数字领域的专利申请和论文发表数量已经位居全球第一，2021年分别达到3.53万件和17.37万篇。但中国在人力资本积累、创新能力方面与世界领先国家仍具有一定差距。2021年，中国在数字素养、创新活力维度的全球排名分别为第45位和第39位。

中国的数字治理指数全球排名较为靠后，相对于中国数字经济的规模和优势而言，是发展滞后的领域和薄弱环节。近年来中国大力推进数字治理建设，数字治理指数全球排名呈现快速增长态势，从2013年的第59位上升至2021年的第41位。从政策实践来看，近年来，中国政府在数字治理方面正在加快制度建设。例如，2022年发布的《中共中央国务院关于构建数据基础制度更好发挥数据要素作用的意见》（国务院公报2023年第1号）从建立保障权益、合规使用的数据产权制度，建立合规高效、场内外结合的数据要素流通和交易制度，建立体现效率、促进公平的数据要素收益分配制度等方面作出了最新政策安排。[1]

---

[1] 中国政府网：《中共中央 国务院关于构建数据基础制度更好发挥数据要素作用的意见》，http://www.gov.cn/zhengce/2022-12/19/content_5732695.htm。

2. 美国

美国数字经济的发展全面均衡，长期居于世界领先地位。2021年，美国的TIMG指数为95.28，自2013年以来一直排名全球第1位，其发展水平从数字经济规模也可见一斑。根据BEA测算，2021年美国数字经济增加值为2.41万亿美元，占当年GDP总量的10.3%;[①] 中国信通院的统计也显示美国的数字经济规模位居全球之首。[②] 从分项指数来看，2021年美国的数字技术指数、数字基础设施指数、数字市场指数、数字治理指数分别为91.83、93.07、106.08和90.15（见图3-10）。美国除了数字治理指数排名全球第4位，其余3个分项指数均排名全球第1位（见图3-11）。

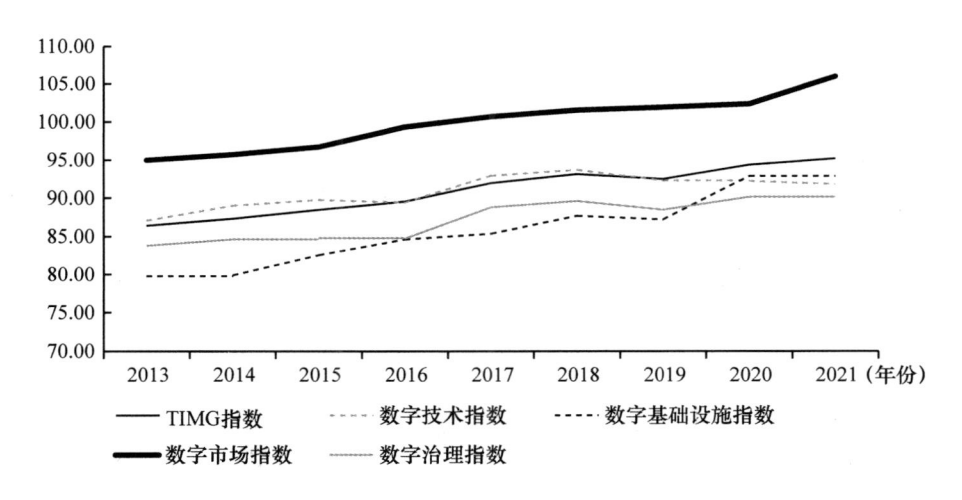

图3-10 美国的TIMG指数变化

[①] Highfill, T. and C. Surfield, "New and Revised Statistics of the U. S. Digital Economy, 2005－2021", *U. S. Bureau of Economic Analysis*, November 2022.

[②] 中国信息通信研究院：《全球数字经济白皮书（2022年）》，http://www.caict.ac.cn/kxyj/qwfb/bps/202212/P020221207397428021671.pdf。

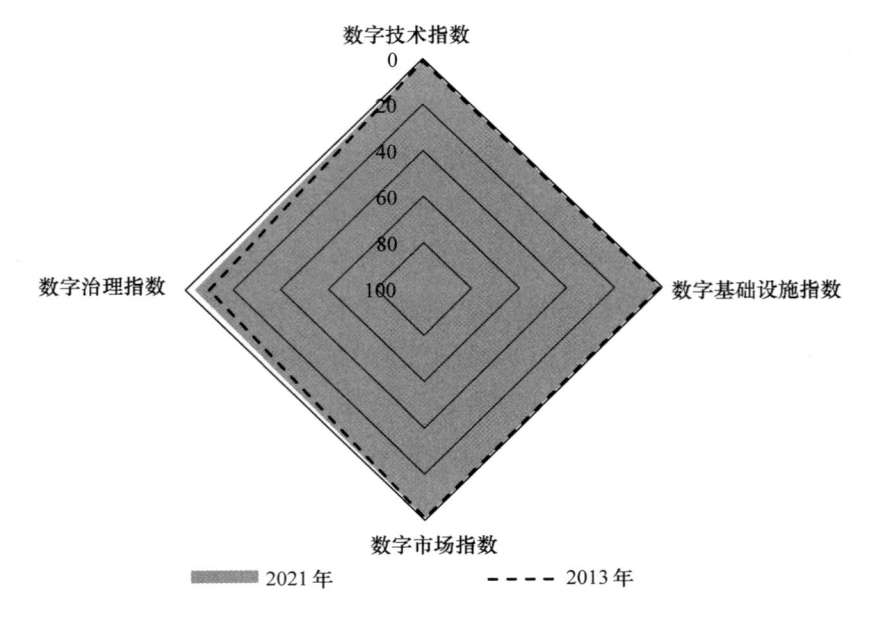

图 3 – 11　美国的 TIMG 细分指数排名变化

资料来源：笔者自行编制。

美国高度发达的数字经济是数字技术、数字基础设施、数字市场等共同发力的结果。在数字基础设施方面，美国在20世纪90年代大力推动"信息高速公路"的战略性建设，取得先发优势。此外，美国也是全球最早启动5G商用的国家之一，对云计算等新型基础设施投入保持30%左右的高速增长。2021年，面对基础设施老化、领先优势削弱以及经济增长乏力等问题，拜登政府更是推出高达2万亿美元的《基础设施计划》。在数字技术方面，美国是ICT产业的重要发源地，产业创新能力较强，拥有完备的创新支持体系，创新活跃度高。美国领先企业掌握信息通信业话语权并始终占据产业价值链高端位置。在数字市场方面，美国在供给侧方面的驱动力量强大。2021年，美国活跃的数字企业数量接近30万家，为美国乃至全球居民提供丰富数字产品，美国的数字支付、社交媒体等众多数字市场拥有较高的渗透率。

美国在数字治理领域虽不及其他三个领域，但也处于世界领先水平。美国数字治理指数全球排名从2013年的第10位稳步上升至2021年的第4位，从战略高度推动数字经济发展。美国先后发布了《数字经济议程》《在数字经济中实现增长与创新》《美国国家网络战略》《数字海岸法》等国家战略规划和法律法规，以支持数字经济发展，把发展数字经济作为实现繁荣和保持竞争力的关键。在细分领域，美国出台《联邦云计算战略》《国家人工智能研发战略计划》《联邦大数据研发战略计划》[①] 以强化美国在前沿数字技术领域的优势。此外，美国通过《电子政务战略》《开放政府计划》等政策加强数字政府建设。根据2022年联合国发布的电子政务报告，美国的电子参与指数和在线服务指数分别排名第10位和第9位。

3. 英国

英国的数字经济发展处于世界较高水平。2021年，英国的TIMG指数为87.08，全球排名第3位，并且自2013年来一直保持领先地位。据统计，2019年，英国数字经济部门贡献增加值为1506亿英镑，占英国GDP的7.6%。从分项指数来看，2021年英国的数字技术指数、数字基础设施指数、数字市场指数、数字治理指数分别为75.45、88.5、95.32和89.06（见图3-12），全球排名分别为第11位、第4位、第3位和第6位（见图3-13）。

从现实情况来看，英国在数字基础设施和数字市场等方面具有较强的竞争优势。就数字基础设施而言，英国4G信号覆盖范围可以达到99%的用户处所。2020年3月英国政府推出"农村网络"计划（Shared Rural Network Programme），将着力在农村和偏远地区扩展4G覆盖。2018年，英国政府在国家基础设施

---

① 商务部：《对外投资合作国别（地区）指南——美国篇（2021年版）》，http://www.mofcom.gov.cn/dl/gbdqzn/upload/meiguo.pdf。

建设分析报告（*Analysis of the National Infrastructure and Construction Pipeline*）中提出，到了2027年要将5G覆盖英国大部分地区。就数字市场而言，英国的互联网广泛普及，数字支付比例更是高达99.17%。活跃的数字企业数量仅次于中美两国，2021年约为5.8万家。

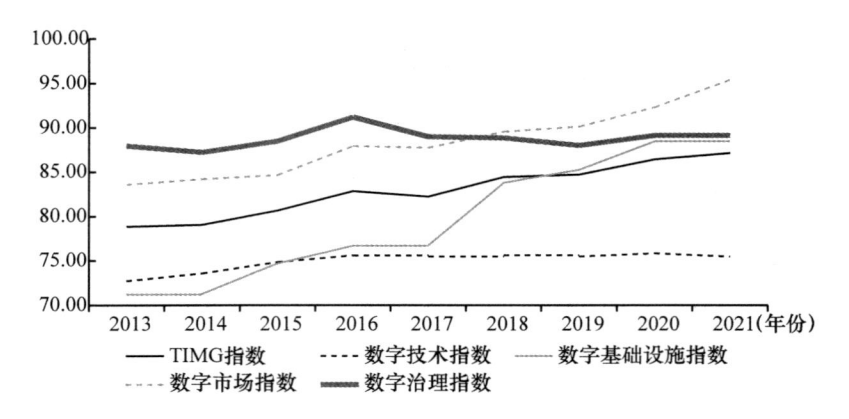

图 3-12 英国的 TIMG 指数变化

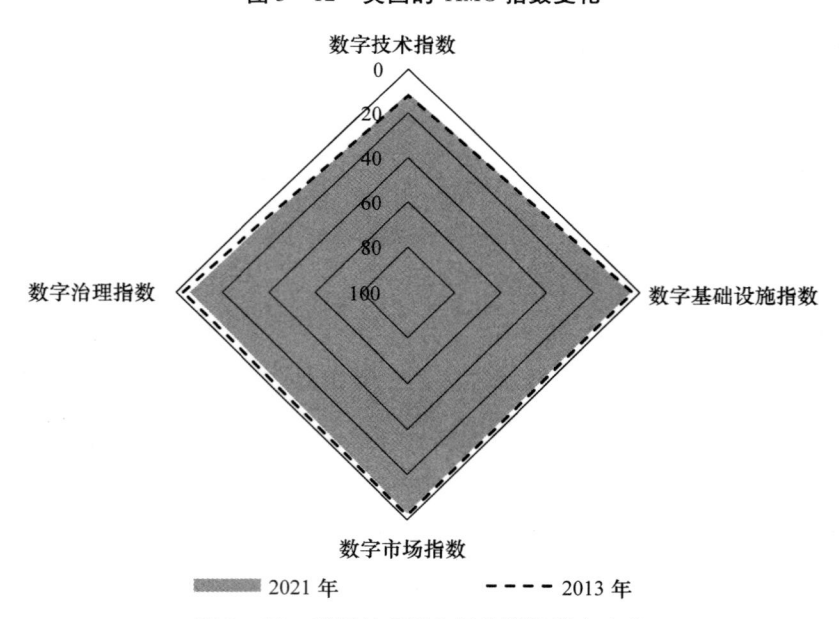

图 3-13 英国的 TIMG 细分指数排名变化

资料来源：笔者自行编制。

相比之下，英国在数字技术和数字治理方面的竞争力有待提升。2021年，英国的数字技术指数全球排名为第11位。英国在数字治理方面仍具有较高水平，但近年来全球排名出现一定的下滑，从2013年的第3位降至2021年的第6位，与后发国家的治理水平差距逐渐缩小。事实上，英国是数字政府建设的先行者和领先者，并在较早时期就开始在数字经济领域进行战略布局。2017年，英国政府发布《数字英国战略》，提出了打造"数字英国"的构想，旨在提升英国脱欧后在数字时代的国际竞争力。英国还于2017年通过《数字经济法案》（*Digital Economy Act 2017*），从获取数字服务、发展数字基础设施、保护知识产权、建设数字政府等方面进行了详细的立法。

从未来战略布局来看，2023年4月24日，英国政府宣布，向负责构建英国版人工智能（AI）基础模型的团队提供1亿英镑（约合8.6亿元人民币）起始资金，以助英国加速发展人工智能技术，从而确保英国的人工智能"主权能力"，到2030年使英国成为科技"超级大国"。①

4. 德国

德国数字经济发展较快，在全球排名中位于领先地位。2021年，德国的TIMG指数为85.63，全球排名自2013年以来始终保持在第4位，数字经济稳步发展。从分项指数来看，2021年德国的数字技术指数、数字基础设施指数、数字市场指数、数字治理指数分别为82.22、86.93、92.42和80.93（见图3-14），全球排名分别为第4位、第8位、第4位和第22位（见图3-15）。

德国在数字技术和数字市场等方面具有较为明显的优势。从数字技术来看，德国大力推进数字经济与制造业等实体经济

---

① 央广网：《英国政府宣布投入1亿英镑加速发展AI技术》，https://news.cnr.cn/native/gd/20230426/t20230426_526231927.shtml。

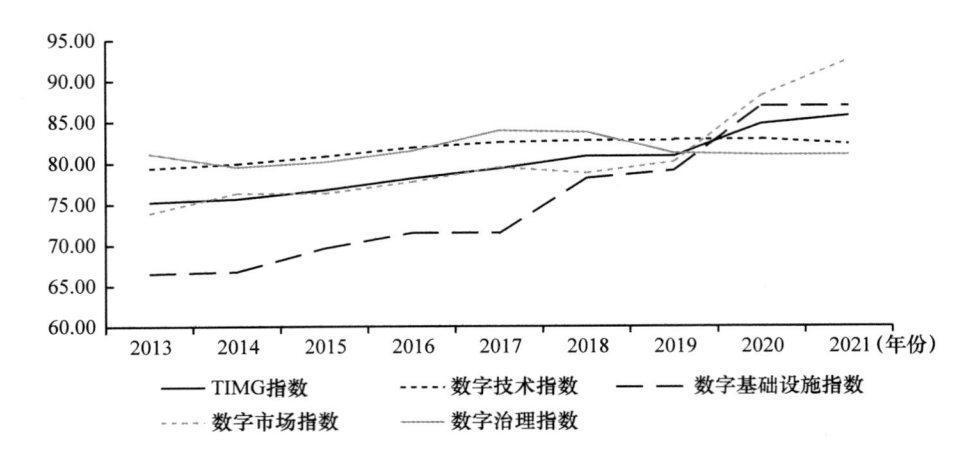

图 3-14 德国的 TIMG 指数变化

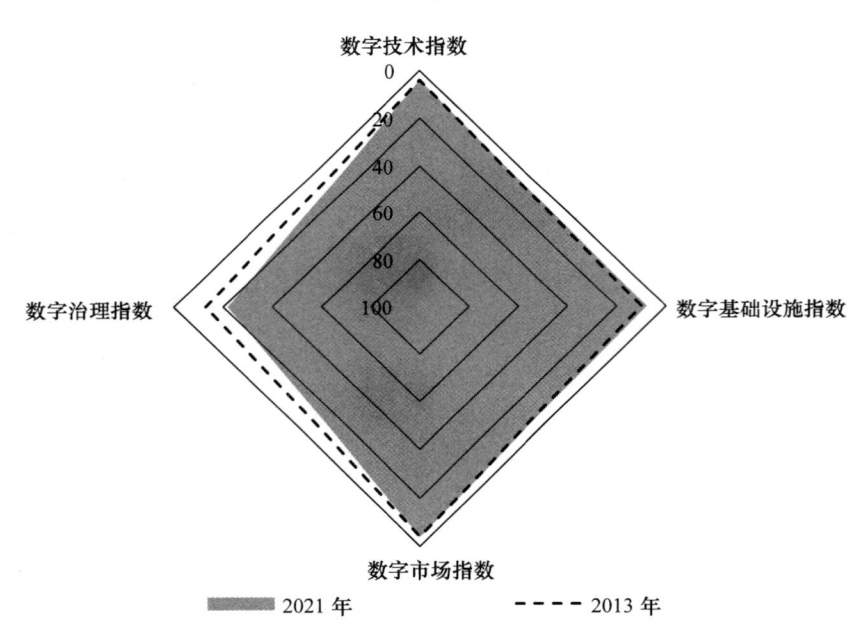

图 3-15 德国的 TIMG 细分指数排名变化

资料来源：笔者自行编制。

融合的技术创新。2013年，德国联邦政府便提出"平台工业4.0"，通过促进网络平台的利用来实现德国工业的数字化。2021年，德国的数字专利申请量达到3700件，数字相关论文发表量也超过 3.3 万篇，位居全球第四。从数字市场来看，德国数字产品和服务供给能力强劲，活跃数字企业总量约为 3.1 万家，其中不乏 SAP、SIEMENS、T-Systems 等数字巨头。数字服务也成为德国服务贸易的重要组成部分，2021 年数字服务占整体服务出口的比重达到 64.21%。

相比于其他领域，德国在数字基础设施、数字治理方面存在一定的不足。2020 年德国的建成移动通信基站中接近 60% 仍为 2G 或 3G 基站。近年来，德国加快新一代通信技术的建设。2021 年 4 月，德国启动首个 6G 技术研究倡议，发布相应的资助准则，推动 6G 技术作为 5G 替代在 2030 年前后进入通信网络。此外，德国政府陆续设立"数字化基础设施特别基金"、建设"国家研究数据基础设施"（NFDI）促进数字基础设施完善。此外，德国的数字治理水平有待提高。例如，2022 年德国的三级指标电子政务指数为 87.7，全球排名第 22 位。对此，德国正在加强对数字经济的战略规划。2016 年，德国政府推出"数字战略 2025"，首次从国家层面系统布局经济社会的数字化转型。目前，德国设立德国联邦交通和数字基础设施部（BMVi）、德国联邦经济和能源部（BMWi）、德国反垄断局（Bundeskartellamt）、德国联邦网络管理局（Bundesnetzagentur）等部门负责数字经济监管。2021 年，德国联邦议会通过了联邦政府提出的《反限制竞争法》第十修正案①，将数字经济相关条款纳入竞争法。

5. 芬兰

芬兰的数字经济发展在欧盟区名列前茅。2021 年，芬兰的 TIMG 指数为 80.86。芬兰的全球排名曾在 2013 年以来有所下滑，但在 2021 年稳步上升至第 11 位。从分项指数来看，2021

---

① 搜狐网：《德国联邦议会通过〈数字竞争法〉》，https://www.sohu.com/a/445525410_120057883。

年芬兰的数字技术指数、数字基础设施指数、数字市场指数、数字治理指数分别为83.65、76.61、69.52和93.65（见图3-16），全球排名分别为第2位、第30位、第32位和第2位（见图3-17）。

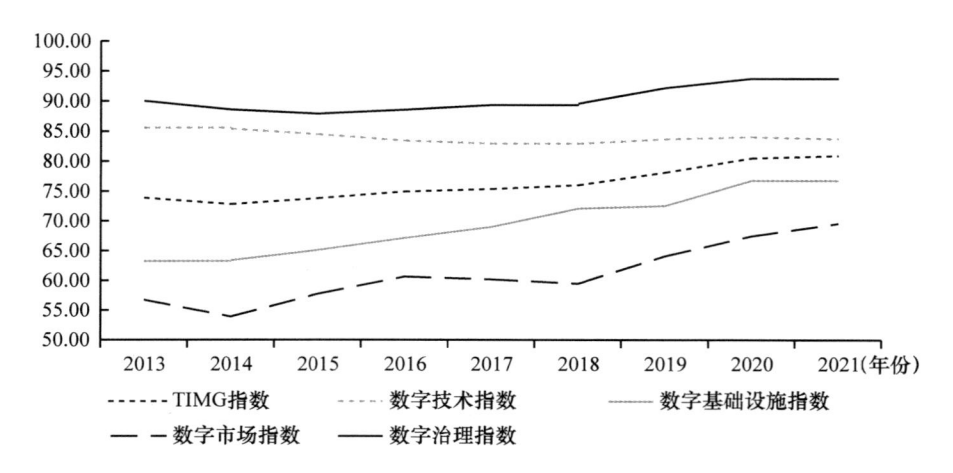

图3-16 芬兰的TIMG指数变化

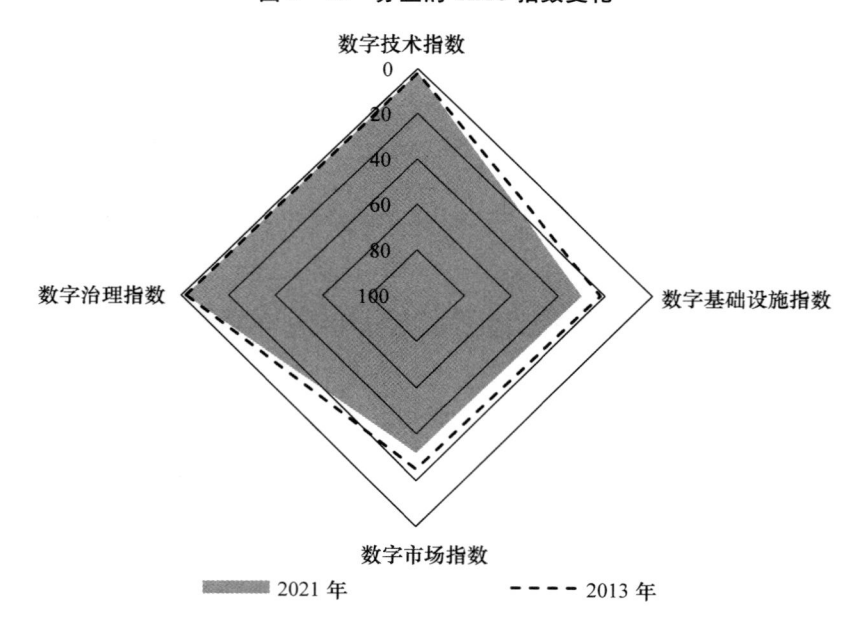

图3-17 芬兰的TIMG细分指数排名变化

资料来源：笔者自行编制。

数字技术以及数字治理是芬兰数字经济的竞争优势所在。从数字技术来看，芬兰的竞争优势主要体现于高水平数字人才的积累。2020年，芬兰的高等教育入学率高达95.05%，国民数字素养普遍较高，位居全球第一。从数字治理来看，芬兰政府对数字经济发展较为重视。芬兰政府将数字化确定为主要目标之一，预计到2023年年底，政府提供给个人和企业的公共服务将全部实现数字化。此外，2019年芬兰担任欧盟理事会轮值主席国期间，芬兰重点推动欧盟完善数字经济政策，促进社会尤其是中小型企业尽快部署数字技术和解决方案。芬兰支持欧盟关于数字平台的通用规则，例如《数字服务法》和《数字市场法案》。

芬兰在数字基础设施、数字市场领域仍有待提高。从数字基础设施来看，芬兰在整体规模上不具优势，但通信设施完善、移动电话和互联网普及率高。目前，芬兰至德国的海底电缆项目已铺设完成，有多家企业将数据中心迁至芬兰，如谷歌、Telecity集团、Yandex等。300兆/秒的移动网络覆盖芬兰1%的国土面积，家庭覆盖率达60%；100兆/秒的4G网络覆盖17%的国土面积，家庭覆盖率达93%。此外，芬兰是最早引入5G技术的国家之一。截至2020年年底，芬兰三大电信运营商在109个城市完成近3000个5G基站建设，覆盖2%的国土面积，为超过180万个芬兰家庭提供100兆/秒的5G连接，家庭网络覆盖率达到67%。

6. 瑞典

瑞典是世界上最早提出发展数字经济的国家之一，数字经济发展水平在欧洲乃至全球都处于较高水平。2021年，瑞典的TIMG指数为80.29。瑞典的TIMG指数全球排名最高曾在2016—2018年达到第10位，2021年稳定在第13位。从分项指数来看，2021年瑞典的数字技术指数、数字基础设施指数、数字市场指数、数字治理指数分别为77.66、78.56、79和85.94（见图3-18），全球排名分别为第7位、第26位、第14位和第12位（见图3-19）。

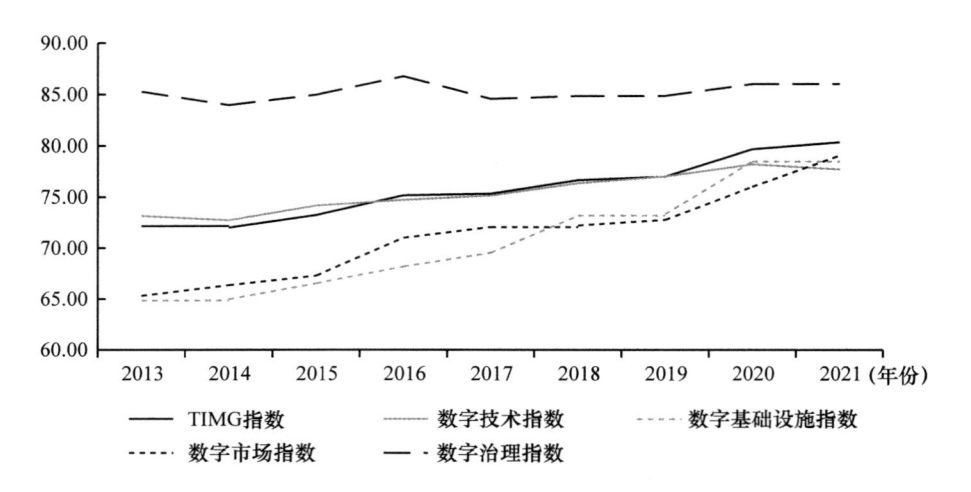

图3-18 瑞典的TIMG指数变化

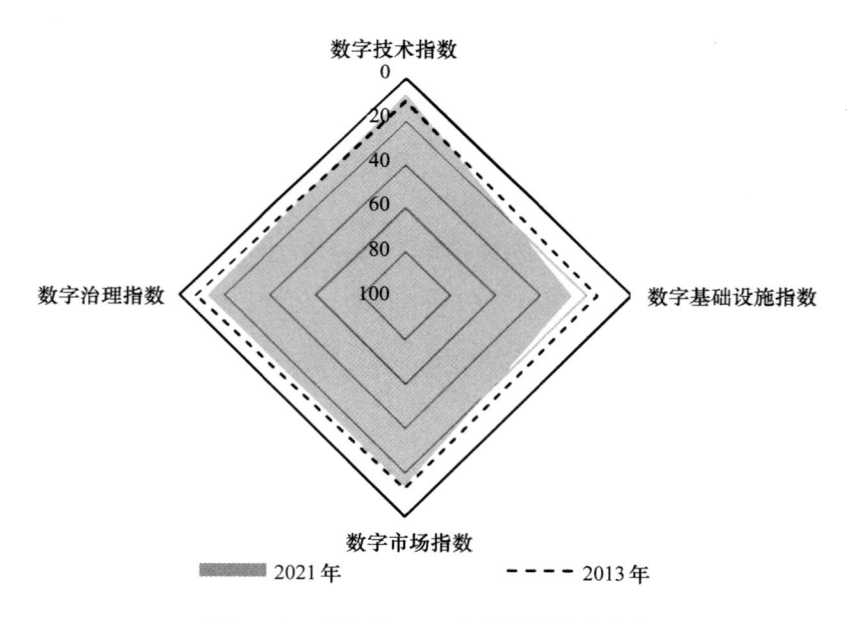

图3-19 瑞典的TIMG细分指数排名变化

资料来源：笔者自行编制。

瑞典在数字市场、数字技术等方面具有较强的竞争优势。从数字市场来看，瑞典在电子商务、数字支付等细分市场渗透率较高。特别地，瑞典的跨境数字贸易活跃，2021年数字服务占整体服务出口的比重达到75.01%。从数字技术来看，瑞典与芬兰类似，国民数字素养普遍较高，高技能数字人才储备充足，并且具有成熟的产学研合作模式，例如Kista科学城是除硅谷之外全球著名的科学城，形成了一个数字通信产业集群区。

瑞典在数字基础设施方面有待于加快建设。瑞典政府制定了2025年宽带战略，要求宽带扩张必须覆盖整个国家，包括农村和人口稀少地区；具体目标是在2025年以前98%的人口在家里应该获得至少1千兆比特/秒的宽带，在工作场所至少能获得100兆比特/秒的宽带。截至2021年，瑞典93.2%的家庭能够在家使用互联网，个人互联网普及率约为88.31%。

瑞典在数字治理方面的全球排名相对靠前。近年来，瑞典政府在积极提高数字治理水平。2017年，瑞典政府成立国家数字化委员会，旨在促进政府数字化战略的实施。该委员会由来自大学、私营部门和公共部门的顶尖专家组成，并由瑞典数字发展大臣领导。政府数字化战略的目标是瑞典在数字化方面成为世界上最好的国家。此外，瑞典政府积极推进数字化转型，并在开放数据方面取得积极进展，超过80%的国民使用电子身份证形式。

7. 加拿大

加拿大的数字经济发展较为发达。2021年，加拿大的TIMG指数为80.65，全球排名为第12位。从分项指数来看，2021年加拿大的数字技术指数、数字基础设施指数、数字市场指数、数字治理指数分别为74.69、82.89、84.97和80.06（见图3-20），全球排名分别为第12位、第14位、第8位和第23位（见图3-21）。

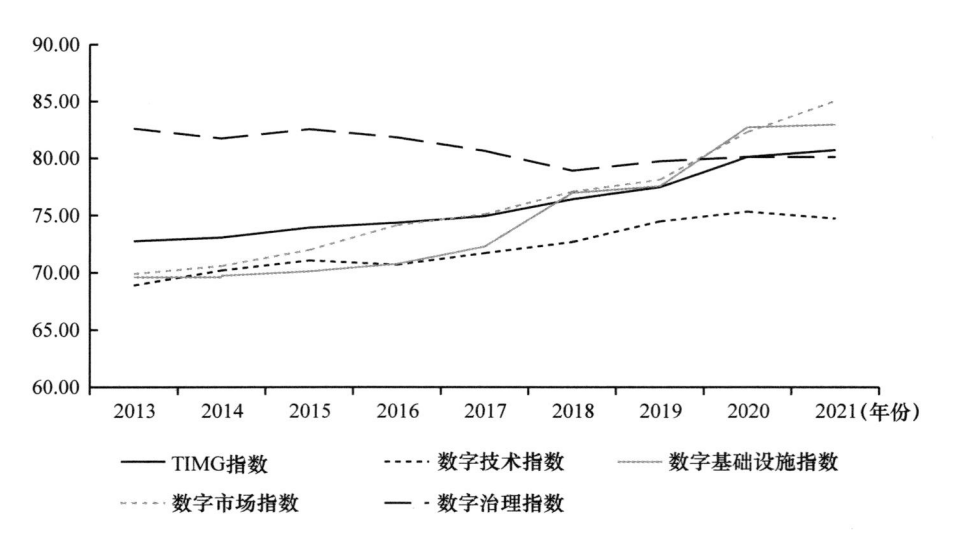

图 3-20　加拿大的 TIMG 指数变化

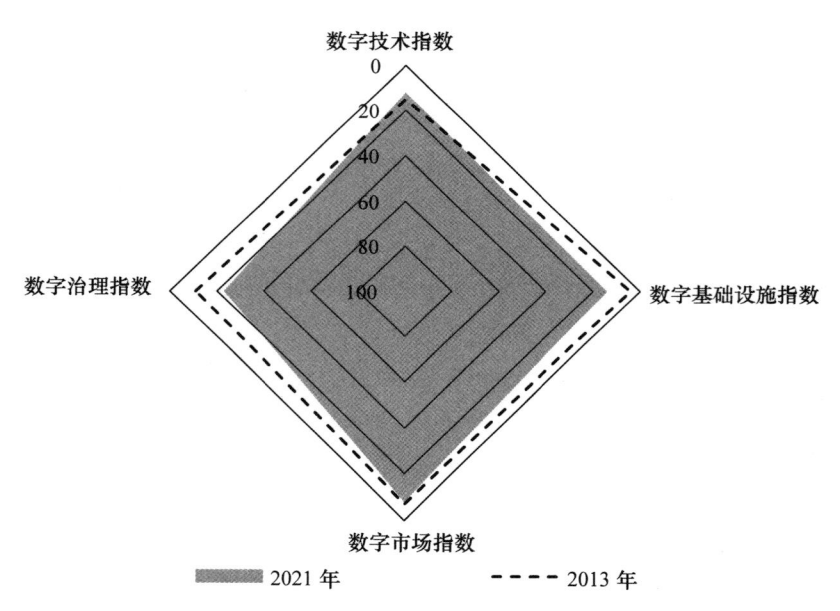

图 3-21　加拿大的 TIMG 细分指数排名变化

资料来源：笔者自行编制。

加拿大在数字市场方面的竞争优势较为明显。2020 年，加拿大的互联网用户超过 3500 万人，互联网普及率达到 92.3%。2021 年，活跃数字企业数量约为 2.6 万家。根据加拿大政府最新统计，2019年数字经济占GDP的比重为5.5%，提供88.2万个就业岗位。

加拿大在数字基础设施、数字治理等领域处于世界中上水平，仍有进一步发展空间。从数字基础设施来看，加拿大的移动通信网络有待完善。2021年，加拿大每百人中分别有82个移动宽带用户和86个移动电话用户，不及许多美欧发达国家。近年来，加拿大正在加快数字基础设施建设。贝尔（Bell）、研科（Telus）和罗杰斯（Rogers）作为加拿大三大电信运营商在国内加快推进5G无线网络。从数字治理来看，2022年加拿大的电子政务指数居全球第32位，ICT监管追踪指数居全球第54位。数字相关法律制度建设和政府支持力度有待提高，这也是加拿大政府近年来重点推进的领域。加拿大政府已陆续发布《加拿大政府云战略：2018》《数字运营战略计划（2018—2022）》《加拿大网络连通性战略》和《数字时代的竞争：2020—2024战略观点》等数字经济发展规划。2020年，加拿大创新、科学与经济发展部推出《2020年数字宪章实施法案》，以加强对加拿大国民从事商业活动的隐私保护。该法案将更新加拿大现有私营部门隐私法律法规，并据此制定《消费者隐私保护法》《个人信息和数据保护法庭法》，设立个人信息和数据法庭，对侵犯隐私行为处以行政罚款。

8. 日本

日本是亚洲地区数字经济较为发达的国家。2021年，日本的TIMG指数为83.22。日本的TIMG指数全球排名从2013年的第10位稳步上升至2021年的第6位。根据《世界创新竞争力发展报告》显示，日本的数字经济规模居全球第3位，约为2.3万亿美元。从分项指数来看，2021年日本的数字技术指数、数字基础设施指数、数字市场指数、数字治理指数分别为76.62、87.46、87.41和81.4（见图3-22），全球排名分别为第8位、第 6 位、第 5 位和第 19 位（见图 3-23）。

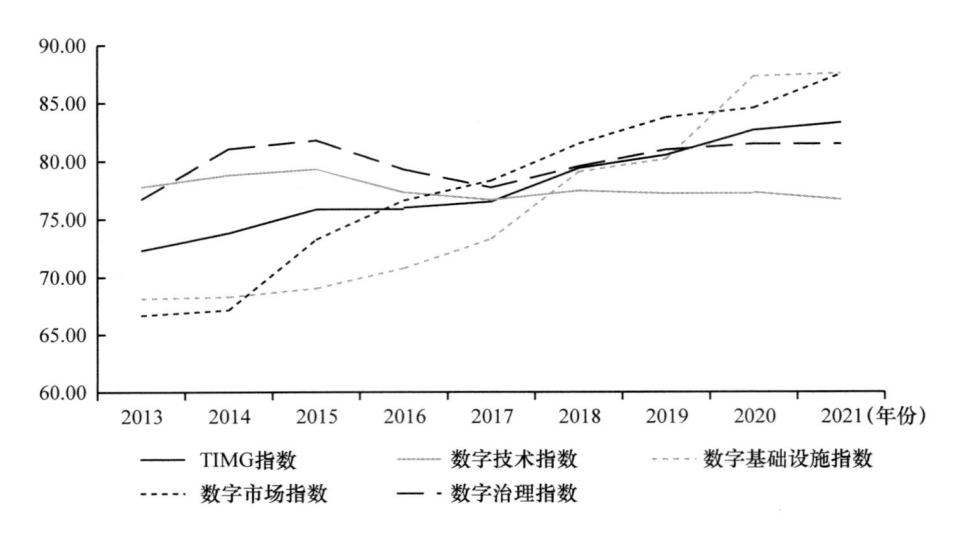

图 3-22　日本的 TIMG 指数变化

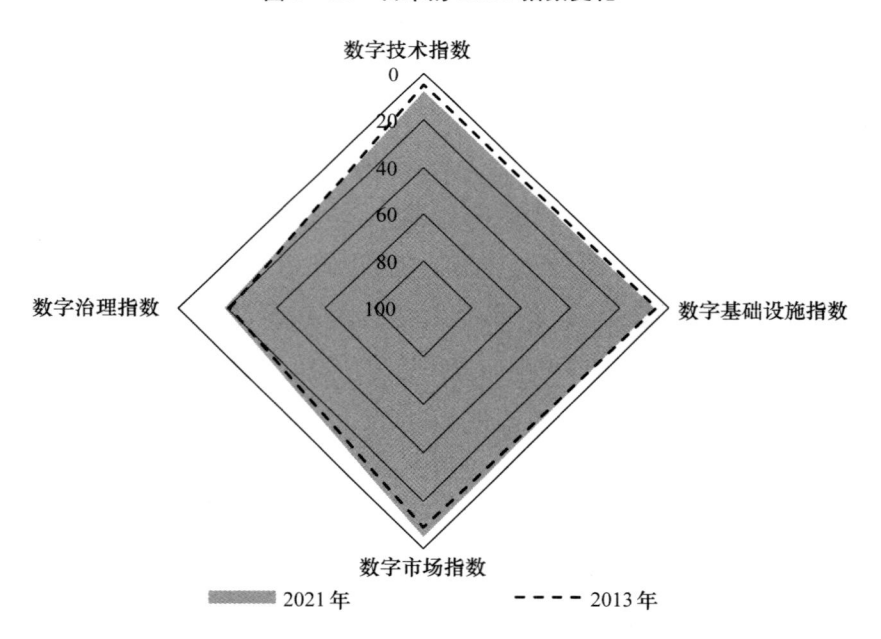

图 3-23　日本的 TIMG 细分指数排名变化

资料来源：笔者自行编制。

日本数字经济起步早、规模大，这为日本数字基础设施、数字市场的发展提供了较好的基础。从数字基础设施来看，2021年，日本每百人中分别有223.57个移动宽带用户和160.88个移动电话用户，居于世界领先水平。2020年3月，日本三大电信运营商NTT DoCoMo、KDDI及软银相继启动5G商用服务，日本正式进入5G商用时代。此外，日本高度重视网络安全建设。从数字市场来看，尽管目前还缺乏具有世界影响力的数字平台企业，日本的数字消费者数量庞大，2021年互联网用户达到1.1亿人，互联网普及率约为90.22%；活跃数字企业数量超过2.2万家。

近年来，日本数字经济发展速度放缓，特别在数字治理领域的支撑力度不足。2001年，日本推出《IT基本法》以促进日本的信息化建设，并在后续推出一系列数字经济发展战略，但政策效果不佳。由于企业转型不足、管理部门条块分割、居民隐私意识强等因素，日本在前沿数字技术创新、数字平台企业成长、数字货币探索等方面进展缓慢。2019年以来，日本政府将数字经济作为刺激经济增长、应对老龄化问题的重要战略，先后发布《实现数字社会改革基本方针》《数字管理实行计划》，并制定完善《网络安全战略》《官民数据活用推进基本法》等与数字经济相关的法律。2021年，日本设立"数字厅"，对数字经济发展战略和政策实施进行统一部署。为了促进日本数字经济发展，日本经济产业省在2023年4月公布"半导体·数字产业战略"修改方案，目标为到2030年将半导体和数字产业的国内销售额提高至目前的3倍、超过15万亿日元。为达成这一目标，将需要官方和民间追加约10万亿日元投资。①

9. 韩国

韩国数字经济发展较为领先。2021年，韩国的TIMG指数

---

① 第一财经：《日本经产省公布"半导体·数字产业战略"修改方案》，https://www.yicai.com/brief/101720582.html。

为 80.95。韩国的 TIMG 指数全球排名从 2013 年的第 12 位上升至 2021 年的第 10 位。从分项指数来看，2021 年韩国的数字技术指数、数字基础设施指数、数字市场指数、数字治理指数分别为 75.94、82.48、84.04 和 81.33（见图 3-24），全球排名分别为第 9 位、第 15 位、第 10 位和第 20 位（见图 3-25）。

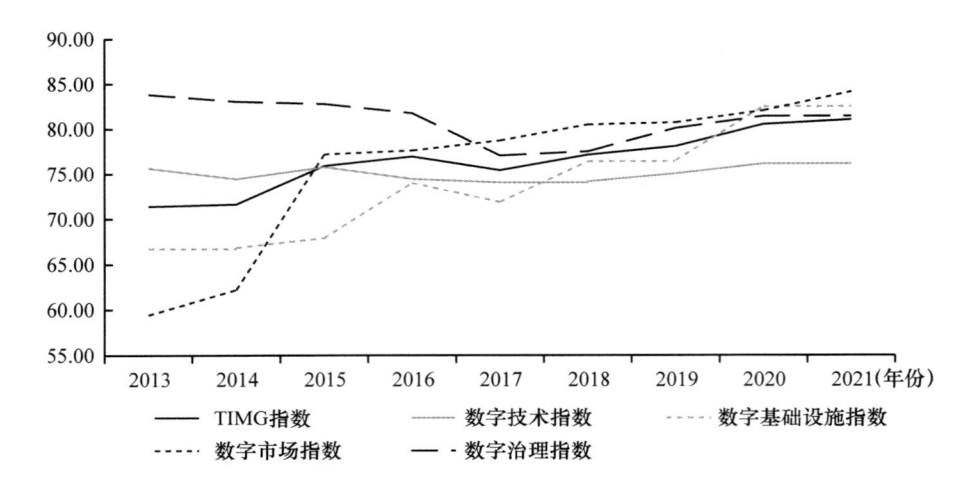

图 3-24 韩国的 TIMG 指数变化

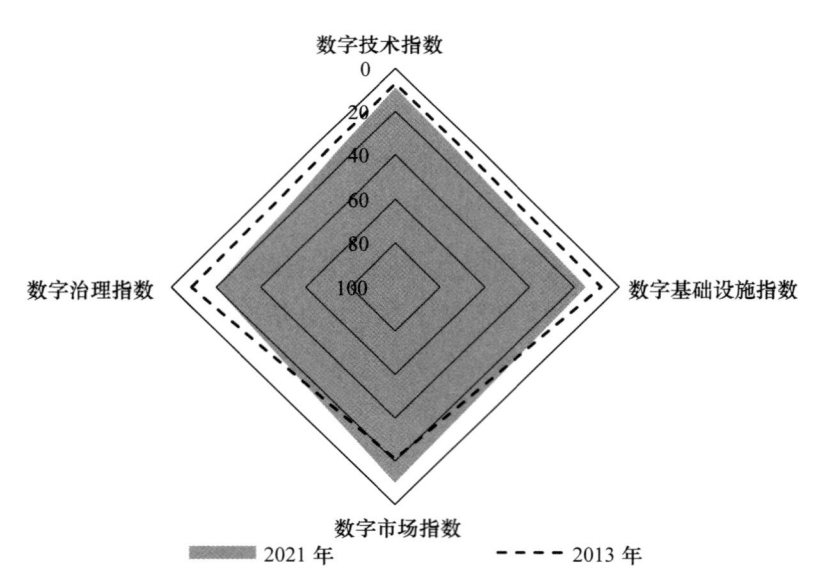

图 3-25 韩国的 TIMG 细分指数排名变化

资料来源：笔者自行编制。

韩国在数字技术、数字市场领域发展较为突出。从数字技术发展来看，2021年，韩国的数字专利申请量达到近8200件，数字论文发表量也达到2.03万篇。这主要得益于韩国教育先行和研发投入的大力支持。目前，韩国高等教育入学率接近100%，研发投入占GDP的比重在2021年达到4.96%，全球排名为第2位。此外，韩国的数字市场发展在电子商务等领域表现良好。2020年，韩国电子商务市场规模达到1041亿美元，全球排名为第5位。中韩跨境电商往来密切，中国占据韩国跨境电商出口市场第1位。

韩国在数字基础设施方面发展较快。2021年，韩国每百人中分别有117.15个移动宽带用户和140.57个移动电话用户。韩国的5G网络也在加快建设。目前，韩国5G移动网络用户约为1447.6万人，三大通信社SKT、KT和LGU+在包括首尔在内的6大城市的平均覆盖面积为1417.97平方千米，城市大部分区域均可使用5G网络。2020年8月，韩国科学技术信息通信部发布了《未来移动通信研发推进战略方案》，拟在2021—2025年投入2000亿韩元（约合1.8亿美元）推动核心技术研发，最终实现6G服务①。

韩国数字经济发展处于快速发展、全面布局阶段，数字治理水平提升发挥重要作用。2022年，韩国的电子政务指数为95.29，全球排名为第3位。2020年，韩国政府发布"韩版新政"，旨在将韩国信息技术产业优势与全产业链条相结合。近年来，韩国政府陆续出台与数字经济相关的法律，包括《互联网地址资源法》《互联网数字内容产业发展法》《电子商务消费者保护法》《网络安全业务规定》《个人信息保护法》《使用和保护信用信息法》《促进信息通信网的运用及信息保护法》《智能信息化基本法》《促进智能机器人开发与推广法》《促进智能电

---

① 商务部：《对外投资合作国别（地区）指南——韩国篇（2021年版）》，http://www.mofcom.gov.cn/dl/gbdqzn/upload/hanguo.pdf。

网建设及使用法》《智能型海上交通信息服务提供及使用法》《网络投资金融业及用户保护法》等。

10. 印度

印度数字经济加速发展，未来增长前景良好。2021年，印度的TIMG指数为72.17，全球排名为第27位。2021年，印度数字经济增加值达5419亿美元，是仅次于中国的发展中国家。从分项指数来看，2021年印度的数字技术指数、数字基础设施指数、数字市场指数、数字治理指数分别为58.29、87.1、84.2和59.11（见图3-26），全球排名分别为第32位、第7位、第9位和第60位（见图3-27）。

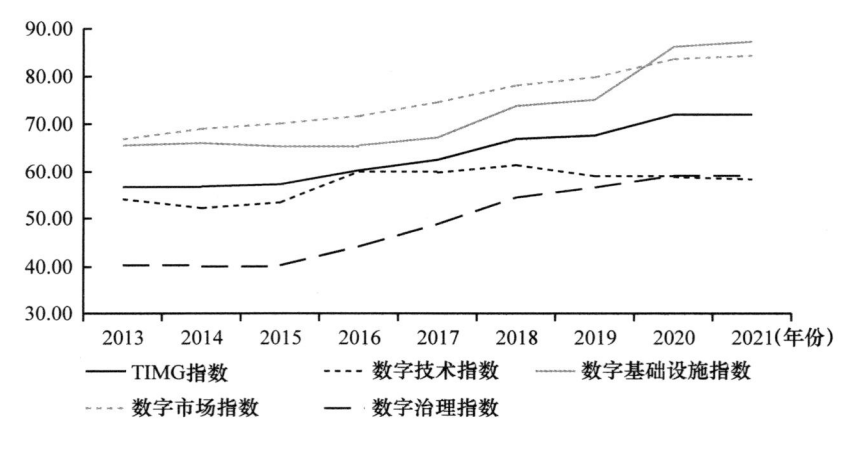

图3-26 印度的TIMG指数变化

印度在数字基础设施、数字市场方面表现出明显的竞争优势。就数字基础设施而言，印度每百人中的移动电话用户数量从2013年的68.85个增长至2021年的81.99个，手机设备价格和移动资费均出现显著下降。此外，印度的网络安全建设不断完善。根据ITU评估，2020年印度网络安全水平排名全球第10位。目前，两个大型国有电信运营商BSNL和MTNL垄断着印度的固网通信。就数字市场而言，印度拥有全球第二大数字消费者群体和广阔数字市场。截至2021年2月，印度共有6.24亿活跃数字用户。2021年,印度活跃数字企业数量也接近4万家,数字服务出口占服务出口的比重达到76.94%。然而,2020年印度的互联网普及率为43%,仍有待进一步提高,城市差异、不同群体差异导致的数字鸿沟问题依然存在。

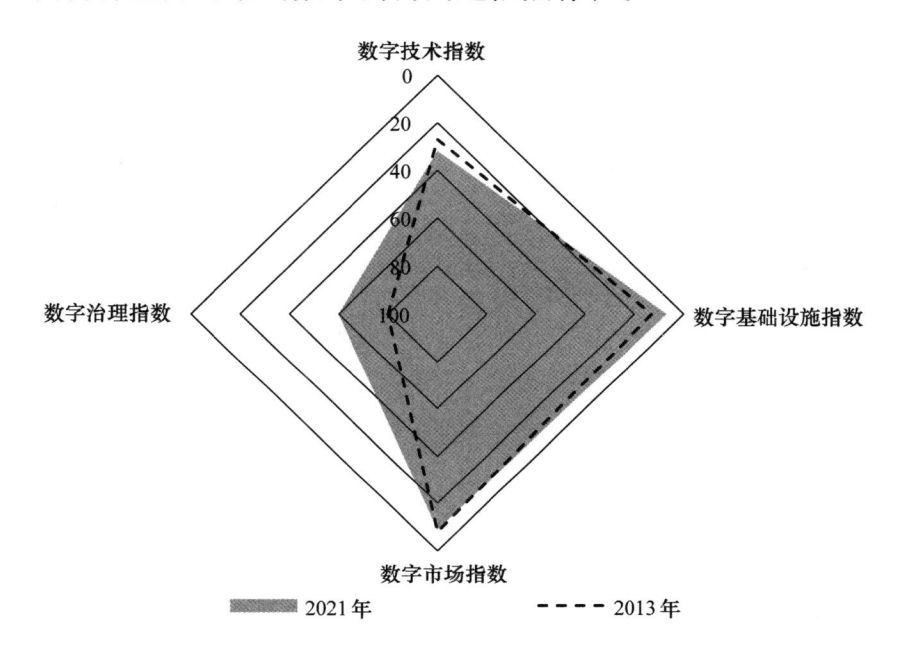

图 3-27 印度的 TIMG 细分指数排名变化

资料来源:笔者自行编制。

印度的数字治理水平虽持续提升,但仍具有竞争劣势。2021年,印度的数字治理指数全球排名为第60位。印度的电子政务水平在2022年排名全球第105位,处于全球中等水平。近年来,印度加快推进数字经济发展和数字治理能力提升。2015年7月1日,印度总理莫迪宣布"数字印度"计划,涉及宽带建设、移动互联、公共互联网接入、电子政务、电子服务、信息公开、电子产品制造业发展、信息技术领域就业等9个重点发展方向。目前,印度已在数字身份识别、数字支付系统等方面取得较快进展。

四 "数字丝绸之路"专题分析

2023年是"一带一路"倡议提出十周年。随着数字经济的快速发展,"数字丝绸之路"建设已成为共建"一带一路"的重要组成部分和未来国际合作的突破口。2017年,中国与埃及、老挝、沙特阿拉伯、塞尔维亚、泰国、土耳其、阿联酋等国家共同发起《"一带一路"数字经济国际合作倡议》。2018年,中国发布《标准联通共建"一带一路"行动计划(2018—2020年)》,已经与49个国家和地区签署85份标准化合作协议。[①]截至2022年,中国已与17个国家签署"数字丝绸之路"合作谅解备忘录,与23个国家建立"丝路电商"双边合作机制。[②]在此背景下,本部分专门分析"一带一路"沿线国家(地区)数字经济发展情况,以期为高质量建设"数字丝绸之路"提供参考。

(一)整体趋势

2013年以来,"一带一路"沿线国家(地区)的数字经济快速发展。本报告将2013年"一带一路"倡议提出以来的65

[①] 中国一带一路网:《共建"一带一路"倡议:进展、贡献与展望》,https://www.yidaiyilu.gov.cn/zchj/qwfb/86697.htm。

[②] 国务院新闻办公室网站:《中国"数字丝绸之路"创造新机遇》,http://www.scio.gov.cn/m/37259/Document/1731416/1731416.htm。

个主要国家（地区）作为参照，筛选后发现 TIMG 指数的样本共包含 46 个"一带一路"沿线国家（地区）。

总体来看，"一带一路"沿线国家（地区）的数字经济发展较快。TIMG 指数均值从 2013 年的 43.98 上升至 2021 年的 58.16，并在 2017 年之后，TIMG 指数均值开始超过样本内的非"一带一路"沿线国家（地区），见图 4-1（a）。

从数字经济增长情况来看，相较于 2013 年，2021 年"一带一路"沿线国家（地区）的 TIMG 指数均值的涨幅达到 32%，高于非"一带一路"沿线国家（地区）的 TIMG 指数均值的涨幅（21%）。与此同时，TIMG 指数中位数也表现出与均值类似的发展趋势特征。"一带一路"沿线国家（地区）的 TIMG 指数中位数从 2013 年的 44.46 增长至 2021 年的 59.47，在 2017 年之后，"一带一路"沿线国家（地区）的 TIMG 指数中位数增长明显加速，逐渐与非"一带一路"沿线国家（地区）中位数趋势线拉开距离，见图 4-1（b）。

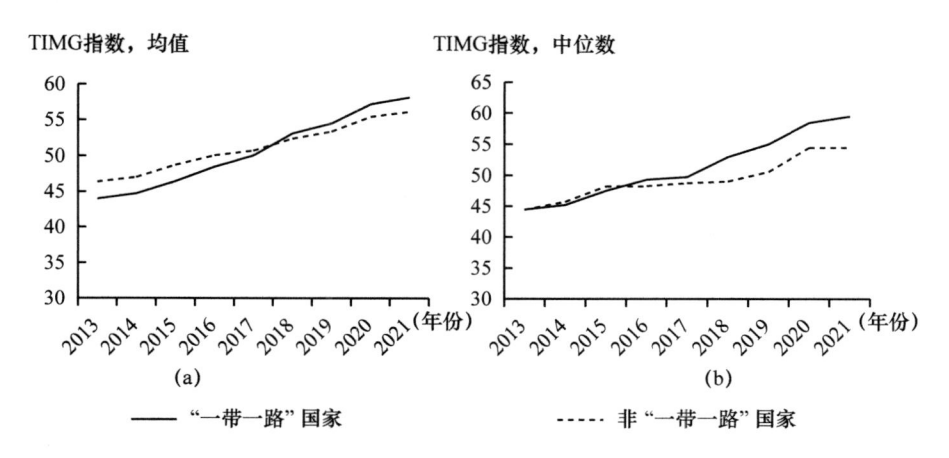

图 4-1　"一带一路"沿线国家（地区）的 TIMG 指数变化

资料来源：笔者自行编制。

（二）区域比较

从区域分布来看，在46个TIMG指数测度国家中有1个国家来自东亚及太平洋地区，7个国家来自东盟，16个中东欧国家，2个国家来自中亚，4个国家来自南亚，6个国家来自独联体，10个国家来自西亚。

从区域比较来看，数字经济发展呈现如下特征（见图4-2）。

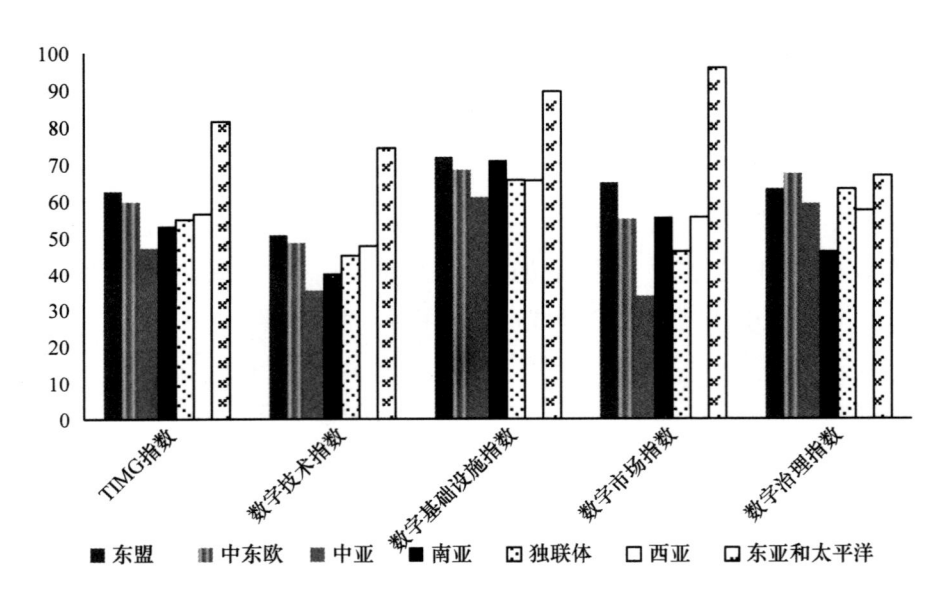

图4-2 2021年"一带一路"沿线主要区域的TIMG指数
资料来源：笔者自行编制。

第一，东亚和太平洋、东盟、中东欧是区域内数字经济发展最为领先的地区。中国所在的东亚和太平洋地区的数字经济发展明显领先于其他地区，2021年东亚和太平洋地区的TIMG指数为81.42；东盟和中东欧地区的指数分别为62.57和59.72。从细分指标来看，中国所在的东亚和太平洋地区处于领先地位，东盟在数字技术、数字市场、数字基础设施等方面具有竞争优势,中东欧国家则在数字治理方面表现良好。2018年,东盟批准《东盟数字一体化框架》作为东盟数字经济领域的综合指导性文件,该框架确定6个中期优先发展重点,以推动实现东盟地区的数字互联互通。

第二,西亚、独联体和南亚地区的数字经济表现相当。2021年西亚、独联体和南亚地区的TIMG指数均值分别为56.4、54.91和53.14。西亚在数字技术、数字市场方面的优势较为突出,独联体则主要在数字治理方面表现出一定的竞争优势,南亚国家在数字基础设施方面优势较为突出。

第三,中亚是"一带一路"沿线整体水平偏弱的区域。2021年中亚地区的TIMG指数均值为47.19。中亚在数字治理方面表现相对较好。近年来,哈萨克斯坦等国家大力推进数字经济建设。

(三)指数排名

表4-1报告了2021年46个"一带一路"沿线国家(地区)的TIMG指数排名。"一带一路"沿线数字经济水平最高的国家是新加坡,其次为中国和阿联酋。2021年,新加坡、中国、阿联酋的TIMG指数为87.55、81.42和76.18。此外,2021年以色列、马来西亚、印度、俄罗斯、沙特阿拉伯等国家的TIMG指数也较高。值得关注的是,"一带一路"沿线国家(地区)的数字经济发展差距较为明显。"一带一路"沿线国家(地区)TIMG指数排名最后的国家是也门,2021年仅为12.21,老挝、吉尔吉斯斯坦、黎巴嫩等国家的数字经济发展也较为薄弱。

表4-1　　2021年"一带一路"沿线国家TIMG指数

排名	国家	地区	TIMG指数
1	新加坡	东盟	87.55
2	中国	东亚和太平洋	81.42

续表

排名	国家	地区	TIMG 指数
3	阿联酋	西亚	76.18
4	以色列	西亚	75.91
5	马来西亚	东盟	74.03
6	印度	南亚	72.17
7	俄罗斯	独联体	71.43
8	沙特阿拉伯	西亚	70.46
9	土耳其	西亚	70.13
10	爱沙尼亚	中东欧	68.88
11	波兰	中东欧	67.86
12	印度尼西亚	东盟	66.41
13	捷克	中东欧	65.83
14	立陶宛	中东欧	65.24
15	泰国	东盟	63.77
16	塞浦路斯	中东欧	62.64
17	希腊	中东欧	61.55
18	匈牙利	中东欧	61.18
19	斯洛文尼亚	中东欧	60.98
20	拉脱维亚	中东欧	60.47
21	罗马尼亚	中东欧	60.43
22	菲律宾	东盟	60.15
23	巴林	西亚	59.55
24	越南	东盟	59.39
25	斯洛伐克	中东欧	58.79
26	塞尔维亚	中东欧	58.46
27	哈萨克斯坦	中亚	58.42
28	乌克兰	独联体	58.33

续表

排名	国家	地区	TIMG 指数
29	保加利亚	中东欧	58.24
30	阿塞拜疆	独联体	55.42
31	克罗地亚	中东欧	54.95
32	埃及	西亚	54.93
33	科威特	西亚	53.57
34	伊朗	西亚	52.43
35	格鲁吉亚	独联体	50.54
36	巴基斯坦	南亚	48.63
37	摩尔多瓦	独联体	47.00
38	亚美尼亚	独联体	46.73
39	斯里兰卡	南亚	46.46
40	阿尔巴尼亚	中东欧	45.71
41	孟加拉国	南亚	45.30
42	黑山	中东欧	44.27
43	黎巴嫩	西亚	38.62
44	吉尔吉斯斯坦	中亚	35.95
45	老挝	东盟	26.70
46	也门	西亚	12.21

资料来源：笔者自行编制。

从分项指标来看（见表4-2），"一带一路"沿线国家（地区）存在差异化的数字优势。2021年，中国在数字市场方面具有突出优势，新加坡在数字技术、数字基础设施、数字治理等分项指数排名方面处于领先地位。以色列在数字技术指数和数字市场指数方面排名第2位和第4位。印度在数字市场指数中排名第2位，在数字基础设施指数中排名第3位。阿联酋、爱沙尼亚则在数字治理指数中排名第2位和第3位。

表 4-2　2021 年"一带一路"沿线国家 TIMG 分项指数

排名	国家	数字技术指数	国家	数字基础设施指数	国家	数字市场指数	国家	数字治理指数
1	新加坡	80.84	新加坡	90.53	中国	95.57	新加坡	97.50
2	以色列	75.53	中国	89.33	印度	84.20	阿联酋	87.12
3	中国	74.17	印度	87.10	新加坡	81.31	爱沙尼亚	86.44
4	马来西亚	66.75	俄罗斯	86.57	以色列	75.55	马来西亚	80.94
5	阿联酋	63.40	阿联酋	81.80	印度尼西亚	74.52	沙特阿拉伯	79.33
6	俄罗斯	61.66	土耳其	80.96	俄罗斯	74.12	巴林	78.15
7	沙特阿拉伯	59.37	埃及	80.81	土耳其	73.08	立陶宛	76.17
8	爱沙尼亚	58.54	印度尼西亚	80.56	菲律宾	73.04	以色列	76.13
9	斯洛文尼亚	58.54	波兰	79.67	阿联酋	72.37	斯洛文尼亚	73.67
10	土耳其	58.45	越南	79.49	马来西亚	71.71	阿塞拜疆	72.69
11	印度	58.29	沙特阿拉伯	79.43	波兰	71.23	塞浦路斯	71.23
12	捷克	58.24	马来西亚	76.72	泰国	69.43	捷克	70.49
13	希腊	57.32	以色列	76.42	捷克	66.29	拉脱维亚	70.11
14	乌克兰	55.80	哈萨克斯坦	75.96	越南	65.01	哈萨克斯坦	68.57
15	立陶宛	54.51	立陶宛	75.41	塞浦路斯	64.82	波兰	68.18
16	波兰	52.35	泰国	74.31	沙特阿拉伯	63.71	土耳其	68.05
17	拉脱维亚	50.87	希腊	73.92	罗马尼亚	63.32	中国	66.61
18	印度尼西亚	50.65	匈牙利	73.91	匈牙利	60.09	匈牙利	65.66
19	伊朗	48.23	伊朗	73.81	乌克兰	58.17	斯洛伐克	64.96
20	塞浦路斯	47.71	爱沙尼亚	72.96	保加利亚	57.87	保加利亚	64.70

资料来源：笔者自行编制。

(四) 代表性国家

本报告根据"一带一路"沿线 TIMG 指数排名和国别发展情况，选择了新加坡、以色列、俄罗斯、沙特阿拉伯等 10 个代表性国家进行具体的国别分析①。

1. 新加坡

新加坡数字经济高度发达，居于世界前列。2021 年，新加坡的 TIMG 指数为 87.55，全球排名为第 2 位。从分项指数来看，新加坡的数字技术指数、数字基础设施指数、数字市场指数、数字治理指数在 2021 年分别为 80.84、90.53、81.31 和 97.5（见图 4-3），全球排名分别为第 6 位、第 2 位、第 13 位和第 1 位（见图 4-4）。

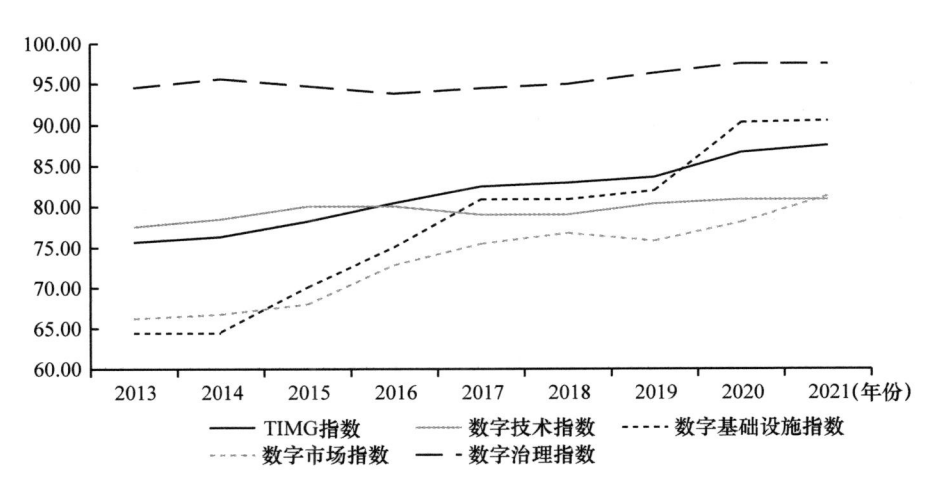

图 4-3 新加坡的 TIMG 指数变化

---

① 如未特别说明，本部分分析主要基于笔者构建指数的底层数据以及商务部《对外投资合作国别（地区）指南（2021 年版）》（http://fec.mofcom.gov.cn/article/gbdqzn/）等资料。

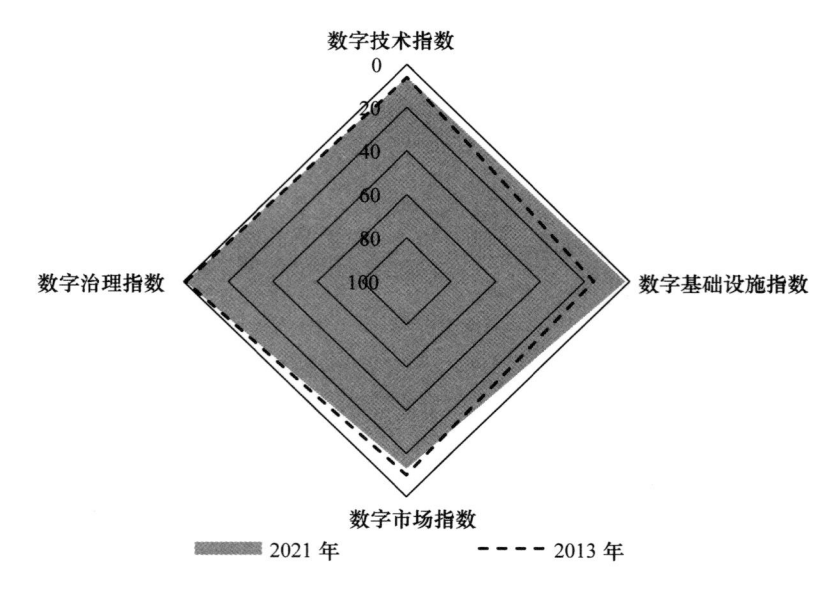

图 4-4　新加坡的 TIMG 细分指数排名变化

资料来源：笔者自行编制。

新加坡数字化发展全面渗透生产、流通、消费、进出口各个环节，并在数字治理、数字基础设施领域的竞争优势突出。从数字治理来看，2021 年新加坡数字治理指数排名全球第 1 位。新加坡通过战略规划、政策法规积极推进数字经济建设。早在 2014 年，新加坡政府就发布了"智慧国家 2025"（Smart Nation）计划。2018 年，新加坡陆续推出《数字经济框架行动计划》《数字政府蓝图》《数字就绪蓝图》《服务与数字经济蓝图》等数字经济发展规划。新加坡在监管与创新之间寻求平衡。例如，2020 年以来新加坡对《个人数据保护法》《电子交易法》进行修订，完善提升监管水平的同时，通过颁发 4 张数字银行牌照和 1 张数字货币交易牌照以支持金融科技创新。此外，新加坡积极拓展国际层面的数字经济合作，签订数字经济协定。

从数字基础设施来看，新加坡是世界上数字基础设施最发达的经济体之一，政府致力于提供 1 千兆/秒的光纤接入服务，其宽带普及率达到200%，4G用户为765.8万户，已接近饱和状态。新加坡从2021年1月起推出5G独立网络，预计2025年年底覆盖全国。得益于此，新加坡是多个行业大型企业的区域数据中心枢纽。脸书、谷歌、字节跳动和中国移动等大型跨国科技企业均在新加坡投资建设数据中心，微软Azure、谷歌云、阿里云等云计算公司将新加坡作为区域运营中心。2019年，新加坡贡献了东盟地区数据中心领域总收入的45%，预计到2025年，新加坡的公有云市场规模将达到25亿美元。

2. 以色列

以色列的数字经济发展快速，特色鲜明。2021年，以色列的TIMG指数为75.91，全球排名为第20位。2017年，以色列的TIMG指数全球排名曾高达第9位。从分项指数来看，2021年以色列的数字技术指数、数字基础设施指数、数字市场指数、数字治理指数分别为75.53、76.42、75.55和76.13（见图4-5），全球排名分别为第10位、第31位、第19位和第28位（见图4-6）。

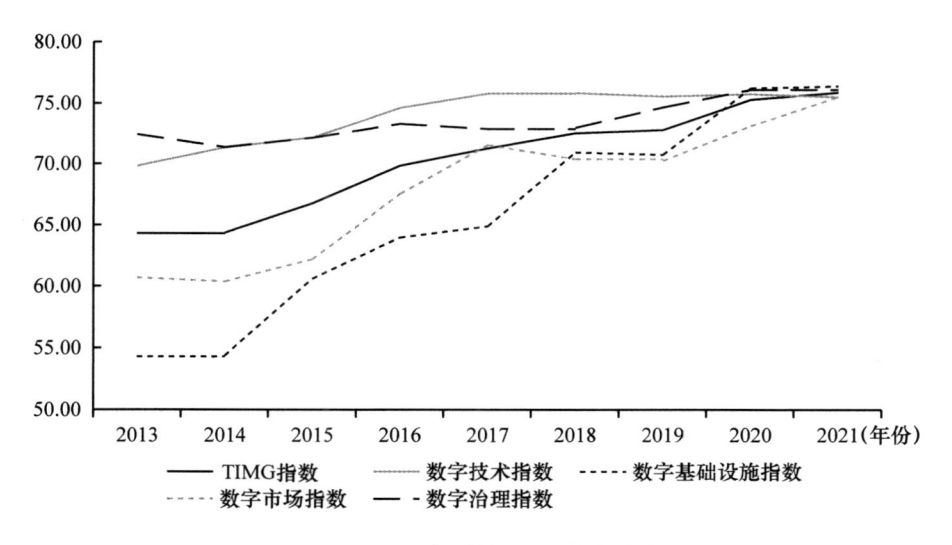

图4-5 以色列的TIMG指数变化

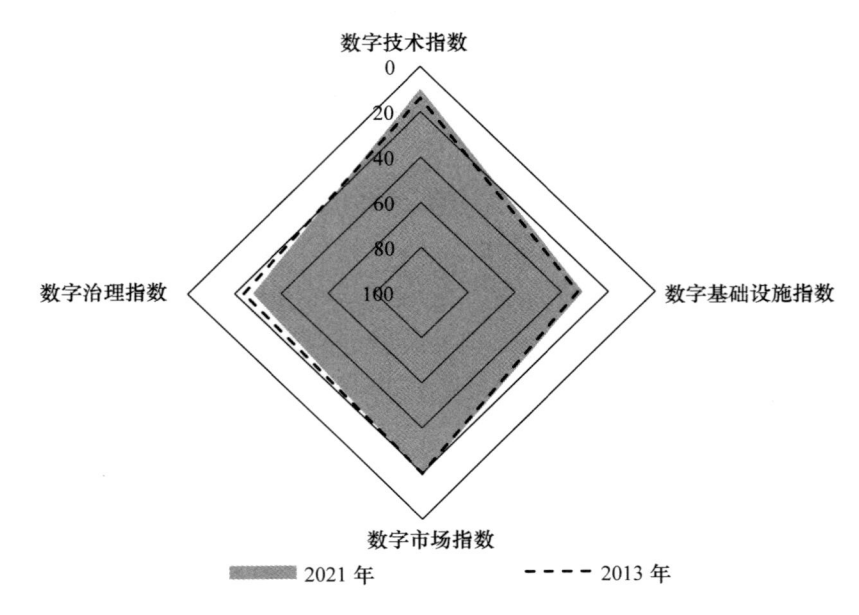

图 4-6　以色列的 TIMG 细分指数排名变化

资料来源：笔者自行编制。

以色列在数字技术和数字市场方面具有明显的竞争优势。从数字技术来看，以色列拥有支持数字技术创新的良好生态，包括高水平的国民数字素养与产学研合作能力等。以色列政府通过产业政策、研发投入支持前沿技术进步。据 OECD 统计，以色列投入 ICT 产业的研发资金占研发总投入的 80% 左右。目前，以色列在网络安全、人工智能、芯片等领域居于世界领先地位。以芯片产业为例，以色列在芯片设计、原材料和设备制造、测试封装等关键节点上具有强大实力，2022 年以色列拥有 160 多家芯片公司，至 2021 年约有 37 家跨国公司在以色列设立半导体分支机构。从数字市场来看，以色列的数字消费者虽然不具规模优势，但互联网普及率高和产业渗透率高。2020 年，以色列的互联网普及率已超过 90%。此外，2021 年以色列拥有 7700 余家活跃数字企业，其中不乏 Check Point、CyberArk 等行业领军企业和新兴独角兽企业。全球创投资本为以色列的数字企业发展与市场扩张提供了强有力的支持。

相比之下，以色列在数字治理、数字基础设施等方面的进展较为缓慢，这也是近年来重点建设领域。2013年，以色列政府推出第一个加速数字化建设的决议。2015年以色列设立数字以色列局以协调各部门推进数字经济发展。2017年，以色列国会通过《数字以色列五年计划（2017—2022）》，提出缩小经济社会的数字差距、支持数字产业、建设智能友好政府等重要任务。近年来，以色列陆续出台了《信用数据法》（2016年）、《隐私保护规则（数据安全）》（2017年）等法律法规。通过对隐私权的强力保护，再辅之以专门法，以色列构筑了较为完善的个人信息保护体系，使其在与欧洲及美国的数字经济合作中能够占据优势和主动。①

3. 俄罗斯

俄罗斯数字经济发展处于布局发展阶段。2021年，俄罗斯的TIMG指数为71.43，全球排名为第28位。从分项指数来看，2021年俄罗斯的数字技术指数、数字基础设施指数、数字市场指数、数字治理指数分别为61.66、86.57、74.12和63.38（见图4-7），全球排名

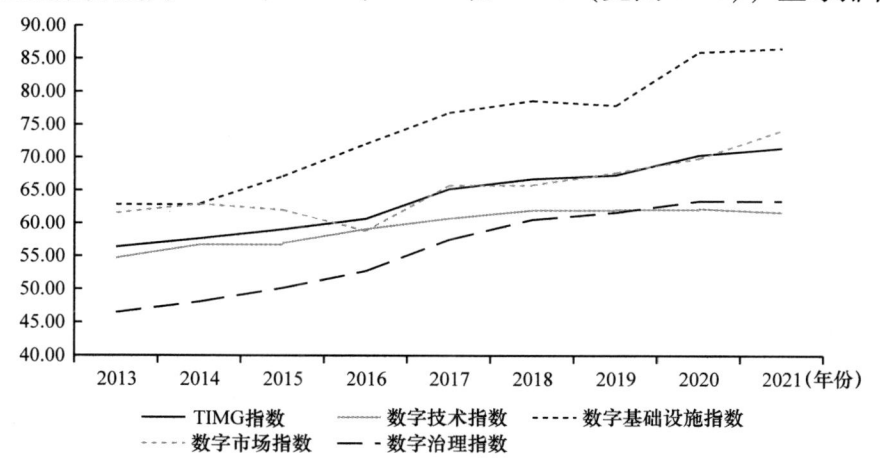

图4-7 俄罗斯的TIMG指数变化

① 商务部：《对外投资合作国别（地区）指南——以色列篇（2021年版）》，http://www.mofcom.gov.cn/dl/gbdqzn/upload/yiselie.pdf。

分别为第25位、第9位、第22位和第50位（见图4-8）。

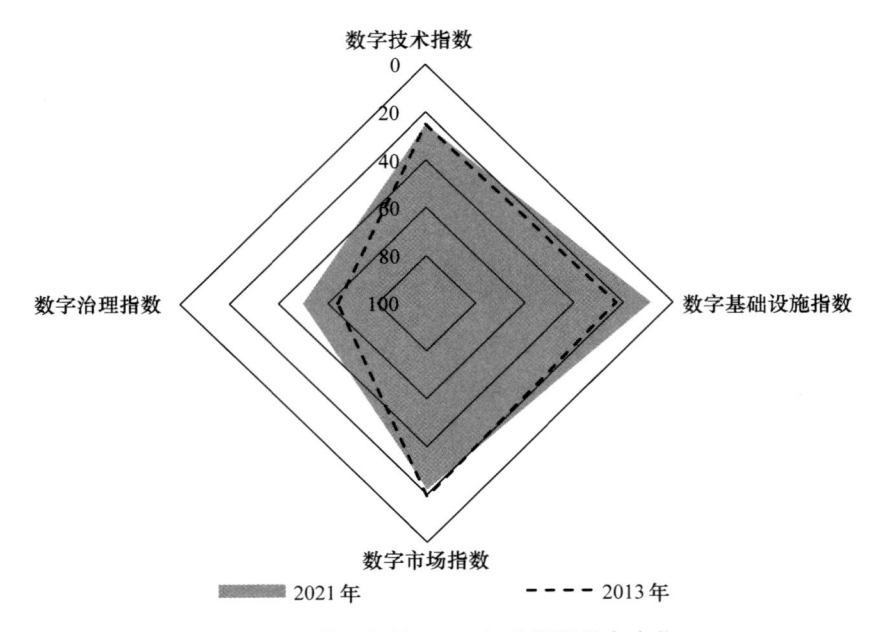

图4-8 俄罗斯的TIMG细分指数排名变化
资料来源：笔者自行编制。

数字基础设施是俄罗斯发展数字经济的重点推进领域。2021年，俄罗斯每百人有107.65个移动宽带用户和168.98个移动电话用户。俄罗斯网络安全进展迅猛，2020年ITU测算的网络安全指数排名位居全球第五位。2019年俄罗斯总统普京提出加快5G通信网络发展，俄罗斯第一大电信运营商MTC也与中国华为公司签署合作协议，共同研发5G技术。

除此之外，俄罗斯在数字市场、数字治理等方面发展较为薄弱。2021年，俄罗斯活跃数字企业数量约为3800家，缺乏具有国际竞争力的大型数字企业，数字产品和服务供给有待进一步丰富。此外，俄罗斯政府对数字经济发展规划晚于许多发达国家。2020年，俄罗斯的营商环境、ICT监管追踪指数得分为78.16和70.67，居于世界中等偏下水平。近年来，俄罗斯加快提升数字治理能力。2017年7月，俄罗斯政府将数字经济列入

《俄罗斯联邦2018—2025年主要战略发展方向目录》，编制完成并正式批准《俄罗斯联邦数字经济规划》。2019年10月，普京批准《2030年前人工智能发展国家战略》。

4. 沙特阿拉伯

近年来，沙特阿拉伯（简称沙特）的数字经济发展水平有所提升。2021年，沙特的TIMG指数为70.46。沙特的TIMG指数全球排名从2013年的第35位攀升至2021年的第29位。从分项指数来看，2021年沙特的数字技术指数、数字基础设施指数、数字市场指数、数字治理指数分别为59.37、79.43、63.71和79.33（见图4-9），全球排名分别为第28位、第25位、第42位和第24位（见图4-10）。

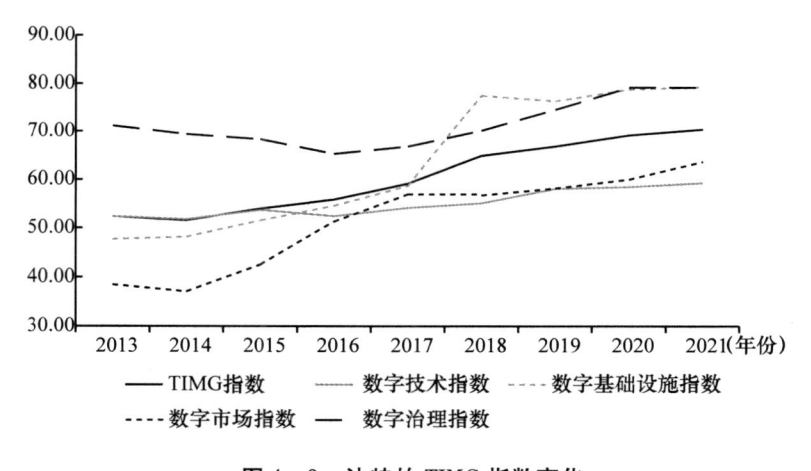

图4-9 沙特的TIMG指数变化

沙特在数字治理、数字基础设施方面取得快速发展。从数字治理来看，沙特政府对数字经济发展非常重视。2019年8月，沙特成立数据和人工智能管理局，专门负责国家大数据与人工智能管理。同时，沙特分设国家人工智能管理中心和国家数据管理办公室。2020年，在沙特的倡议下，沙特、巴林、约旦、科威特和巴基斯坦五国宣布成立"数字合作组织"，加强数字领域的国际合作。2021年，沙特政府通过《电子商务法实施条例》，旨在从

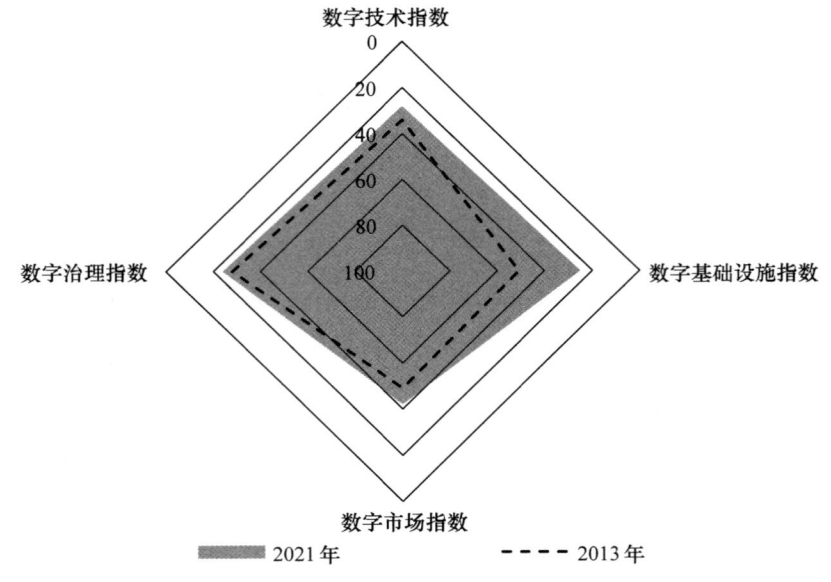

图 4-10 沙特的 TIMG 细分指数排名变化

资料来源：笔者自行编制。

立法层面规范电商行业发展，加强对个人数据保护、消费者权利和披露义务等方面的监管。从数字基础设施来看，沙特大力推进5G、大数据等新一代通信基础设施建设。目前，沙特已有6600余座为5G网络服务的基站，分布在30多个城市，它们将首先针对目前已接入沙特光纤网络的300万户家庭提供服务。2021年，沙特电信公司在利雅得、吉达、麦地那三地启动大型数据中心，投资总额达10亿里亚尔，旨在帮助政府和私营机构实现数字化转型，为当地数字经济发展提供基础设施支持，在人工智能、物联网、自动化等领域达成"2030愿景"目标。

5. 马来西亚

马来西亚具有数字经济发展的巨大潜力。2021年，马来西亚的TIMG指数为74.03，全球排名为第24位。据马来西亚统计，数字经济对马来西亚GDP的贡献率已经从2020年的18.5%提高至2022年的21%，ICT等数字产业是马来西亚的支柱产业之一。从分项指数来看，2021年马来西亚的数字技术指数、数字基础设施指数、数字市场指数、数字治理指数分别为66.75、76.72、71.71和80.94（见图4-11），全球排名分别为第21位、第29位、第27位和第21位（见图4-12）。

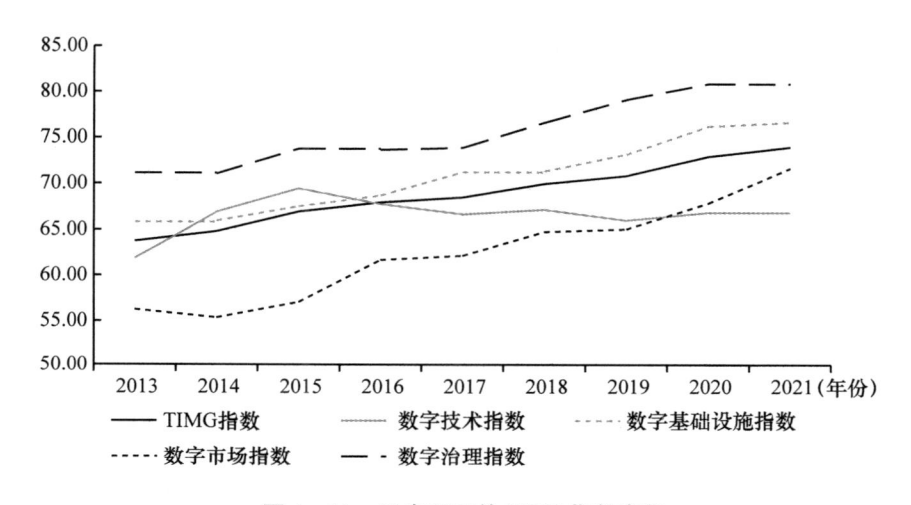

图4-11 马来西亚的TIMG指数变化

目前，马来西亚在数字技术、数字市场以及数字治理方面都取得积极进展。从数字技术来看，马来西亚的人力资本持续积累，拥有基本数字技能的人口比率从2015年的44%上升至2021年的68.5%，数字创新活跃程度逐渐提高。从数字市场来看，马来西亚也是东南亚地区重要的新兴数字市场。马来西亚的互联网普及率在2021年猛增至96.75%，超过一半的服务出口也为数字服务。从数字治理来看，马来西亚正积极推出数字经济发展规划，以期成为数字经济的区域领导者。2020年，马来西亚总理署宣布设立数字经济和第四次工业革命理事会；2021年，马来西亚政府推出《马来西亚数字经济大蓝图》。马来西亚通过《1998年通信与多媒体法》《2006年电子商务法》《2012年消费者保护（电子贸易交易）法规》《个人数据保护法》等法律法规规范引导数字经济发展。

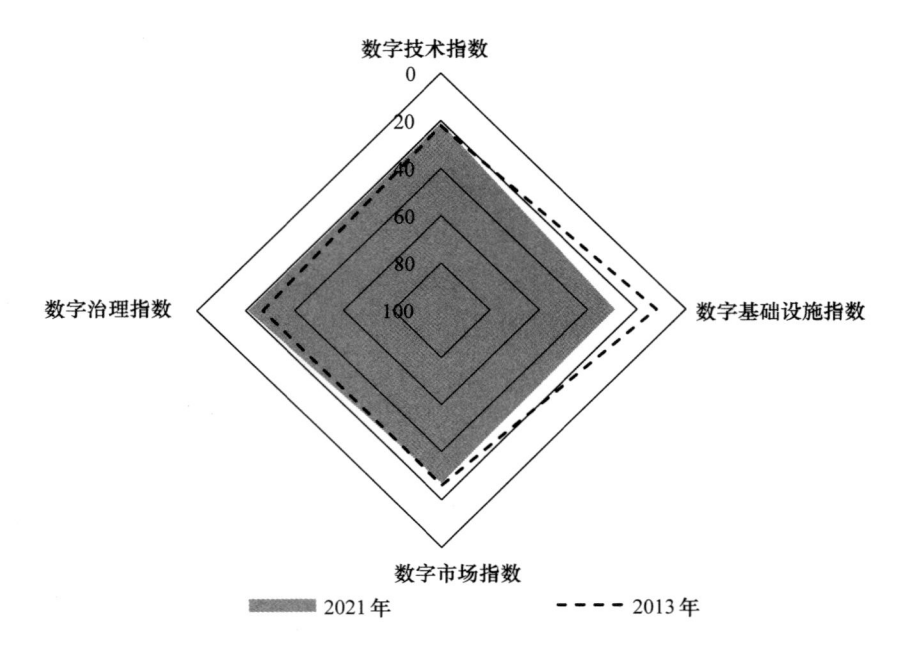

```
                    数字技术指数
                         0
                        20
                        40
                        60
数字治理指数              80            数字基础设施指数
                       100


                    数字市场指数
            ■ 2021年      - - - - 2013年
```

图 4 – 12　马来西亚的 TIMG 细分指数排名变化

资料来源：笔者自行编制。

相比之下，马来西亚的数字基础设施建设仍存在短板，并在近年来受到政府高度重视。2020 年，马来西亚计划在未来 5 年投资 210 亿马币，通过国家数字网络计划（National Digital Network，JENDELA），使光纤网络覆盖马来西亚所有的人口，互联网用户从 2022 年年底的 750 万户增长到 2025 年的 900 万户。马来西亚政府还计划用 10 年的时间投资 150 亿马币，用于在全国范围内建设 5G 网络。此外，马来西亚的数据中心发展较快。2020 年，马来西亚数据中心市场规模估计达到 5 亿美元[1]。谷歌、微软、阿里巴巴等均计划或已经在马来西亚设立了大型数据中心。

---

[1]　ASEAN, "ASEAN Investment Report 2020 – 2021", https://asean.org/wp – content/uploads/2021/09/AIR – 2020 – 2021. pdf。

6. 泰国

泰国数字经济发展迅猛。2021年,泰国的TIMG指数为63.77。泰国的TIMG指数全球排名从2013年的第43位快速攀升至2021年的第38位。从分项指数来看,2021年泰国的数字技术指数、数字基础设施指数、数字市场指数、数字治理指数分别为47.67、74.31、69.43和63.69(见图4-13),全球排名分别为第45位、第38位、第33位和第49位(见图4-14)。

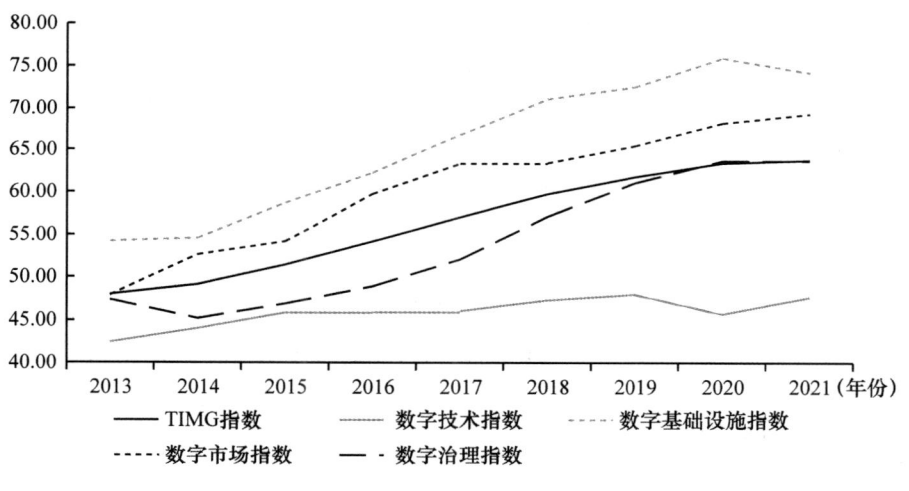

图4-13 泰国的TIMG指数变化

泰国数字经济发展主要受到数字市场以及数字基础设施驱动。从数字市场来看,泰国数字消费者规模快速壮大。2021年,泰国数字消费者规模接近6000万人。泰国的互联网普及率也从2010年的22.4%快速增至2021年的85.27%。泰国数字经济促进局表示,2021年泰国数字产业产出估计为7270亿泰铢(约为216亿美元)。根据《东南亚电商报告》①,2025年,泰国数字经济市场规模预计达到570亿美元,将成为东南亚第二大市场,

---

① 谷歌、淡马锡、贝恩咨询:《东南亚电商行业报告》,2020年。

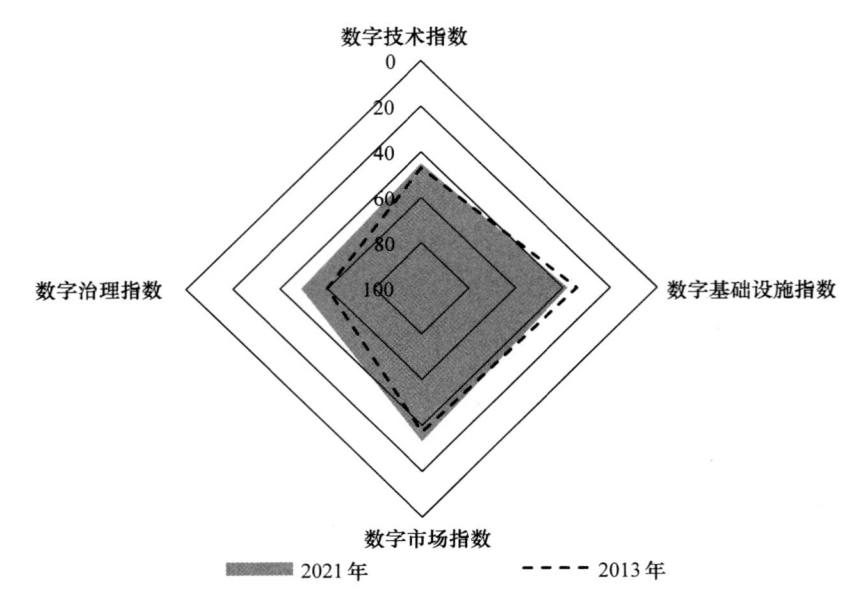

图 4-14 泰国的 TIMG 细分指数排名变化

资料来源：笔者自行编制。

特别是电子商务市场增长强劲，2025年有望达到350亿美元。同时，泰国的流媒体、网络游戏、本地生活等细分市场也迎来快速发展。从数字基础设施来看，泰国近年来开始加大对数字基础设施的投入。2021年，泰国每百人中有168.78个移动电话用户，在全球排名第6位。泰国4G网络普及率超过98%，已覆盖3万多个村庄、1万多个免费无线网络点，设立数字社区600多个。目前，华为已在泰国建立东盟首家5G生态系统创新中心，并拟在泰国建立第三个数字中心。中兴与泰国第一大电信运营商AIS、素罗那立科技大学合作部署5G技术，建立智慧工厂，通过扩展5G应用助力泰国制造业升级。

泰国的数字治理和数字技术水平仍有待提高。从数字治理来看，泰国政府正在加速推进数字经济建设。近年来，泰国政府提出"泰国4.0"国家战略，把数字经济列为优先发展领域。泰国陆续颁布《数字经济与社会发展法案》《个人数据保护法案》《网络安全法案》《计算机犯罪法》和《电子交易法》等与发展数字经济相关的法律法规。此外，2022年泰国政府的电子政务指数排名第55位，处于世界中等偏上水平。2022年，泰国政府计划投入24亿泰铢推动《泰国数字政府发展计划（2023—2027）》，建设社会福利、农业数据、法律咨询等平台。从数字技术来看，泰国政府计划打造泰国"数字谷"作为前沿数字技术发展的创新中心，提高新兴数字产业国际竞争力。为加速进入"泰国4.0"时代，政府拟在泰国东部经济走廊地区打造数字园区，建立数字化智慧城市、大数据中心、物联网中心。

7. 阿联酋

阿联酋是中东地区数字经济发展较快的国家。2021年，阿联酋的TIMG指数为76.18。阿联酋的TIMG指数全球排名从2013年的第26位上升至2021年的第17位。从分项指数来看，2021年阿联酋的数字技术指数、数字基础设施指数、数字市场指数、数字治理指数分别为63.4、81.8、72.37和87.12（见图4-15），全球排名分别为第24位、第17位、第26位和第9位（见图4-16）。

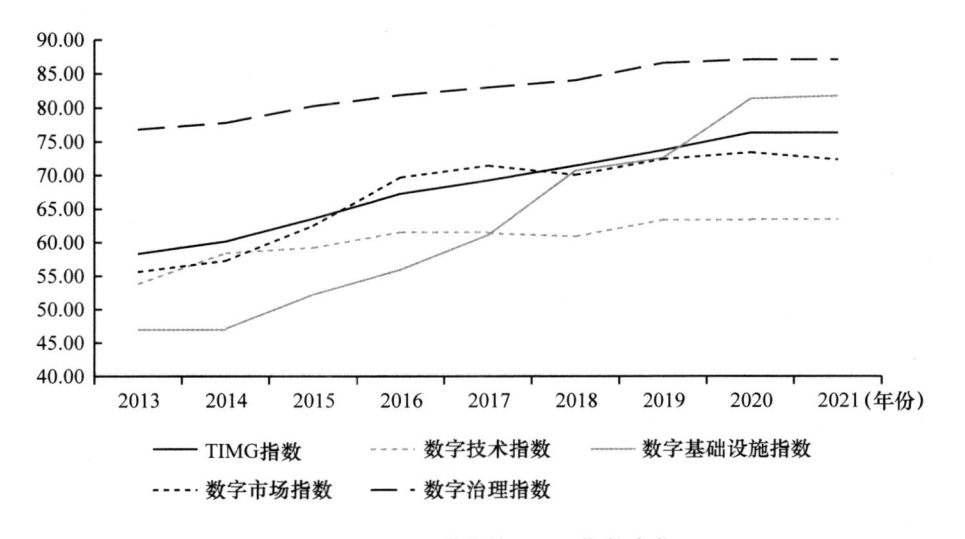

图4-15 阿联酋的TIMG指数变化

数字技术指数

数字治理指数　　　　　　　数字基础设施指数

数字市场指数

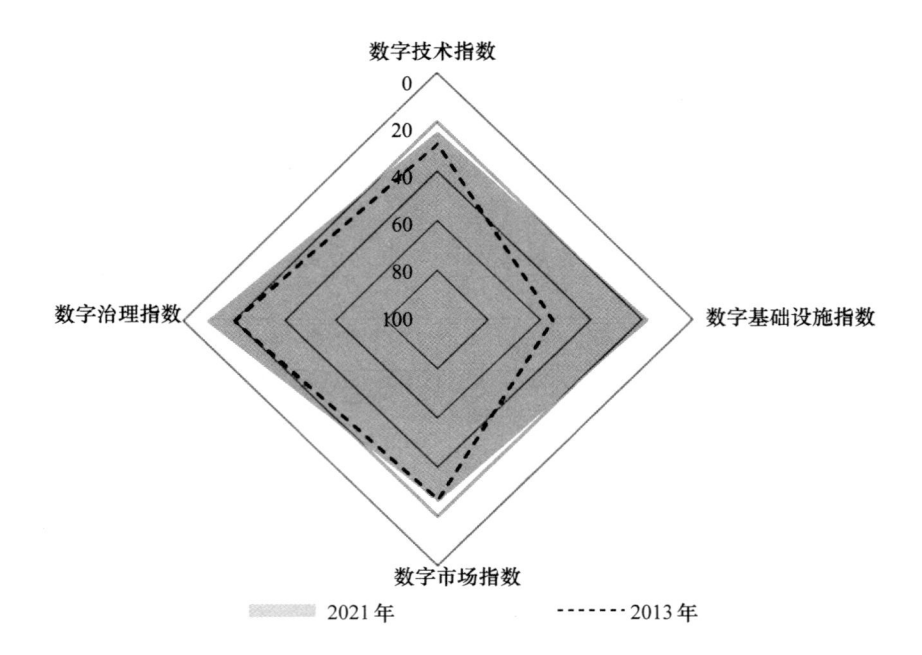

░░ 2021年　　------ 2013年

图 4-16　阿联酋的 TIMG 细分指数排名变化

资料来源：笔者自行编制。

阿联酋在数字治理方面表现出显著的竞争优势。阿联酋政府正在加快建设数字经济，高度重视电子政务发展，先后提出"移动政府""智能政府""区块链政府"等战略。2018 年，阿联酋启动的数字迪拜"无纸化"战略已基本实现，政府数字化转型取得快速进展。2022 年，阿联酋的电子政务指数为 90.1，排名全球第 13 位。此外，阿联酋政府于 2021 年发布《数字经济先锋》计划，旨在培养人工智能等领域的数字化专业人才。2022 年 4 月，阿联酋政府通过一项包括 30 多项举措的数字经济战略，并成立数字经济委员会，目标是在未来 10 年将数字经济对 GDP 的贡献率提高到 20%。

阿联酋在数字基础设施方面也具有较高水平。阿联酋的新一代通信基础设施建设覆盖广、质量高。2021 年，阿联酋每百人中有 241.18 个移动宽带用户和 194.73 个移动电话用户，均位列全球之首，其4G网络覆盖率接近100%。阿联酋也是阿拉伯国家第一个、全球第四个推出和使用5G的国家，根据vpn-Mentor研究，阿联酋的5G网络速度目前居于全球之首。

阿联酋在数字技术和数字市场方面抱以开放、友好态度，正在提升区块链以及数字货币等市场对全球企业和投资者的吸引力。阿联酋计划打造"世界区块链开发之都"，目前批准了"2021年阿联酋区块链战略"（The Emirates Blockchain Strategy 2021）和"迪拜区块链战略"（The Dubai Blockchain Strategy）。同时，阿联酋成立全球区块链理事会，以探索、讨论当前和未来的应用程序，通过区块链平台组织交易。2023年3月，阿联酋宣布启动数字货币战略，并于去年设立新数字银行，加快促进金融基础设施的数字化转型。

8. 印度尼西亚

印度尼西亚是东南亚地区领先的数字经济体。2021年，印度尼西亚的TIMG指数为66.41。印度尼西亚的TIMG指数全球排名从2013年的第40位稳步升至2021年的第35位。从分项指数来看，2021年印度尼西亚的数字技术指数、数字基础设施指数、数字市场指数、数字治理指数分别为50.65、80.56、74.52和59.93（见图4-17），全球排名分别为第41位、第20位、第21位和第58位（见图4-18）。

近年来，印度尼西亚的数字基础设施和数字市场具有发展优势。从数字基础设施来看，印度尼西亚政府目前仍专注于扩大4G覆盖面。2021年，印度尼西亚每百人中有109.33个移动宽带用户和133.65个移动电话用户。此外，印度尼西亚积极探索5G等新一代通信技术。2021年，印度尼西亚通信部将5G技术运营资格证书颁发给Telkomsel，这标志着Telkomsel正式成为印度尼西亚首家部署5G服务的移动运营商。2022年，Telkomsel与中国华为公司签署5G City联合创新合作备忘录，共同开展

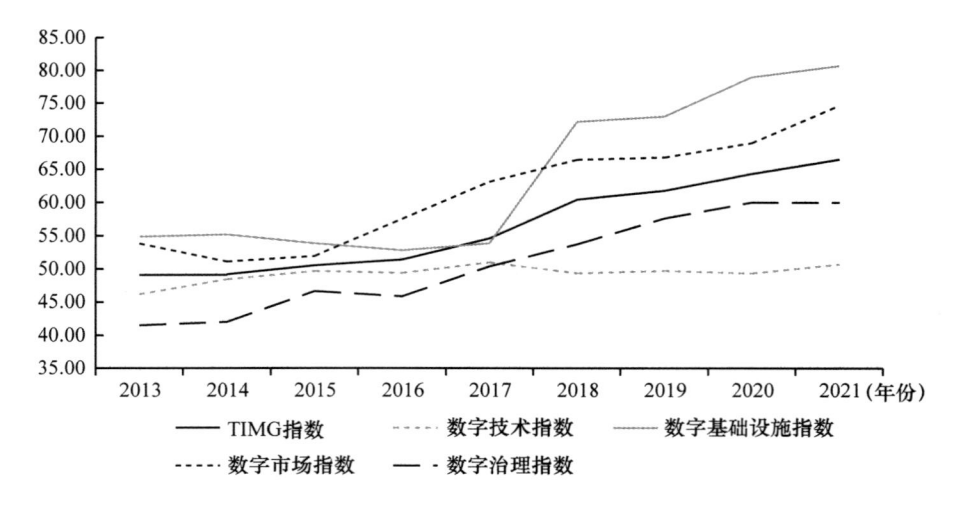

图 4－17　印度尼西亚的 TIMG 指数变化

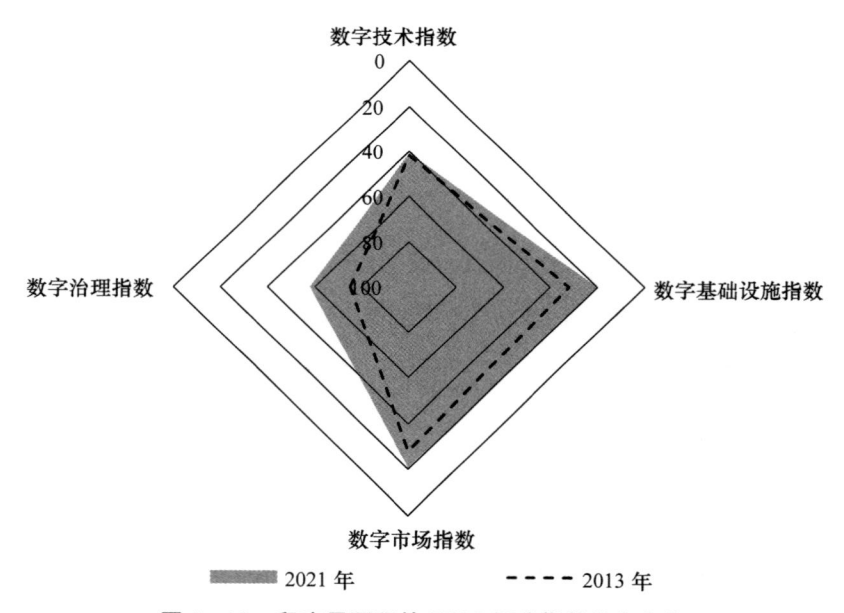

图 4－18　印度尼西亚的 TIMG 细分指数排名变化

资料来源：笔者自行编制。

5G 最新技术研究和应用部署。从数字市场来看，2021 年，印度尼西亚约有 1.7 亿数字消费者，存在广阔的数字市场发展空间。2020 年，印度尼西亚数字经济交易额 632 万亿盾（约合 445 亿美元），有潜力在十年内提高8倍，即在2030年数字经济增长能够达到4531万亿盾（约合3190亿美元）。印度尼西亚政府计划将数字经济规模占GDP的比重从2020年的4%提升至2030年的18%；并占到东盟数字经济的40%，成为东盟第一大数字经济体。电子商务是驱动数字市场扩张的重要动力。根据《2022东南亚数字经济报告》，印度尼西亚的电子商务市场规模预计将在2025年扩大至950亿美元。

印度尼西亚在数字治理方面存在较为明显的竞争劣势。2022年印度尼西亚的电子政务指数排名为全球第78位，处于中等水平，数字监管和法律制度仍有待进一步完善。目前，印度尼西亚政府高度重视数字经济发展，推出2021—2024年数字印度尼西亚总路线，在数字基建、数字政务、数字经济和数字社会四个领域发力。印度尼西亚政府正在加快推进数字经济相关法律建设，数据保护已被列为2021年印度尼西亚国家33个优先立法之一。①

9. 越南

越南数字经济发展较快、潜力较大。2021年，越南的TIMG指数为59.39。越南的TIMG指数全球排名从2013年的第64位上升至2021年的第50位。从分项指数来看，2021年越南的数字技术指数、数字基础设施指数、数字市场指数、数字治理指数分别为38.08、79.49、65.01和54.99（见图4-19），全球排名分别为第66位、第24位、第39位和第72位（见图4-20）。

越南在数字基础设施和数字市场方面取得较快进展。从数字基础设施来看，越南数字基础设施建设较为完备。2020年越南光缆和收发基站覆盖里程100多万千米，并与6条国际海底

---

① 商务部：《对外投资合作国别（地区）指南——印度尼西亚篇（2021年版）》，http://www.mofcom.gov.cn/dl/gbdqzn/upload/yindunixiya.pdf。

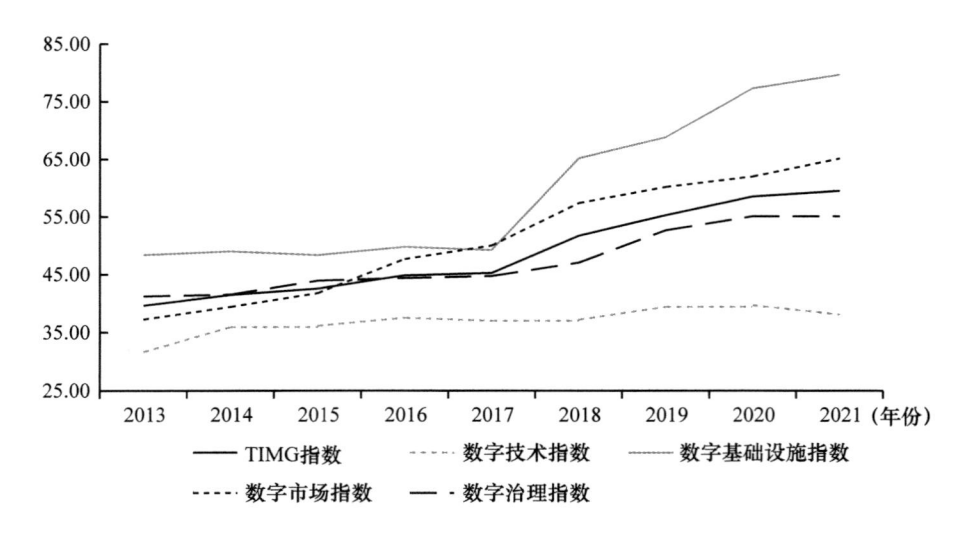

图 4-19　越南的 TIMG 指数排名变化

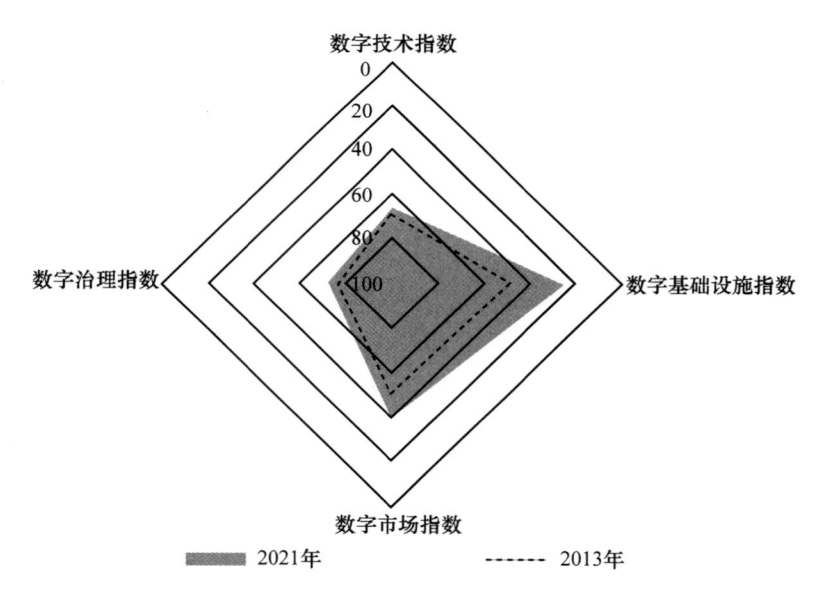

图 4-20　越南的 TIMG 细分指数排名变化

资料来源：笔者自行编制。

光缆线路（AAG、APG、SMW-3、IA、AAE-1、TVH 线路）相连接。越南的移动网络覆盖率达 99.7%，已广泛覆盖 3G 和 4G

移动网络。截至2021年5月,越南有7家企业提供移动通信业务,其中5家提供4G业务;63家企业提供互联网业务。越南移动宽带用户达6820万个,移动用户达1.34亿多个,2021年每百人中有138.87个移动电话用户。从数字市场来看,越南的数字经济市场正处于快速扩张期。2019年越南数字经济规模超过120亿美元,2022年数字经济对GDP贡献率有望达到14.26%。到2025年,越南数字经济产值预计可达520亿美元,约占东南亚数字经济产值的1/6。[①] 其中,2022年ICT产业收入估计达1480亿美元,同比增长8.7%。电子商务是数字经济发展的重要引擎,2022年网购消费者估计达到5700万—6000万人。

近年来,越南政府正加快发展数字经济,推动数字治理建设。2020年6月,越南政府总理阮春福批准了一项国家数字化转型计划,该计划将持续到2025年,其愿景将延续到2030年。2021年7月27日,越南第十四届国会表决通过《关于2021—2025年5年经济社会发展规划的决议》。其中,5年内数字经济约占GDP的20%。越南政府在2006年颁布了《信息技术法》,对信息技术领域制定了总体法律框架。

10. 哈萨克斯坦

哈萨克斯坦的数字经济持续发展,前景广阔。2021年,哈萨克斯坦的TIMG指数为58.42。哈萨克斯坦的TIMG指数全球排名从2013年的第65位上升至2021年的第53位。从分项指数来看,2021年哈萨克斯坦的数字技术指数、数字基础设施指数、数字市场指数、数字治理指数分别为44.83、75.96、44.34和68.57(见图4-21),全球排名分别为第55位、第34位、第70位和第37位(见图4-22)。

---

① 谷歌、淡马锡、贝恩咨询:《东南亚电商行业报告》,2020年。

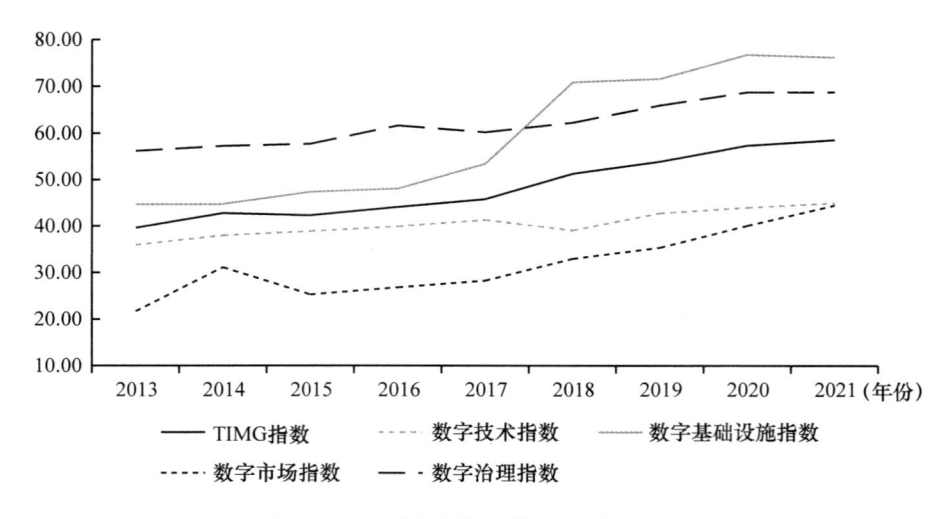

图 4-21 哈萨克斯坦的 TIMG 指数变化

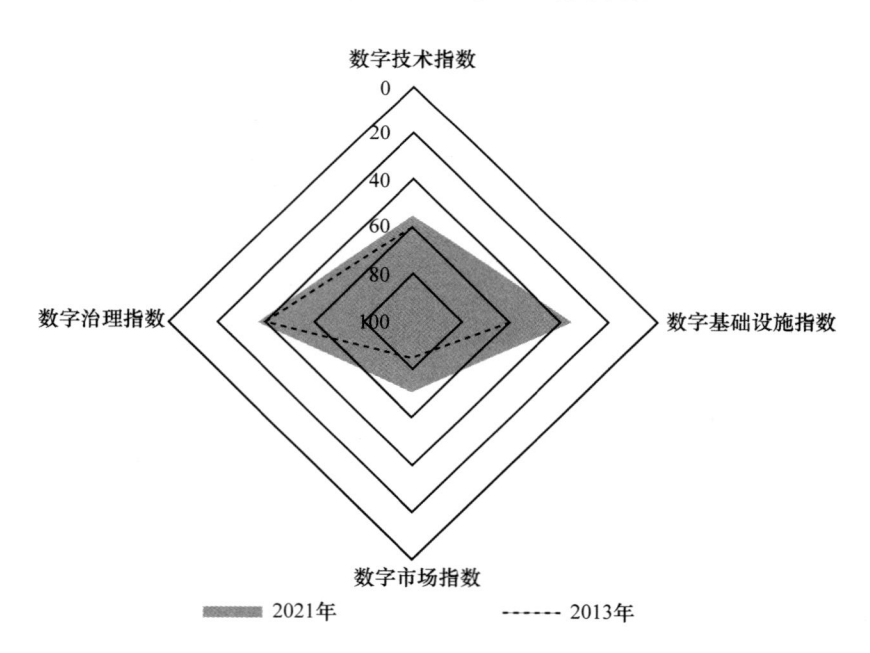

图 4-22 哈萨克斯坦的 TIMG 细分指数排名变化

资料来源：笔者自行编制。

哈萨克斯坦正加快推进数字基础设施和数字治理。从数字基础设施来看，哈萨克斯坦移动通信设施发展迅猛。哈萨克斯坦每百人移动宽带拥有量从 2013 年的 54.23 个增长至 2021 年的 86.77 个，每百人移动电话拥有量也达到 126.71 个。截至 2019 年年底，哈萨克斯坦拥有固话用户 321 万个、移动用户 2570 万个。哈萨克斯坦正在开展 5G 测试工作，将分阶段部署使用。预计 2023 年，哈萨克斯坦所有地区首府将部署使用 5G 网络。

从数字治理来看，哈萨克斯坦开始逐渐重视数字经济发展。2017 年，哈萨克斯坦通过《数字哈萨克斯坦国家规划》，并于 2020 年对其进行修订。为落实规划，2025 年前，哈萨克斯坦所有行政服务将全部转为线上模式，数字化领域投资将达到 5000 亿坚戈，信息电子产业出口额达 2000 亿坚戈，创建超过 1000 家创新企业，培养 10 万名 IT 专家。2020 年 6 月，哈萨克斯坦总统托卡耶夫签署《关于对数字技术管理法律进行修订和补充的法案》，修正案规定了个人数据保护、信息通信基础设施建设等内容。

五 数字经济发展与国际合作专题分析

随着数字经济国际竞争的日益激烈、跨境数字产品和服务的增加以及数字壁垒和数字鸿沟的出现，各国开始逐渐意识到加强数字经济领域国际合作的必要性和紧迫性。数字经济区域合作的增强也为数字经济发展提供了新的支撑。

为了更加清晰准确地刻画数字经济国际合作的发展趋势与动态变化，本报告基于当前数字经济国际合作现状，结合TIMG指数对数字经济国际合作的国家特征进行分析，以期给读者提供一个数字经济国际合作的清晰图景，为中国未来参与数字国际合作提供参考与借鉴。

（一）总体情况分析

当前，全球数字经济国际合作呈现迅猛发展态势。如图5-1所示，自2019年以来，数字经济国际合作政策数量呈现快速增长态势。取得进展的数字经济国际合作政策从2019年的11项飙升至2022年的260项。

数字经济国际合作政策涉及的领域涵盖竞争、内容审核、数据治理、跨境贸易与投资、税收等方面。其中，数据治理是各国合作的焦点领域。与数据治理相关的政策数量增长快、占比大，从2019年的3项增长至2022年的108项，约占2022年数字经济国际合作政策更新总量的41.54%。此外，竞争政策以及产业政策、涉及准入许可等其他政策的占比也比较高。

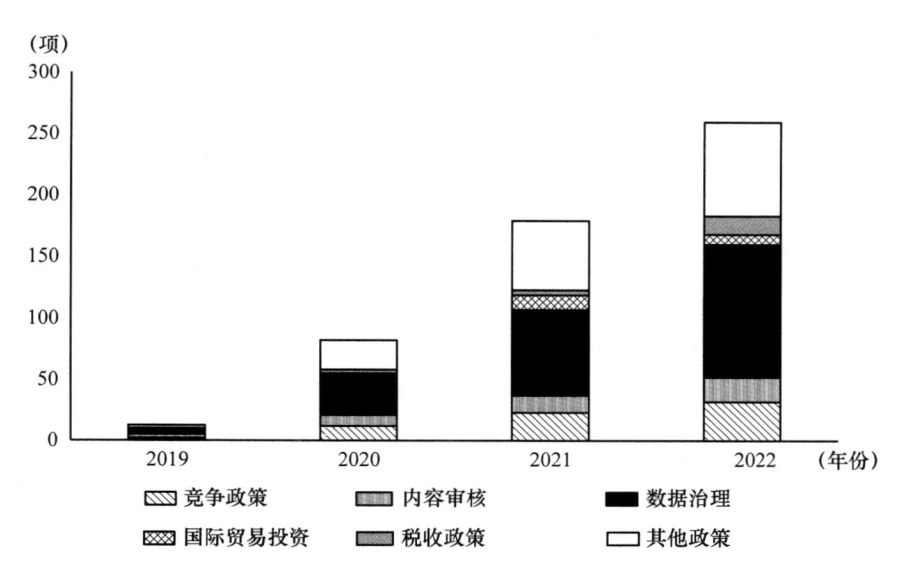

图 5-1 数字经济国际合作政策类别

资料来源：Digital Policy Alert。

从数字经济国际合作政策落实情况来看，近年来，数字经济国际合作的政策落地速度正在加快。处于采纳、执行阶段的数字经济国际合作政策占整体的比重已经从2020年的36.59%增加至2022年的61.15%（见图5-2）。

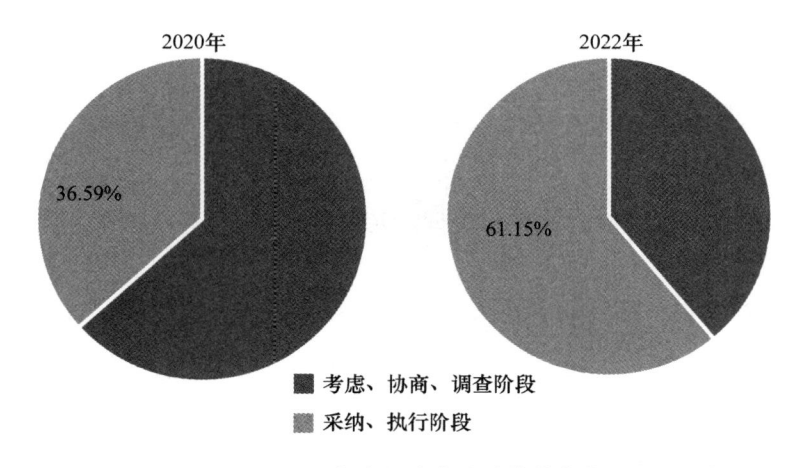

图 5-2 国际数字经济合作政策状态进展

资料来源：Digital Policy Alert。

根据参与国家情况,数字经济国际合作政策可以分为三个层面。

第一,全球层面。该类政策主要由国际组织推动,全球主要国家在数字经济国际治理规则方面逐渐达成共识。例如,2021年11月,联合国教科文组织通过并发布《人工智能伦理问题建议书》,成为首个人工智能伦理的全球框架协议。目前,共有193个会员国参与其中。又如,2021年末,86个成员国参与WTO牵头的《电子商务联合声明倡议》,并取得电子商务谈判的实质性进展。

第二,区域层面。该类政策由区域性国际组织发起或推动,在数字经济细分领域进行跨境治理与合作。例如,OECD先后发布或通过人工智能分类框架、促进全球税收透明度的加密资产报告框架等。又如,欧盟牵头发布《数据治理法案》《网络安全战略》《人工智能白皮书》。

第三,国家层面。该类政策主要由大国主导,形成数字经济双边或多边合作。例如,2022年,美国与欧盟、英国、澳大利亚和日本等联合发起《互联网未来宣言》,目前共有55个国家和地区参与。又如,英国和新加坡双边签订的《数字经济协议》、美国和英国双边签订的《数据准入协议》、芬兰和泰国双边签订的《有关数字技术的谅解备忘录》等。

(二) 数字经济国际合作的特征事实

截至2022年末,本报告共收集和整理了393份数字经济国际合作政策文件。为了更好地观察数字经济国际合作的发展趋势,图5-3描述了除欧盟之外的世界主要国家参与数字经济国际合作与其数字经济发展关系。可以发现,2022年一国参与数字经济国际合作的数量基本与该国的2021年TIMG指数呈正相关关系。其中,美国、英国的数字经济国际合作参与深度明显高于其他国家。2021 年，中国 TIMG 指数排名虽然比较靠前，但数字经济国际合作参与深度远远弱于一些欧洲国家，乃至一些发展中国家。

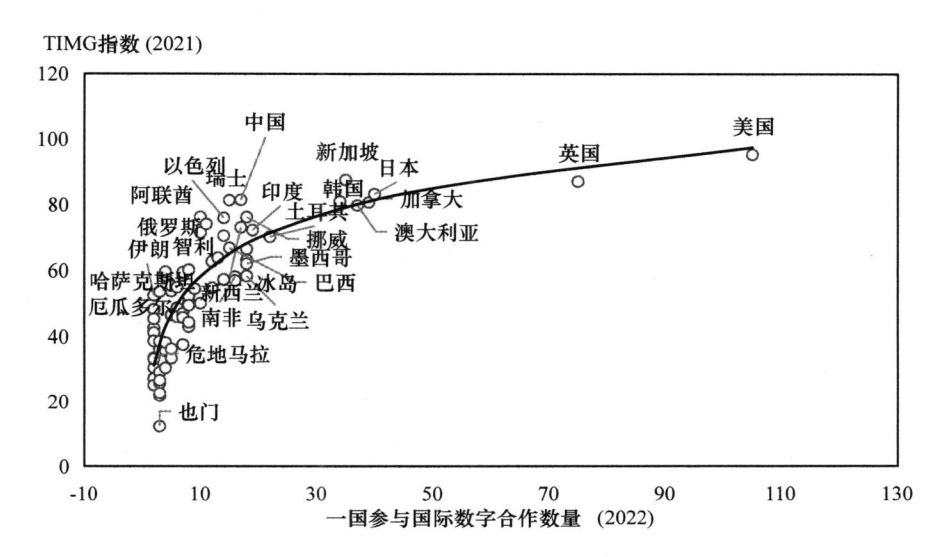

图 5-3　2022 年一国参与数字经济国际合作与 2021 年 TIMG 指数

资料来源：Digital Policy Alert 与笔者测算。

表 5-1 报告了 2022 年全球参与数字经济国际合作最多的前 50 个国家。签订数字经济国际合作政策的国家呈现如下特征事实。

第一，区域性合作组织成为数字经济国际合作政策签订的平台。例如，欧盟国家拥有参与数字经济国际合作的多重平台。许多欧盟国家可以依托全球或欧盟、OECD 等区域性平台，积极推动多边或双边数字经济国际合作。其中，德国和法国参与签订的数字经济国际合作政策的数量最多，共涉及 294 个数字经济国际合作协议或倡议；意大利、西班牙、比利时等欧洲国家紧随其后。

第二，大国主导数字经济国际合作规则制定。除欧盟外，美国、英国是数字经济国际合作的主导国家。2022 年，美国参与的数字经济国际合作政策多达105项,英国参与的政策为75项。

第三,数字经济发展领先国家积极参与和尝试主导数字经济国际合作。TIMG指数排名靠前的新加坡、日本、加拿大也努力在数字经济国际合作中发挥积极作用。截至2022年,日本、加拿大、澳大利亚、新加坡参与的数字经济国际合作政策分别为40项、39项、37项和35项。与此形成鲜明对比的是,2021年,虽然中国TIMG指数排名靠前,排名第8位,但中国参与和主导的数字经济国际合作政策仅为17项。

第四,印度、印度尼西亚、中国等是积极参与数字经济国际合作的新兴市场与发展中国家。截至2022年,印度参与的数字经济国际合作政策共有19项,排名第35位;印度尼西亚和中国参与的数字经济国际合作政策分别为18项和17项,排名第36位和第41位。

第五,全球数字经济发展中游水平的国家正努力通过数字经济国际合作提升本国数字经济发展水平。从签订数字经济国际合作政策国家的2021年TIMG指数来看,以意大利、西班牙、波兰、克罗地亚等为代表的TIMG指数排名在第20位至第60位的国家,正在努力通过数字经济国际合作来提升本国数字经济发展水平。

总体而言,从TIMG指数和数字经济国际合作情况来看,数字经济国际合作参与度与数字经济发展整体呈正相关,但仍然存在数字经济发展与国际合作不匹配的情况。有些国家数字经济发展比较靠前,但是在数字经济国际合作方面参与不足;有些国家数字经济发展较为靠后,但数字经济国际合作参与较为积极。此外,当前的数字经济国际合作主要由数字经济发展领先的发达国家和地区主导,部分后发国家正在通过加强国际合作促进数字经济发展。

表 5-1　　参与数字经济国际合作最多的国家排名

国家	2022年参与数字经济国际合作政策（项）	2022年参与数字经济国际合作数量排名	2021年TIMG指数	2021年TIMG指数排名
德国	294	1	85.63	4
法国	294	2	81.84	7
意大利	292	3	73.74	25
西班牙	286	4	74.59	22
比利时	283	5	76.50	16
荷兰	283	6	84.19	5
葡萄牙	282	7	69.46	31
奥地利	281	8	75.88	21
拉脱维亚	281	9	60.47	46
斯洛文尼亚	281	10	60.98	45
波兰	281	11	67.86	33
爱尔兰	281	12	76.13	19
芬兰	280	13	80.86	11
丹麦	279	14	77.79	15
匈牙利	279	15	61.18	44
卢森堡	279	16	74.22	23
希腊	279	17	61.55	43
捷克	279	18	65.83	36
斯洛伐克	279	19	58.79	51
爱沙尼亚	279	20	68.88	32
瑞典	279	21	80.29	13
立陶宛	279	22	65.24	37
罗马尼亚	275	23	60.43	47
克罗地亚	274	24	54.95	60
保加利亚	273	25	58.24	55
塞浦路斯	273	26	62.64	41
美国	105	27	95.28	1
英国	75	28	87.08	3

续表

国家	2022年参与数字经济国际合作政策（项）	2022年参与数字经济国际合作数量排名	2021年TIMG指数	2021年TIMG指数排名
日本	40	29	83.22	6
加拿大	39	30	80.65	12
澳大利亚	37	31	79.73	14
新加坡	35	32	87.55	2
韩国	34	33	80.95	10
土耳其	22	34	70.13	30
印度	19	35	72.17	27
乌克兰	18	36	58.33	54
冰岛	18	37	63.12	39
印度尼西亚	18	38	66.41	35
墨西哥	18	39	61.98	42
挪威	18	40	76.14	18
中国	17	41	81.42	8
新西兰	17	42	73.00	26
南非	16	43	58.12	56
阿根廷	16	44	56.98	58
巴西	15	45	66.77	34
瑞士	15	46	81.31	9
以色列	14	47	75.91	20
哥伦比亚	14	48	57.30	57
沙特阿拉伯	14	49	70.46	29
泰国	13	50	63.77	38

资料来源：Digital Policy Alert 与笔者测算。

（三）数字经济国际合作的国别情况

数字经济国际合作在模式、对象和领域等方面存在较大差异。本报告选取了美国、英国，以及日本、加拿大、新加坡等数字经济发展领先国家，分析其主要合作对象（排名前 20 位），见图 5-4。美国、英国、加拿大的合作对象基本为西欧、日本等发达国家。作为东亚国家的日本主要选择与以英国、美国为代表的发达国家合作，并选择性地与韩国、印度等与其有地缘政治利益的亚洲国家开展数字经济国际合作。地缘政治利益是新加坡选择数字经济国际合作的主要考量之一，其主要合作国家包括韩国、日本、印度、中国、印度尼西亚等。

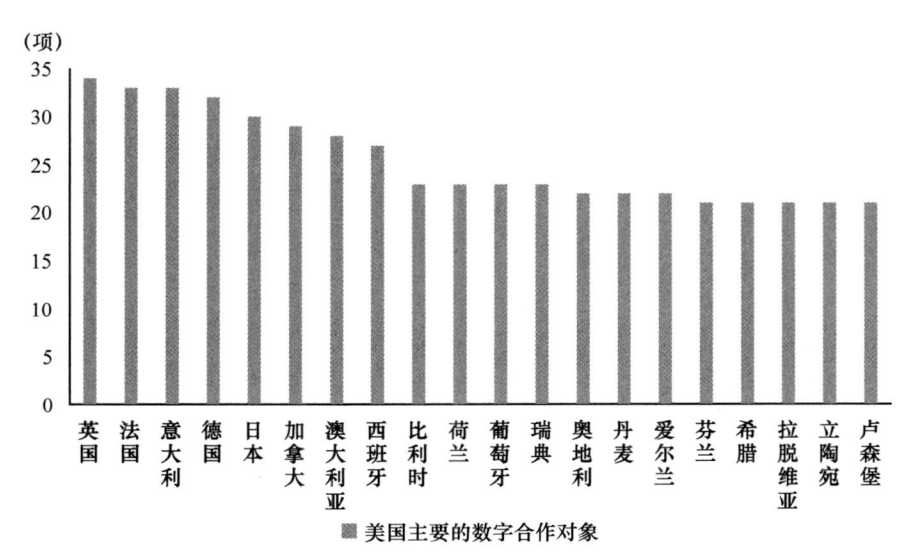

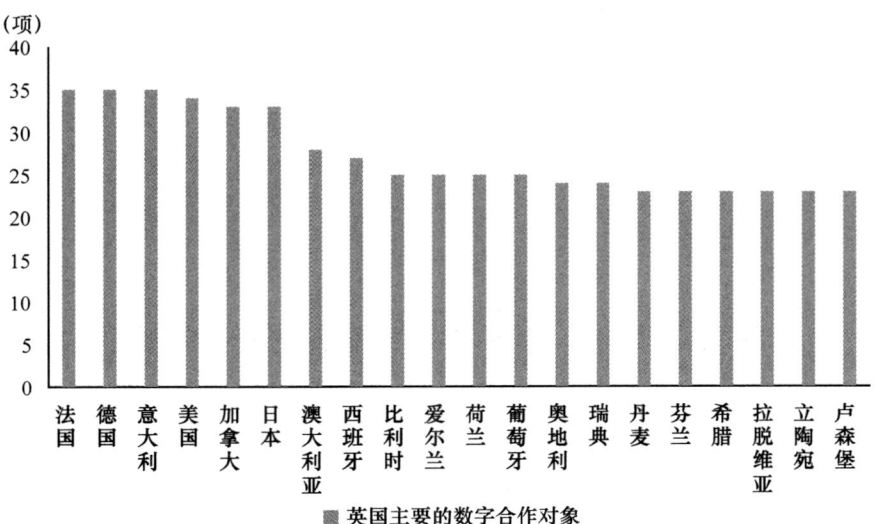

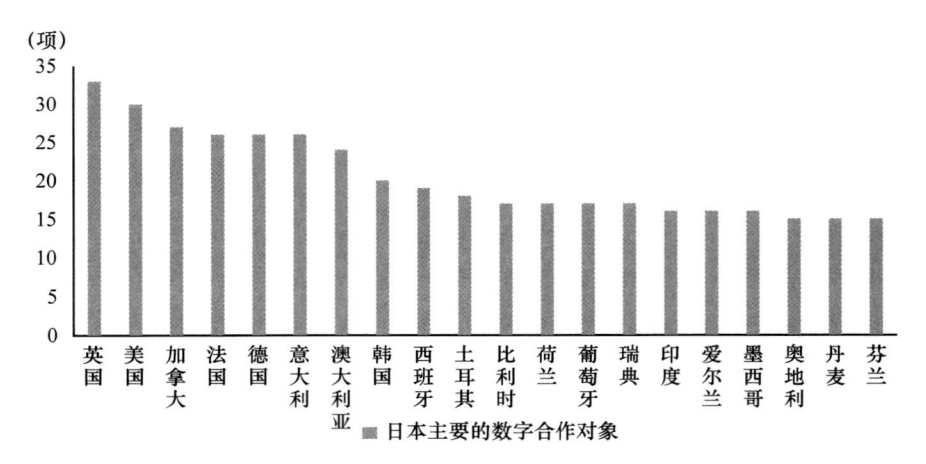

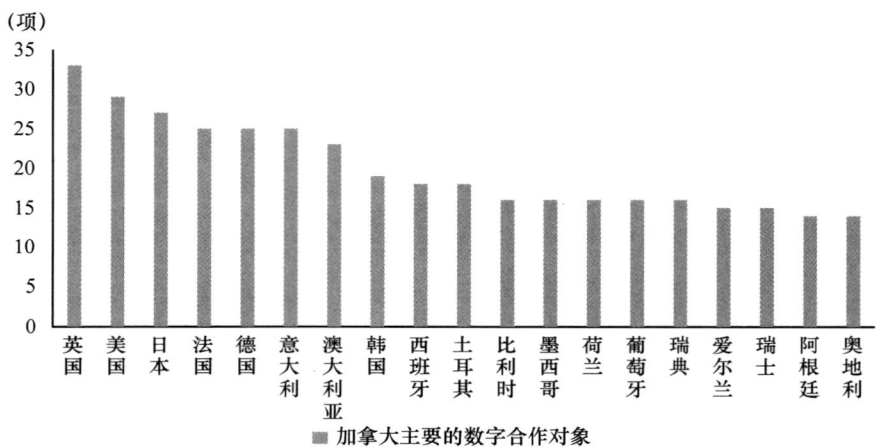

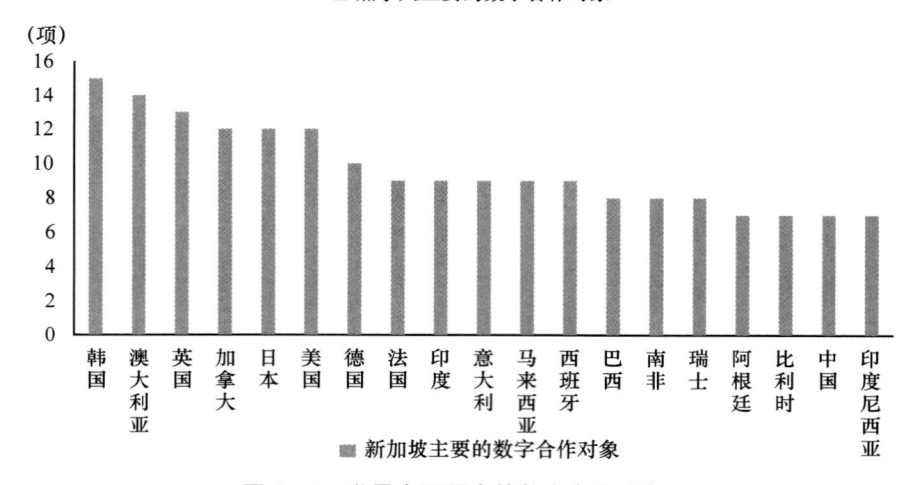

图 5-4 世界主要国家的数字合作对象

资料来源：Digital Policy Alert。

（四）中国参与数字经济国际合作情况

近年来，中国在深化数字经济国际合作、参与数字经济国际标准和规则制定、维护和完善数字经济多边治理机制、积极搭建高质量数字经济交流与合作平台等方面作出了积极的努力。

截至2022年，中国共参与了17项数字经济国际合作。如图5-5所示，与中国开展数字经济国际合作最多的国家是美国，中美共同参与13项数字经济国际合作，但合作形式主要以多边合作为主。目前，中美两国尚未签订数字经济双边合作的政策或协议。沙特、阿根廷在中国的对外数字经济国际合作中排名第2位和第3位。除了澳大利亚、法国、德国等发达国家，中国也积极与印度、土耳其、印度尼西亚、南非等新兴市场与发展中国家开展数字经济领域的国际合作。

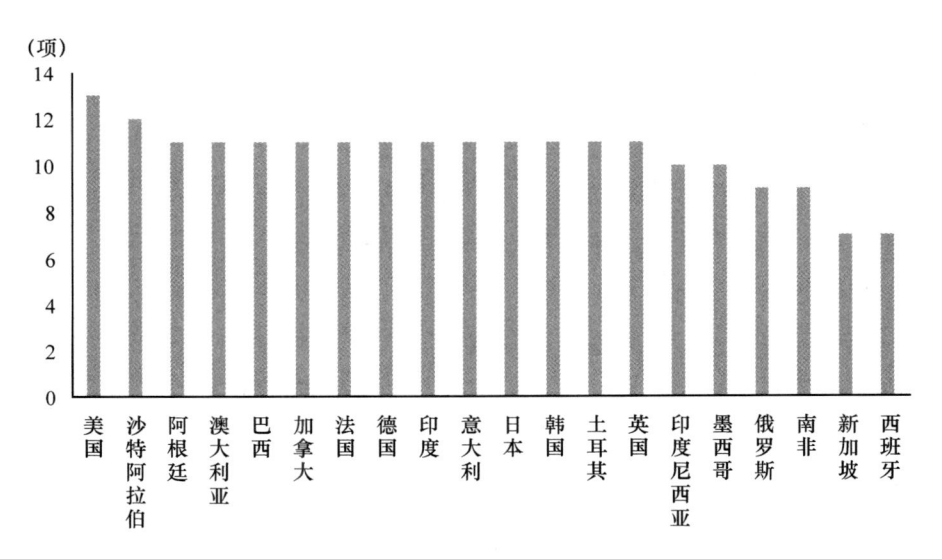

图 5-5 中国主要的数字合作对象

资料来源：Digital Policy Alert。

从实践来看，中国参与数字经济国际合作有三个特征。

第一，中国正在数字经济领域与长期经贸往来密切的国家开展更为深入的合作。例如，2022年，金砖五国网络购物用户数上升到13.5亿人，占全球的比例达61%；跨境网络零售总额增加到5536亿美元，占全球的比例达41%。金砖各国纷纷提出数字经济发展战略规划和政策措施，包括《俄联邦数字经济规划》、巴西《数字政府战略》、《南非国家数字及未来技术战略》、中国《"十四五"数字经济发展规划》、印度《数字印度战略》等。在此背景下，2022年金砖国家领导人第十四次会晤达成《金砖国家数字经济伙伴关系框架》，就深化金砖国家数字经济合作形成重要共识，开启了金砖国家数字经济合作新进程。①

第二，中国加快推进与"一带一路"沿线国家建立数字经济合作。例如，2017年12月，在第四届世界互联网大会上，中国、老挝、沙特阿拉伯、塞尔维亚、泰国、土耳其、阿联酋共同发起《"一带一路"数字经济国际合作倡议》，标志着"一带一路"数字经济国际合作开启新篇章。② 2022年，中国已经与22个国家建立"丝路电商"双边合作机制。③

第三，中国与数字经济发展领先国家陆续在细分领域开展数字经济合作。例如，2022年10月，中国香港金融管理局（金管局）联同国际结算银行创新枢纽（创新枢纽）辖下香港中心、泰国中央银行、中国人民银行数字货币研究所及阿拉伯联合酋长国中央银行发布《多边央行数字货币桥项目：以央行数字货币连接经济》。多边央行数字货币桥项目2022年第3季度由实

---

① 商务部：《开启金砖国家数字经济合作新进程》，http://www.mofcom.gov.cn/article/tj/tjqt/202209/20220903346066.shtml。

② 中央网信办：《世界互联网大会：7国共同发起〈"一带一路"数字经济国际合作倡议〉》，http://www.cac.gov.cn/2017－12/04/c_1122050834_5.htm。

③ 国务院新闻办公室网站：《中国"数字丝绸之路"创造新机遇》，http://www.scio.gov.cn/m/37259/Document/1731416/1731416.htm。

验阶段迈进试行阶段，共有来自4个司法管辖区的20家银行参与，利用数字货币桥平台进行超过160宗支付及外汇交易，总额逾2200万美元。①

从2021年TIMG指数评级结果来看，与中国建立数字经济国际合作的国家有如下两个特征。一是除中国和新加坡排名靠前外，其他国家排名都居于全球中等偏后位置（见表5-2）；二是从细分指标来看，与中国建立数字经济合作的国家在数字技术、数字基础设施、数字市场和数字治理等方面都有非常大的提升空间。

表5-2　　　　　中国参与数字经济国际合作的主要情况

时间	合作	国家
2017年12月	《"一带一路"数字经济国际合作倡议》	中国（8）、老挝（101）、沙特阿拉伯（29）、塞尔维亚（52）、泰国（38）、土耳其（30）、阿联酋（17）
2021年3月	中国同阿盟发表《中阿数据安全合作倡议》	中国（8）、阿拉伯国家联盟［阿盟成员为22个：阿尔及利亚（83）、阿联酋（17）、阿曼（-）、埃及（61）、巴勒斯坦（-）、巴林（49）、吉布提（-）、卡塔尔（-）、科威特（65）、黎巴嫩（84）、利比亚（-）、毛里塔尼亚（-）、摩洛哥（63）、沙特阿拉伯（29）、苏丹（-）、索马里（-）、突尼斯（-）、叙利亚（-）、也门（106）、伊拉克（-）、约旦（-）、科摩罗（-）］
2022年6月	《"中国+中亚五国"数据安全合作倡议》	中国（8）、哈萨克斯坦（53）、吉尔吉斯斯坦（92）、塔吉克斯坦（-）、土库曼斯坦（-）、乌兹别克斯坦（-）

---

① 香港金管局：《mBridge项目：成功以央行数码货币为跨境支付及外汇交易进行真实结算》，https://www.hkma.gov.hk/chi/news-and-media/press-releases/2022/10/20221026-3/。

续表

时间	合作	国家
2022年8月	中国加入《数字经济伙伴关系协定》，(DEPA) 工作组正式成立	新西兰（26）、新加坡（2）、智利（40）、中国（8）
2022年6月	《金砖国家数字经济伙伴关系框架》	俄罗斯（28）、巴西（34）、南非（56）、中国（8）、印度（27）
2022年10月	多边央行数字货币桥项目	国际结算银行创新枢纽（创新枢纽）下辖香港中心（-）、泰国中央银行（38）、中国人民银行数字货币研究所（8）、阿联酋中央银行（17）

注：表中国家括号中数字表示该国2021年TIMG指数世界排名情况。"-"表示该国未参与TIMG指数评级。

六　主要结论与政策建议

本报告从数字技术、数字基础设施、数字市场和数字治理4个维度构建 TIMG 指数，对全球 106 个经济体 2013—2021 年的数字经济发展程度和动态变化进行度量。与现有主流数字经济测度指数相比，本报告编制的 TIMG 指数能够反映中国在数字市场方面存在的竞争优势，也能反映在数字技术、数字治理等方面存在的不足。

（一）主要结论

第一，全球数字经济持续发展。2013 年以来，全球数字经济发展整体呈现上升趋势，TIMG 指数的均值从 2013 年的 45.33 上升至 2021 年的 57.01，增长幅度为 26%。特别是在 2018 年之后，全球主要国家在数字经济方面的追赶态势愈发明显，TIMG 指数的全球中位数开始超过全球平均水平，并呈加速上升趋势。数字经济的快速发展主要由数字市场发展和数字基础设施建设所推动，数字治理的发展由慢到快，数字技术的提升相对缓慢。从国别差距来看，全球数字经济发展在不同国别之间发展水平的差异性呈收敛趋势。

第二，北美、亚太和西欧是数字经济发展水平较高的三大地区，东盟、西亚等亚洲其他地区和中东欧、独联体国家的数字经济发展处于中等水平，非洲、拉丁美洲地区的数字经济发展较为落后。数字经济的发展往往与一国的经济发展水平密切关联。数字经济指数的平均水平从高收入国家、中高收入国家、中低收入国家到低收入国家依次递减。在高收入国家组中，美国、新加坡等是发达国家中数字经济发展较快的国家；中国和印度则分别是中高收入和中低收入国家中的领先国家。

第三，从总指数来看，2021年美国、新加坡、英国等是TIMG指数全球排名最高的国家，中国排名全球第8位。从细分指数来看，2021年，数字技术指数中美国、芬兰、瑞士是全球排名前3位的国家；数字基础设施指数中美国、新加坡、中国是全球排名前3位的国家；数字市场指数中美国、中国、英国全球排名最高；数字治理指数中新加坡、芬兰、丹麦排名全球前3位。中国在数字市场和数字基础设施领域优势较大，全球排名分别为第2位和第3位；但是，在数字技术和数字治理方面与美国、新加坡等国家相比还存在一定差距，全球排名为第15位和第41位。

第四，数字丝绸之路建设已成为共建"一带一路"的重要组成部分和未来国际合作的突破口。"一带一路"沿线国家（地区）的TIMG指数在2017年之后开始超过样本内的非"一带一路"沿线国家（地区）。从区域来看，东亚和太平洋、东盟、中东欧是区域内数字经济最为领先的地区，西亚和独联体地区的数字经济水平表现相当，中亚则整体水平偏弱。从国别情况来看，2021年新加坡、中国、阿联酋是TIMG指数（区域）排名前3位的国家。其中，中国的数字市场优势突出，新加坡在数字技术、数字基础设施、数字治理等分项指数排名方面处于领先地位。阿联酋、爱沙尼亚则在数字治理指数中位列区域内第2位和第3位。

第五，数字经济将成为未来国际合作的新领域和新竞争赛道。目前，欧盟、美国、英国等发达国家是数字经济国际合作的主要参与国和规则制定者。一国数字经济国际合作参与程度与数字经济发展水平整体呈正相关，但仍存在数字经济发展与国际合作不匹配的情况。数字经济发展靠后国家正在努力通过数字经济国际合作来提升本国数字经济发展水平。当前，中国与经贸往来密切的国家在数字经济领域开展更为深入的合作，加快推进与"一带一路"沿线国家（地区）建立数字经济国际合作，并且与数字经济发展领先国家陆续在细分领域开展数字经济合作。从国际合作实践与TIMG指数来看，与中国建立数字经济合作的"一带一路"沿线国家（地区）多为后发国家（地区）。从细分指标来看，合作国家在数字技术、数字基础设施、数字市场和数字治理等方面都有非常大的提升空间。

（二）政策建议

当前世界处于"百年未有之大变局""新的动荡变革期""数字技术变革期"并存的大背景下，加快推进数字经济发展、提高数字经济国际竞争力已经成为未来的战略任务。目前，全球主要国家陆续将数字经济发展纳入本国的战略发展规划之中。TIMG指数有助于从国别层面识别各国在数字经济发展过程中的国际定位和竞争优势，为国家制定具有针对性的战略政策和国际竞争策略提供参考。本报告基于TIMG指数分析，对中国发展数字经济提出如下政策建议。

第一，促进数字经济规模优势向技术优势转化。当前，中国的数字经济规模优势较为明显，但是数字技术优势在全球层面并不突出。随着数字技术的发展，技术壁垒、技术鸿沟、技术垄断问题会愈发突出。在未来一段时间，中国应该更加聚焦于发展数字技术。具体而言可以从如下几方面入手：一是加强高科技人才培养；二是加大知识产权保护力度，鼓励数字技术自主创新；三是增强自主创新与国际合作，谨防发达国家技术垄断带来的壁垒。

第二，持续推动关键领域的数字基础设施建设。中国数字基础设施的优势主要体现在普惠性方面。在高精尖等关键领域的数字基础设施建设还有待加强。当前，英国、美国等国家在人工智能技术等关键领域正在加速发展与布局。未来一段时间，中国需加快推动人工智能、5G、数据中心等新一代数字基础设施建设。中国在拓宽应用范围和整体规模的同时，应提高先进数字基础设施普及率，着力减缓数字鸿沟问题，缩小地区间以及不同群体间的数字基础设施可得性和质量差异。中国应推动数字基础设施质量深化，重点提高国际网络安全水平。

第三，推动数字市场优势从需求侧拉动向供需两侧共同拉动发展。中国数字市场优势主要体现在需求侧的广大数字消费者规模。从长远的国际竞争角度考虑，中国应通过供给和需求两侧共同规模，增强供给引导需求的能力和水平。中国应建立完善支持数字企业，特别是数字初创企业的投融资体系，鼓励数字企业创新创业。中国应进一步发展数字贸易，扩大规模的同时优化数字贸易结构，提高数字贸易占服务贸易的比重。与此同时，中国应加快培育具有国际竞争力的数字产业集群，鼓励有实力的数字企业"走出去"。

第四，重点加快数字治理水平提升。良好的制度环境可以更好地促进数字经济发展。当前，中国的数字治理水平还有待提高。从全球层面来看，中国的数字治理水平排名并不靠前。未来一段时间，中国可以从数据治理、知识产权制度保障等相关法律法规方面入手，提升中国数字治理水平。同时，中国可以借鉴全球数字治理排名靠前国家的治理经验，采取先试点后推广的模式，提高国际经验的中国实践成功概率，降低试错成本。

第五，加强多层次数字经济国际合作。基于TIMG指数对中国数字经济国际合作的分析，本报告认为未来中国在数字经济领域的国际合作具有广阔前景：一是在现有国际经济合作格局下，开启数字经济合作新进程。依托联合国、G20 等国际组织开展多边合作，充分发挥中国在《数字经济伙伴关系协定》（DEPA）等国际合作中的积极作用；二是发挥中国在数字经济发展方面的领先优势，在"一带一路"沿线、RCEP 等区域深入开展数字经济国际合作，基于共同利益搭建数字经济国际合作平台，将中国具有比较优势的数字基础设施和数字技术与当地数字市场相结合；三是积极与数字经济发展较快的发达国家开展合作与交流，特别注意增强数字技术合作与数字治理政策协调，共同构建数字经济合作框架，积极参与全球数字经济规则制定。

附录一 TIMG 指数数据

附录一为2013—2021年的TIMG指数,并呈现了4个一级指标和12个二级指标的具体数据。

(一) TIMG 指数情况

附表1-1　　　　　　　　　TIMG 指数

国家	2013年	2014年	2015年	2016年	2017年	2018年	2019年	2020年	2021年
阿尔巴尼亚	31.09	30.96	32.78	35.35	38.47	42.91	42.58	44.23	45.71
阿尔及利亚	22.62	26.15	30.25	34.20	36.14	36.53	38.97	41.16	41.12
阿根廷	45.99	46.82	48.81	51.45	52.81	51.81	55.30	55.39	56.98
亚美尼亚	32.29	33.07	33.55	35.61	36.30	41.85	44.23	45.73	46.73
澳大利亚	73.77	74.06	75.40	75.88	75.71	76.38	77.52	79.17	79.73
奥地利	64.87	64.93	66.82	68.02	67.73	70.22	71.40	74.86	75.88
阿塞拜疆	38.60	39.22	39.85	42.49	45.65	48.04	50.73	54.68	55.42
巴林	44.40	45.91	47.60	50.08	53.07	53.63	54.04	58.38	59.55
孟加拉国	27.55	29.68	31.78	34.60	36.72	39.05	40.38	44.25	45.30
比利时	65.76	66.10	68.70	71.16	71.13	72.59	73.24	75.94	76.50
玻利维亚	25.67	24.36	25.51	25.50	26.02	26.61	28.73	29.64	30.52
博茨瓦纳	26.80	27.08	29.29	32.33	32.32	33.09	33.86	37.01	37.48
巴西	57.61	58.18	57.36	57.51	57.94	59.14	59.97	64.76	66.77
保加利亚	44.38	45.21	47.10	50.91	49.53	52.38	54.45	55.72	58.24

续表

国家	2013年	2014年	2015年	2016年	2017年	2018年	2019年	2020年	2021年
喀麦隆	23.28	26.26	28.07	28.75	30.94	32.84	34.53	34.95	35.67
加拿大	72.75	73.06	73.92	74.34	74.91	76.38	77.44	80.06	80.65
智利	52.01	52.09	53.56	55.15	55.46	57.01	58.59	61.39	62.68
中国	63.43	64.68	66.89	70.15	72.08	76.09	78.76	80.87	81.42
哥伦比亚	48.57	49.22	50.38	51.07	51.88	54.01	54.74	56.54	57.30
哥斯达黎加	44.56	46.08	48.56	47.78	47.77	47.89	48.83	55.10	54.77
科特迪瓦	20.56	23.94	27.39	27.87	29.67	31.07	33.17	36.84	37.26
克罗地亚	45.76	45.20	46.57	47.68	47.59	50.65	51.73	55.18	54.95
塞浦路斯	44.52	45.05	46.29	48.33	51.48	54.76	56.84	60.50	62.64
捷克	51.96	52.14	54.94	56.38	57.95	58.85	61.20	64.54	65.83
丹麦	66.27	67.30	68.25	69.17	69.82	74.24	75.18	76.82	77.79
多米尼加	30.07	30.59	32.12	33.99	34.92	38.55	43.26	45.59	46.79
厄瓜多尔	37.70	38.72	40.18	40.54	40.22	40.41	41.72	43.51	42.48
埃及	40.13	38.83	42.92	43.85	45.45	47.48	49.77	54.31	54.93
萨尔瓦多	28.79	31.45	32.02	30.49	30.01	30.63	31.73	31.65	33.24
爱沙尼亚	55.87	57.12	59.25	60.80	60.74	62.15	64.01	67.61	68.88
芬兰	73.89	72.81	73.78	74.91	75.33	75.97	78.07	80.44	80.86
法国	72.43	72.81	74.05	76.21	76.60	79.11	79.91	81.53	81.84
格鲁吉亚	34.52	35.93	40.44	43.13	44.98	48.95	48.71	49.16	50.54
德国	75.24	75.64	76.70	78.11	79.31	80.81	80.78	84.66	85.63
希腊	47.88	49.16	49.98	51.22	53.08	55.26	56.15	61.20	61.55
危地马拉	27.64	28.31	30.10	32.09	31.33	33.41	33.68	33.24	33.53
洪都拉斯	21.07	24.28	27.02	26.88	27.03	28.17	28.95	28.90	29.19
匈牙利	53.01	52.33	52.24	51.51	53.36	57.52	59.53	61.18	61.18
冰岛	50.08	49.62	52.96	56.15	55.69	57.02	57.30	61.91	63.12
印度	56.69	56.79	57.24	60.31	62.53	66.86	67.56	71.86	72.17
印度尼西亚	49.09	49.18	50.50	51.37	54.55	60.38	61.71	64.24	66.41
伊朗	35.70	36.34	39.15	42.77	46.30	49.86	48.92	51.15	52.43

续表

国家	2013年	2014年	2015年	2016年	2017年	2018年	2019年	2020年	2021年
爱尔兰	60.78	62.96	67.52	69.90	71.34	73.29	73.62	75.52	76.13
以色列	64.30	64.35	66.76	69.86	71.29	72.55	72.82	75.33	75.91
意大利	61.78	62.07	63.42	65.32	66.38	70.59	70.59	73.18	73.74
牙买加	32.81	31.69	33.96	35.30	35.56	37.05	37.23	37.39	38.16
日本	72.31	73.80	75.83	75.96	76.47	79.35	80.48	82.58	83.22
哈萨克斯坦	39.62	42.75	42.26	44.05	45.72	51.20	53.80	57.24	58.42
肯尼亚	36.50	36.60	39.93	40.99	43.36	47.25	47.99	49.94	50.05
韩国	71.39	71.62	75.88	76.91	75.38	77.09	78.03	80.44	80.95
科威特	33.31	32.88	34.78	38.91	42.39	50.64	51.92	53.67	53.57
吉尔吉斯斯坦	18.96	19.91	22.42	25.38	27.62	28.95	30.41	34.95	35.95
老挝	18.85	18.88	20.56	21.58	25.32	23.83	24.97	25.97	26.70
拉脱维亚	47.12	47.39	49.60	50.65	49.96	52.44	54.82	58.96	60.47
黎巴嫩	32.30	33.04	35.45	38.39	37.95	38.27	38.22	37.21	38.62
立陶宛	50.98	51.80	53.44	55.09	53.88	59.42	61.77	64.29	65.24
卢森堡	62.18	62.93	65.26	66.02	67.28	71.65	72.77	72.84	74.22
马拉维	15.58	14.60	14.75	14.55	15.31	18.48	19.72	21.51	22.66
马来西亚	63.77	64.81	66.95	67.96	68.51	70.00	70.89	73.00	74.03
毛里求斯	40.60	41.21	42.55	47.25	47.64	49.07	51.63	51.30	52.25
墨西哥	48.05	48.18	51.65	54.43	56.15	57.57	58.56	61.21	61.98
摩尔多瓦	31.64	32.38	34.49	37.10	37.64	43.08	42.40	44.88	47.00
黑山	37.18	37.30	38.02	37.81	38.66	42.63	44.12	43.73	44.27
摩洛哥	40.22	42.16	44.15	45.95	46.56	46.87	47.23	53.78	54.49
莫桑比克	15.90	16.48	18.47	18.25	19.27	18.97	19.71	21.47	21.84
纳米比亚	23.44	23.75	24.52	24.97	26.22	27.64	29.42	29.35	30.48
荷兰	73.69	74.99	75.78	77.68	78.69	80.12	80.72	83.29	84.19
新西兰	67.04	67.18	68.33	68.71	69.74	70.57	70.70	71.66	73.00
尼加拉瓜	21.11	19.22	19.42	21.41	22.39	23.63	23.38	25.48	25.17
尼日利亚	31.08	31.43	32.57	35.13	34.51	37.28	38.92	42.25	42.93

续表

国家	2013年	2014年	2015年	2016年	2017年	2018年	2019年	2020年	2021年
北马其顿	34.84	36.03	38.86	40.92	41.83	43.75	45.12	46.58	48.17
挪威	69.18	69.93	70.41	71.56	71.35	72.64	73.68	75.48	76.14
巴基斯坦	32.29	32.77	34.94	36.38	39.63	40.96	42.12	46.29	48.63
巴拿马	40.79	41.67	42.11	42.45	43.52	45.22	43.28	45.59	45.92
巴拉圭	23.19	23.58	25.14	26.50	28.18	32.44	32.61	33.41	33.45
秘鲁	37.08	38.92	40.38	42.19	43.85	45.20	47.13	48.83	49.41
菲律宾	42.63	44.78	48.02	49.16	51.18	55.45	56.86	59.98	60.15
波兰	53.26	54.30	56.57	58.35	60.91	63.26	64.66	67.38	67.86
葡萄牙	55.00	56.30	57.91	58.98	60.89	64.44	65.47	68.45	69.46
罗马尼亚	45.77	48.51	50.16	52.83	54.33	55.45	56.82	59.80	60.43
俄罗斯	56.38	57.66	59.04	60.67	65.20	66.75	67.34	70.36	71.43
沙特阿拉伯	52.41	51.60	54.04	55.94	59.20	64.94	66.89	69.22	70.46
塞内加尔	24.31	25.72	28.52	30.62	31.16	32.24	33.52	35.49	37.53
塞尔维亚	40.13	40.18	40.86	44.91	45.79	50.22	51.67	55.79	58.46
新加坡	75.69	76.35	78.21	80.46	82.47	82.92	83.62	86.70	87.55
斯洛伐克	46.53	46.96	47.55	48.42	48.42	52.72	53.84	58.46	58.79
斯洛文尼亚	46.91	46.10	48.30	52.09	51.58	56.58	57.89	59.84	60.98
南非	47.37	47.92	48.94	50.38	51.21	54.12	55.13	56.99	58.12
西班牙	64.49	65.10	65.97	68.07	68.76	70.85	71.45	73.86	74.59
斯里兰卡	35.98	39.35	39.94	41.87	41.13	42.12	43.38	45.49	46.46
瑞典	72.15	72.00	73.23	75.14	75.30	76.62	76.96	79.62	80.29
瑞士	69.69	68.86	71.69	73.83	77.46	78.24	78.15	81.18	81.31
坦桑尼亚	23.73	23.43	24.83	26.88	29.16	33.42	35.44	38.45	38.51
泰国	47.98	49.12	51.43	54.20	57.08	59.77	61.79	63.44	63.77
特立尼达和多巴哥	32.27	32.45	32.95	33.85	32.67	34.03	34.53	35.36	36.25
土耳其	55.85	55.67	57.60	57.95	59.40	63.96	65.36	68.63	70.13
乌干达	27.87	27.63	29.60	31.08	31.31	32.65	33.43	34.88	35.99
乌克兰	44.13	44.97	47.47	49.50	49.52	53.19	55.86	58.36	58.33

续表

国家	2013年	2014年	2015年	2016年	2017年	2018年	2019年	2020年	2021年
阿联酋	58.31	60.17	63.58	67.29	69.27	71.46	73.77	76.37	76.18
英国	78.85	79.05	80.65	82.83	82.21	84.42	84.68	86.38	87.08
美国	86.41	87.33	88.49	89.55	91.97	93.16	92.51	94.43	95.28
乌拉圭	44.28	45.38	47.92	48.81	49.75	49.00	49.54	53.75	53.74
委内瑞拉	29.25	29.32	29.55	30.30	28.58	28.74	27.99	26.83	27.28
越南	39.64	41.47	42.53	44.81	45.20	51.65	55.20	58.41	59.39
也门	14.25	14.34	12.01	10.70	11.29	10.67	11.38	12.40	12.21
津巴布韦	18.71	19.31	20.42	20.30	19.91	20.60	22.90	25.38	25.81

（二）TIMG 指数的一级分项指标情况

附表 1-2　　　　　　数字技术指数

国家	2013年	2014年	2015年	2016年	2017年	2018年	2019年	2020年	2021年
阿尔巴尼亚	28.84	28.62	32.28	36.82	38.30	38.65	38.76	38.86	39.91
阿尔及利亚	20.22	23.51	27.63	33.90	33.07	35.20	36.73	39.51	37.74
阿根廷	39.30	42.65	43.16	44.44	44.15	41.39	44.77	45.08	45.54
亚美尼亚	32.92	32.99	34.88	39.03	38.94	39.04	40.08	39.38	38.69
澳大利亚	73.66	73.65	75.36	75.37	73.51	72.29	72.78	72.50	71.99
奥地利	67.09	66.53	69.39	71.95	71.05	71.70	71.83	71.60	71.47
阿塞拜疆	30.77	30.75	31.14	35.88	42.32	43.42	45.84	46.85	46.86
巴林	27.68	32.28	35.36	38.75	39.21	40.68	40.02	40.64	43.04
孟加拉国	21.14	23.28	23.25	26.47	26.77	27.04	30.48	29.29	27.69
比利时	74.81	75.27	76.42	76.00	75.20	74.44	74.79	75.11	74.60
玻利维亚	26.66	23.90	21.40	19.15	18.08	19.82	20.18	20.76	20.75
博茨瓦纳	24.86	24.24	25.97	29.96	27.53	28.17	28.13	28.05	28.10
巴西	45.74	46.34	44.34	42.93	44.93	45.78	45.89	45.66	44.99
保加利亚	39.16	41.35	42.08	46.21	45.65	44.73	46.74	47.44	46.45
喀麦隆	24.48	30.19	33.08	32.07	33.20	33.06	34.78	35.16	34.03

续表

国家	2013年	2014年	2015年	2016年	2017年	2018年	2019年	2020年	2021年
加拿大	68.90	70.19	71.06	70.68	71.68	72.66	74.45	75.28	74.69
智利	46.44	47.10	49.39	47.68	48.30	48.45	49.42	49.73	49.19
中国	65.16	66.97	67.94	69.77	71.00	71.72	72.67	73.61	74.17
哥伦比亚	38.29	41.38	41.14	41.34	42.87	42.39	42.38	43.94	42.23
哥斯达黎加	40.14	42.98	43.63	43.34	42.06	43.55	43.02	41.75	41.33
科特迪瓦	18.61	27.64	32.23	28.75	29.34	25.96	28.64	28.75	28.81
克罗地亚	43.71	43.09	43.58	41.14	39.53	39.38	38.71	39.06	38.09
塞浦路斯	45.94	50.04	49.45	43.04	45.14	45.89	45.99	48.04	47.71
捷克	52.92	53.95	55.32	55.34	56.58	57.36	58.55	58.12	58.24
丹麦	65.95	68.05	69.48	70.69	70.55	71.09	72.48	72.80	72.74
多米尼加	19.53	22.51	22.95	25.58	24.17	24.19	27.89	26.83	26.12
厄瓜多尔	36.46	37.27	39.24	35.59	34.53	37.08	34.54	37.75	36.50
埃及	26.12	23.58	26.43	27.11	30.85	32.05	33.72	35.32	33.80
萨尔瓦多	20.93	28.27	26.19	20.12	18.90	21.10	21.32	19.78	18.41
爱沙尼亚	53.41	54.35	57.64	56.79	56.86	57.14	58.43	58.66	58.54
芬兰	85.57	85.40	84.47	83.40	82.91	82.88	83.64	83.97	83.65
法国	70.63	71.28	72.68	73.99	73.32	73.80	74.81	74.92	74.62
格鲁吉亚	24.69	27.34	26.64	31.98	31.34	33.46	32.55	35.13	34.60
德国	79.37	79.92	80.79	81.85	82.48	82.69	82.80	82.84	82.22
希腊	49.32	52.26	53.86	53.87	53.46	55.06	55.86	56.65	57.32
危地马拉	20.89	23.42	24.41	26.14	25.52	26.19	24.95	24.45	24.16
洪都拉斯	13.19	22.25	27.08	23.25	21.96	24.46	25.84	26.62	25.65
匈牙利	49.00	46.02	44.80	40.92	43.65	44.71	45.57	45.19	45.05
冰岛	52.37	51.78	52.34	58.13	55.08	53.86	56.00	55.44	55.69
印度	54.01	52.12	53.29	60.01	59.80	61.41	59.04	58.81	58.29
印度尼西亚	46.18	48.42	49.66	49.37	50.95	49.32	49.68	49.29	50.65
伊朗	41.54	43.58	45.44	47.34	49.27	48.58	47.58	47.38	48.23
爱尔兰	64.98	67.89	69.50	70.30	69.58	70.31	69.30	68.80	69.16

续表

国家	2013年	2014年	2015年	2016年	2017年	2018年	2019年	2020年	2021年
以色列	69.82	71.33	72.16	74.64	75.80	75.85	75.58	75.77	75.53
意大利	57.67	59.10	60.34	61.34	63.04	64.21	64.90	65.44	65.24
牙买加	25.45	28.72	30.46	30.62	30.92	32.77	32.08	31.78	31.02
日本	77.77	78.78	79.29	77.28	76.63	77.40	77.16	77.24	76.62
哈萨克斯坦	35.93	37.95	38.83	39.86	41.23	38.99	42.66	43.86	44.83
肯尼亚	34.74	34.84	37.30	40.65	39.87	41.14	40.21	39.96	37.46
韩国	75.63	74.43	75.74	74.41	74.00	74.12	74.99	76.07	75.94
科威特	26.61	28.44	32.03	31.42	30.56	34.57	34.75	35.47	35.74
吉尔吉斯斯坦	15.26	19.44	20.92	24.69	22.18	22.50	23.96	25.21	25.74
老挝	26.02	26.33	23.55	25.61	26.35	26.86	26.60	25.77	25.97
拉脱维亚	44.28	44.40	47.02	47.58	45.93	47.23	51.44	50.33	50.87
黎巴嫩	38.84	39.04	41.66	47.18	45.29	44.06	46.89	45.58	43.56
立陶宛	53.02	54.98	56.75	54.78	51.85	53.70	53.44	54.38	54.51
卢森堡	53.92	58.17	56.35	55.03	56.13	57.98	58.09	58.06	57.31
马拉维	15.18	14.64	14.73	14.51	15.13	13.83	14.56	15.05	15.90
马来西亚	61.87	66.90	69.45	67.76	66.68	67.18	66.05	66.89	66.75
毛里求斯	34.10	34.85	32.57	35.71	37.61	37.83	39.33	37.09	37.15
墨西哥	38.61	39.75	41.33	42.87	42.60	43.85	43.39	43.10	41.13
摩尔多瓦	25.20	27.07	28.70	30.26	32.30	33.12	29.94	30.38	33.17
黑山	40.28	39.93	39.71	34.92	35.81	38.15	37.42	37.83	36.36
摩洛哥	31.63	36.54	37.50	38.90	38.66	39.45	37.83	38.23	38.97
莫桑比克	12.88	15.32	16.23	16.54	18.45	18.23	17.25	17.83	17.56
纳米比亚	25.11	24.54	25.05	26.19	26.53	27.17	29.57	28.60	29.44
荷兰	75.14	77.08	77.72	79.43	82.08	82.10	81.75	82.42	82.02
新西兰	63.69	66.54	68.15	67.17	67.89	67.57	66.19	65.94	66.41
尼加拉瓜	17.74	14.32	11.31	13.45	12.05	16.04	13.02	15.72	12.49
尼日利亚	24.41	25.24	22.72	27.20	25.91	26.99	25.57	26.66	25.54
北马其顿	31.62	35.14	37.23	34.77	33.97	32.45	32.59	33.96	31.92

续表

国家	2013年	2014年	2015年	2016年	2017年	2018年	2019年	2020年	2021年
挪威	65.74	66.12	68.62	68.77	68.68	68.58	68.99	69.08	68.56
巴基斯坦	30.58	30.46	30.05	31.78	34.90	34.23	36.14	36.13	37.27
巴拿马	32.37	36.69	36.12	31.76	34.49	34.35	32.91	32.50	31.75
巴拉圭	11.66	11.68	13.12	14.20	16.31	15.92	16.50	16.32	14.71
秘鲁	22.09	27.26	29.81	32.50	34.09	34.82	35.31	34.08	32.89
菲律宾	34.03	40.72	42.93	41.18	43.46	45.39	46.03	46.84	45.14
波兰	49.23	50.92	52.43	52.77	52.54	51.63	52.62	53.00	52.35
葡萄牙	54.15	58.43	58.43	56.41	59.04	59.83	59.98	61.28	60.04
罗马尼亚	40.39	45.63	48.01	46.28	44.41	46.86	45.02	46.66	45.78
俄罗斯	54.69	56.70	56.93	59.09	60.73	61.97	62.06	62.21	61.66
沙特阿拉伯	52.42	51.80	53.78	52.49	54.22	55.18	58.17	58.55	59.37
塞内加尔	24.39	29.44	31.49	32.51	30.83	30.96	31.74	32.31	31.66
塞尔维亚	37.21	38.19	38.88	40.95	42.87	43.02	45.13	46.25	44.96
新加坡	77.55	78.48	80.04	80.05	79.03	79.04	80.36	80.88	80.84
斯洛伐克	38.16	40.65	42.82	43.84	44.00	42.49	42.42	43.50	42.59
斯洛文尼亚	53.07	53.51	57.13	56.93	56.05	57.09	58.65	58.15	58.54
南非	39.79	40.89	42.93	45.60	46.72	46.35	46.79	46.50	45.84
西班牙	57.36	57.57	58.17	59.00	59.49	59.74	59.99	60.54	60.52
斯里兰卡	33.30	38.68	36.38	40.25	38.52	38.03	40.01	38.17	37.49
瑞典	73.16	72.73	74.16	74.69	75.13	76.32	76.98	78.15	77.66
瑞士	79.51	80.53	80.96	81.56	82.37	82.77	82.62	83.10	82.78
坦桑尼亚	17.51	17.90	19.08	23.15	21.88	23.09	25.56	24.91	25.12
泰国	42.44	44.05	45.87	45.91	46.08	47.34	48.01	45.74	47.67
特立尼达和多巴哥	26.89	29.33	30.45	33.63	30.24	29.53	30.83	30.50	30.38
土耳其	51.96	51.97	53.77	55.27	56.73	56.07	58.16	58.88	58.45
乌干达	21.24	22.16	24.37	25.49	25.31	25.39	26.84	25.78	25.65
乌克兰	48.44	51.70	53.16	56.50	55.49	55.72	57.18	57.68	55.80
阿联酋	53.82	58.44	59.25	61.57	61.43	60.95	63.42	63.52	63.40

续表

国家	2013年	2014年	2015年	2016年	2017年	2018年	2019年	2020年	2021年
英国	72.70	73.57	74.84	75.60	75.48	75.60	75.48	75.82	75.45
美国	87.06	89.01	89.75	89.43	92.93	93.71	92.32	92.23	91.83
乌拉圭	32.03	32.03	33.53	33.08	35.40	34.18	33.70	35.63	34.25
委内瑞拉	26.78	26.23	26.48	28.61	28.64	26.56	25.66	26.29	25.47
越南	31.66	35.92	36.14	37.51	37.00	37.19	39.39	39.66	38.08
也门	9.13	10.60	9.42	10.46	14.22	13.81	14.35	15.18	15.76
津巴布韦	20.65	21.19	21.93	20.32	20.67	21.07	21.93	21.89	22.08

附表1-3　　　　数字基础设施指数

国家	2013年	2014年	2015年	2016年	2017年	2018年	2019年	2020年	2021年
阿尔巴尼亚	32.86	32.96	34.69	37.39	39.04	52.45	51.16	52.65	53.34
阿尔及利亚	28.22	37.65	42.64	47.22	50.02	43.86	42.12	46.14	46.86
阿根廷	51.92	52.15	54.16	54.64	56.78	51.75	53.72	57.18	57.00
亚美尼亚	28.52	28.76	29.29	30.79	30.83	47.09	47.93	47.54	48.44
澳大利亚	72.08	72.13	74.86	77.10	77.52	79.76	80.74	84.18	84.50
奥地利	63.73	63.68	63.40	63.24	62.87	73.88	72.29	77.43	77.53
阿塞拜疆	50.14	50.52	50.37	49.00	53.52	58.24	57.01	68.77	67.35
巴林	40.90	41.03	42.95	45.19	45.97	49.45	51.08	60.73	61.75
孟加拉国	41.56	43.58	48.02	51.76	56.64	57.62	59.50	72.31	72.39
比利时	53.16	53.34	60.65	66.43	67.42	72.32	71.36	79.78	79.87
玻利维亚	28.12	28.19	31.53	33.80	34.62	32.56	33.96	35.13	37.24
博茨瓦纳	25.37	26.01	32.65	38.78	40.82	42.38	43.03	49.87	51.61
巴西	68.00	68.42	67.22	66.48	65.03	63.53	64.08	81.27	84.74
保加利亚	50.55	50.57	52.56	55.23	55.37	62.12	61.70	62.28	63.95
喀麦隆	27.56	34.00	35.18	38.10	41.73	44.77	45.97	47.37	47.48
加拿大	69.62	69.74	70.11	70.75	72.26	76.94	77.53	82.65	82.89
智利	47.44	47.76	50.75	52.66	52.95	57.16	56.69	64.90	65.11
中国	63.72	64.23	67.45	71.46	74.78	83.68	84.51	90.05	89.33

续表

国家	2013年	2014年	2015年	2016年	2017年	2018年	2019年	2020年	2021年
哥伦比亚	56.94	57.64	57.68	58.01	58.22	60.56	59.58	62.52	63.75
哥斯达黎加	46.63	46.81	47.12	47.75	47.89	42.18	42.58	60.81	62.63
科特迪瓦	33.11	34.49	36.92	39.87	43.66	50.30	48.24	57.55	58.31
克罗地亚	48.89	48.89	50.22	52.84	55.76	67.12	66.03	71.42	71.73
塞浦路斯	34.09	34.26	39.10	44.09	47.48	54.60	56.96	66.27	66.79
捷克	50.44	50.66	54.35	57.76	59.82	59.54	61.03	68.48	68.32
丹麦	58.08	58.19	58.75	60.78	61.82	71.99	71.76	74.11	74.17
多米尼加	31.29	31.40	33.56	35.11	37.58	48.85	48.06	61.44	62.77
厄瓜多尔	44.02	44.38	45.89	47.85	49.52	45.16	44.35	43.05	41.77
埃及	56.94	57.16	63.96	68.17	70.56	71.44	72.76	80.71	80.81
萨尔瓦多	34.00	34.54	35.19	35.98	36.27	34.46	33.12	33.11	34.23
爱沙尼亚	56.66	56.80	58.97	61.76	64.31	67.54	67.60	73.14	72.96
芬兰	63.23	63.38	65.09	67.12	68.98	72.06	72.51	76.71	76.61
法国	64.28	64.46	67.81	71.45	76.37	81.31	81.84	83.67	83.93
格鲁吉亚	42.93	43.39	52.17	60.19	64.39	66.93	65.45	62.69	63.85
德国	66.53	66.76	69.61	71.47	71.40	78.11	79.04	86.80	86.93
希腊	43.27	43.40	47.22	51.34	55.32	58.38	58.07	74.12	73.92
危地马拉	34.92	35.21	34.35	33.55	32.49	37.49	37.85	33.01	33.03
洪都拉斯	21.89	23.02	23.67	24.36	25.23	23.77	25.01	22.35	24.30
匈牙利	60.36	60.52	58.98	57.89	56.64	69.87	70.44	74.48	73.91
冰岛	37.67	37.93	41.34	45.22	46.17	48.65	47.98	61.14	61.12
印度	65.56	66.02	65.31	65.51	67.12	73.68	74.96	86.04	87.10
印度尼西亚	54.86	55.18	53.83	52.78	53.82	72.12	72.89	78.85	80.56
伊朗	37.52	39.03	45.45	50.67	55.74	62.81	65.59	73.26	73.81
爱尔兰	37.86	38.06	53.60	61.91	68.01	71.98	72.77	75.59	75.69
以色列	54.28	54.36	60.58	63.95	64.90	70.95	70.76	76.26	76.42
意大利	65.88	65.90	65.99	66.93	67.95	78.97	78.47	84.73	85.08
牙买加	34.80	35.10	37.56	39.54	40.71	43.68	43.38	39.85	38.80

续表

国家	2013年	2014年	2015年	2016年	2017年	2018年	2019年	2020年	2021年
日本	68.11	68.26	69.01	70.75	73.28	79.03	80.12	87.20	87.46
哈萨克斯坦	44.65	44.73	47.29	47.99	53.32	70.75	71.44	76.55	75.96
肯尼亚	40.72	41.47	44.73	47.18	52.12	61.44	62.10	65.60	67.34
韩国	66.71	66.84	67.89	73.96	71.83	76.34	76.46	82.39	82.48
科威特	28.52	28.81	28.21	29.02	31.55	54.97	56.61	60.65	60.85
吉尔吉斯斯坦	20.59	21.09	24.88	27.45	36.11	35.68	34.27	44.33	45.67
老挝	19.65	20.86	24.77	29.43	38.43	31.06	30.50	32.53	34.38
拉脱维亚	53.44	53.37	55.55	57.12	58.49	61.22	60.02	69.62	69.97
黎巴嫩	29.11	30.40	31.45	31.92	33.34	33.93	33.44	33.67	39.75
立陶宛	49.59	49.60	50.26	52.21	53.93	70.25	70.86	75.24	75.41
卢森堡	64.18	64.94	66.81	68.00	73.48	84.29	84.66	88.16	88.16
马拉维	18.90	19.30	18.22	17.42	17.38	26.34	27.23	31.16	34.61
马来西亚	65.82	65.95	67.51	68.69	71.26	71.36	73.21	76.27	76.72
毛里求斯	46.48	46.78	51.17	58.01	61.60	63.71	63.31	65.96	66.82
墨西哥	48.67	48.90	54.97	60.31	65.85	65.37	66.40	74.14	75.31
摩尔多瓦	41.37	41.52	42.82	43.74	44.73	55.68	54.26	58.58	61.98
黑山	35.69	36.03	36.86	38.14	39.05	48.34	52.45	48.18	46.65
摩洛哥	47.14	47.72	51.10	52.62	53.30	49.57	49.85	67.41	66.81
莫桑比克	22.34	23.38	27.66	28.33	30.92	26.91	27.67	31.13	32.74
纳米比亚	21.53	21.68	23.45	25.01	26.59	28.83	29.52	27.54	28.59
荷兰	64.13	64.21	66.82	68.98	70.20	75.47	76.02	80.40	80.31
新西兰	65.06	65.33	65.75	66.16	66.64	69.76	69.45	72.88	72.90
尼加拉瓜	24.22	24.14	26.60	28.50	28.89	27.14	25.90	26.13	26.47
尼日利亚	43.73	44.00	45.92	48.60	52.81	56.09	56.19	66.58	67.86
北马其顿	30.17	30.38	35.57	40.63	46.62	58.35	57.84	61.35	61.38
挪威	66.53	66.72	67.32	68.30	68.29	73.74	74.46	78.10	78.13
巴基斯坦	39.62	41.24	44.39	47.40	52.93	51.55	51.68	62.42	64.18
巴拿马	42.17	42.42	45.53	48.44	51.08	47.30	46.78	44.78	44.80

续表

国家	2013 年	2014 年	2015 年	2016 年	2017 年	2018 年	2019 年	2020 年	2021 年
巴拉圭	35.55	36.03	36.61	37.79	40.65	56.91	52.96	51.86	52.79
秘鲁	48.27	49.11	50.62	51.78	52.92	52.80	54.92	60.03	57.36
菲律宾	44.98	45.33	50.84	54.58	57.81	60.85	61.89	67.79	66.66
波兰	58.77	59.06	60.26	62.41	65.93	74.20	75.34	79.57	79.67
葡萄牙	47.48	47.72	50.96	54.33	57.31	68.17	68.19	76.06	76.28
罗马尼亚	53.30	53.54	55.57	58.47	60.57	61.33	60.88	69.88	68.08
俄罗斯	62.82	62.95	67.11	72.04	76.85	78.66	77.95	85.99	86.57
沙特阿拉伯	47.63	48.13	51.56	54.64	58.73	77.59	76.45	78.93	79.43
塞内加尔	28.98	29.38	31.77	34.31	37.52	36.13	38.72	42.29	43.51
塞尔维亚	44.46	44.45	43.11	43.37	44.54	57.73	58.93	69.55	71.00
新加坡	64.45	64.59	70.10	75.09	80.90	80.89	81.95	90.31	90.53
斯洛伐克	56.06	56.28	53.86	51.56	48.54	63.37	64.22	73.11	72.84
斯洛文尼亚	36.32	36.47	38.96	42.19	45.01	60.93	61.04	62.94	63.35
南非	50.94	50.70	52.62	53.63	56.69	63.11	63.89	68.64	70.03
西班牙	67.11	67.28	68.99	71.14	73.11	78.81	78.49	81.93	82.04
斯里兰卡	42.66	43.40	46.38	48.03	50.48	54.10	53.77	59.85	59.61
瑞典	64.85	64.98	66.52	68.17	69.51	73.16	73.31	78.42	78.56
瑞士	52.74	52.96	59.70	65.62	70.69	74.47	73.52	76.24	76.27
坦桑尼亚	28.13	28.87	31.19	33.59	39.46	53.51	53.74	65.99	66.66
泰国	54.24	54.61	58.72	62.25	66.82	71.18	72.61	76.02	74.31
特立尼达和多巴哥	32.75	33.21	31.93	30.13	29.56	32.58	32.26	33.80	33.68
土耳其	59.97	60.19	61.39	61.71	61.55	72.95	73.53	79.17	80.96
乌干达	42.72	43.45	43.72	44.46	45.07	48.24	48.71	54.31	55.77
乌克兰	48.02	48.06	48.78	52.63	55.44	63.53	62.93	63.68	64.50
阿联酋	46.97	47.14	52.25	55.97	61.16	70.75	72.62	81.40	81.80
英国	71.20	71.25	74.68	76.67	76.72	83.76	85.21	88.40	88.50
美国	79.79	79.91	82.59	84.65	85.39	87.71	87.24	92.90	93.07
乌拉圭	52.34	52.70	56.64	59.14	60.13	58.77	61.57	65.51	65.27

续表

国家	2013年	2014年	2015年	2016年	2017年	2018年	2019年	2020年	2021年
委内瑞拉	37.84	37.96	40.84	42.17	42.19	46.22	42.96	39.18	39.15
越南	48.39	49.00	48.33	49.74	49.18	65.10	68.73	77.14	79.49
也门	22.30	22.86	21.37	20.00	21.16	20.36	19.69	19.66	18.01
津巴布韦	20.69	20.96	24.25	26.00	28.60	29.15	26.19	34.98	37.44

附表1-4　　数字市场指数

国家	2013年	2014年	2015年	2016年	2017年	2018年	2019年	2020年	2021年
阿尔巴尼亚	22.29	22.27	22.23	25.90	28.03	28.28	28.73	30.70	34.89
阿尔及利亚	25.68	25.98	29.43	33.64	35.49	37.14	40.88	40.61	41.48
阿根廷	51.70	52.25	53.79	58.69	60.05	62.47	66.53	62.93	69.03
亚美尼亚	14.84	15.85	17.65	20.74	22.75	25.21	27.76	31.38	35.18
澳大利亚	65.09	65.24	66.58	67.03	69.61	70.71	72.02	74.16	76.57
奥地利	50.78	51.64	54.94	55.66	59.89	56.51	58.44	65.92	70.04
阿塞拜疆	24.28	23.42	23.63	25.42	26.25	28.04	29.74	30.43	34.80
巴林	36.68	36.88	39.85	44.69	53.79	50.09	49.41	54.02	55.27
孟加拉国	25.44	30.92	32.25	34.29	35.75	40.39	39.23	41.15	46.87
比利时	61.86	63.31	63.78	65.61	67.37	68.44	70.83	72.92	75.55
玻利维亚	18.83	16.60	18.69	22.96	25.88	29.08	28.88	28.83	30.25
博茨瓦纳	13.76	15.14	14.85	16.65	18.76	20.50	20.13	23.16	23.22
巴西	64.98	68.36	67.95	70.77	71.85	76.03	75.83	76.87	82.12
保加利亚	36.67	39.43	42.52	45.37	41.76	44.20	46.61	48.47	57.87
喀麦隆	14.79	16.16	15.90	17.95	19.82	21.61	24.08	23.20	27.09
加拿大	69.91	70.59	71.98	74.13	75.08	77.05	78.09	82.24	84.97
智利	49.48	48.23	48.81	56.77	59.71	58.30	59.19	59.64	65.15
中国	77.15	79.40	82.28	87.28	89.07	92.87	95.31	93.21	95.57
哥伦比亚	46.31	45.24	46.27	48.41	53.90	57.88	60.00	61.44	64.96
哥斯达黎加	39.39	39.26	46.94	42.06	43.52	46.39	48.57	55.19	52.48
科特迪瓦	11.94	12.82	13.79	14.83	17.68	19.26	19.56	19.46	20.31

续表

国家	2013年	2014年	2015年	2016年	2017年	2018年	2019年	2020年	2021年
克罗地亚	34.31	34.27	35.57	36.88	38.78	40.55	44.72	50.87	50.61
塞浦路斯	40.28	40.25	39.60	49.91	51.81	52.59	55.84	56.47	64.82
捷克	46.58	47.01	50.09	49.53	52.36	53.83	57.22	61.06	66.29
丹麦	58.68	62.00	61.54	60.56	61.71	67.04	66.60	69.01	72.91
多米尼加	23.87	24.72	26.36	30.18	35.63	34.42	44.59	38.87	43.05
厄瓜多尔	25.31	26.70	27.87	31.06	32.65	33.89	39.49	42.65	41.04
埃及	35.79	35.99	43.99	44.23	44.02	47.20	47.24	51.90	55.79
萨尔瓦多	21.75	21.98	24.03	27.78	29.44	30.18	34.36	34.41	41.01
爱沙尼亚	33.93	35.96	35.69	38.31	41.38	42.90	46.12	52.21	57.57
芬兰	56.74	53.90	57.73	60.61	60.15	59.44	64.05	67.42	69.52
法国	73.82	74.49	75.01	76.80	77.12	79.52	80.35	85.01	86.29
格鲁吉亚	15.77	15.89	24.31	22.47	26.42	33.10	33.74	34.96	39.83
德国	73.91	76.33	76.27	77.68	79.46	78.74	80.10	88.05	92.42
希腊	47.10	47.18	43.50	43.85	48.86	50.56	52.81	55.42	56.35
危地马拉	23.29	25.13	26.39	29.46	31.81	33.16	34.45	37.02	38.42
洪都拉斯	15.97	17.67	19.42	22.04	24.86	25.38	25.86	27.41	27.57
匈牙利	43.86	46.13	46.94	48.42	53.74	53.87	57.65	59.37	60.09
冰岛	33.86	32.97	40.24	41.38	42.33	45.62	42.45	46.45	51.04
印度	66.84	68.97	70.05	71.58	74.44	77.99	79.73	83.49	84.20
印度尼西亚	53.81	51.09	51.91	57.49	63.08	66.39	66.73	68.88	74.52
伊朗	26.91	28.67	29.89	36.09	37.83	43.70	39.15	39.19	42.89
爱尔兰	62.35	66.26	65.85	66.12	68.52	70.03	70.69	75.64	77.60
以色列	60.67	60.35	62.16	67.54	71.55	70.39	70.25	73.16	75.55
意大利	65.14	64.16	66.84	68.87	70.88	73.34	72.34	75.91	78.02
牙买加	27.64	20.43	22.00	24.52	24.98	25.34	25.41	27.78	32.64
日本	66.66	67.12	73.25	76.58	78.29	81.45	83.69	84.48	87.41
哈萨克斯坦	21.71	31.09	25.25	26.78	28.20	32.90	35.29	39.97	44.34
肯尼亚	28.03	28.70	34.17	30.30	34.73	37.12	37.18	39.10	40.28

续表

国家	2013年	2014年	2015年	2016年	2017年	2018年	2019年	2020年	2021年
韩国	59.43	62.19	77.16	77.58	78.67	80.43	80.65	81.95	84.04
科威特	40.69	37.52	39.41	47.41	57.09	58.77	59.05	58.02	57.13
吉尔吉斯斯坦	8.37	8.02	8.86	10.96	12.21	14.62	17.56	20.77	22.91
老挝	5.31	3.66	8.19	6.32	10.09	10.95	15.49	17.39	18.25
拉脱维亚	27.91	27.50	30.41	32.96	35.07	37.74	39.59	45.76	50.92
黎巴嫩	35.85	39.17	40.23	44.65	44.91	46.57	44.65	43.08	44.64
立陶宛	33.82	34.39	36.14	39.61	42.20	45.52	49.62	51.38	54.87
卢森堡	50.42	48.40	56.25	58.16	57.36	60.17	63.43	60.13	66.38
马拉维	3.09	2.78	3.38	4.37	5.51	7.00	7.72	8.45	8.75
马来西亚	56.24	55.35	57.06	61.69	62.18	64.80	65.10	67.90	71.71
毛里求斯	24.04	25.11	25.57	33.18	31.82	32.35	38.93	35.58	38.46
墨西哥	51.68	52.59	55.18	56.67	60.31	63.08	65.12	67.16	71.03
摩尔多瓦	14.62	15.06	16.12	21.41	21.43	29.28	28.21	32.28	34.54
黑山	15.28	15.56	17.02	18.77	20.35	22.32	23.45	25.60	30.75
摩洛哥	35.28	34.50	36.29	39.56	42.85	45.61	44.35	50.78	53.51
莫桑比克	5.74	6.52	7.32	7.87	7.00	8.16	10.23	10.55	10.66
纳米比亚	6.56	8.42	8.81	9.20	11.06	10.76	10.60	10.44	13.08
荷兰	69.93	75.00	74.56	77.64	78.65	77.93	78.73	82.87	86.94
新西兰	51.84	49.85	52.58	54.91	56.59	57.27	59.14	58.49	63.37
尼加拉瓜	12.45	12.76	14.29	18.29	20.76	22.79	23.63	26.06	27.73
尼日利亚	29.35	29.88	32.62	37.00	34.96	38.75	43.61	42.88	45.45
北马其顿	23.47	23.82	24.13	26.18	27.36	28.68	31.75	30.88	39.23
挪威	59.11	61.83	60.15	63.53	64.00	63.78	65.51	67.89	71.02
巴基斯坦	30.71	32.76	37.75	40.09	40.91	43.92	42.86	45.48	51.94
巴拿马	29.77	31.18	31.77	36.56	37.40	45.62	37.37	47.38	49.44
巴拉圭	14.58	17.61	17.05	19.65	21.10	21.99	22.86	24.10	24.93
秘鲁	31.31	32.81	33.75	38.13	41.36	44.67	47.88	49.18	55.37
菲律宾	49.61	51.83	53.70	55.51	59.29	65.15	65.94	69.52	73.04

续表

国家	2013年	2014年	2015年	2016年	2017年	2018年	2019年	2020年	2021年
波兰	50.01	51.38	54.51	55.87	62.23	62.34	63.72	68.77	71.23
葡萄牙	46.70	48.46	50.28	52.15	55.12	54.94	58.06	60.28	65.31
罗马尼亚	41.25	44.97	44.06	52.30	55.87	52.78	59.31	58.12	63.32
俄罗斯	61.53	62.91	61.99	58.83	65.74	65.82	67.70	69.84	74.12
沙特阿拉伯	38.49	37.10	42.53	51.35	57.02	56.82	58.27	60.06	63.71
塞内加尔	14.96	15.78	16.83	18.83	20.50	23.33	21.85	22.22	29.80
塞尔维亚	33.96	35.16	34.54	39.97	38.11	40.52	41.92	45.04	55.56
新加坡	66.23	66.76	67.99	72.88	75.51	76.80	75.84	78.11	81.31
斯洛伐克	36.56	36.97	38.51	39.90	42.02	42.18	45.36	52.27	54.78
斯洛文尼亚	32.98	33.32	32.56	38.64	37.43	39.94	40.22	44.62	48.35
南非	44.35	46.51	45.66	47.26	49.19	52.51	52.80	54.21	57.99
西班牙	65.89	68.01	68.77	71.10	72.98	75.25	74.53	79.48	82.32
斯里兰卡	22.21	26.96	25.77	27.64	31.62	32.73	32.12	33.49	38.30
瑞典	65.31	66.35	67.27	70.98	72.04	72.20	72.74	75.96	79.00
瑞士	65.40	64.18	66.71	67.28	73.00	70.13	69.77	77.78	78.60
坦桑尼亚	17.52	17.06	17.78	19.09	19.61	19.57	23.22	22.98	22.32
泰国	47.89	52.63	54.21	59.75	63.34	63.42	65.47	68.31	69.43
特立尼达和多巴哥	22.83	24.03	23.65	25.06	25.98	27.43	28.33	29.52	33.36
土耳其	58.99	57.47	60.92	59.50	61.17	65.07	63.65	68.40	73.08
乌干达	16.93	17.37	17.60	17.20	19.32	19.66	18.91	18.60	21.71
乌克兰	45.99	44.65	46.20	41.96	42.19	44.82	51.13	57.22	58.17
阿联酋	55.63	57.29	62.52	69.71	71.47	70.10	72.44	73.45	72.37
英国	83.57	84.19	84.63	87.89	87.70	89.50	90.08	92.24	95.32
美国	94.99	95.75	96.79	99.39	100.74	101.60	101.99	102.43	106.08
乌拉圭	37.01	39.41	41.79	43.64	47.69	45.75	43.59	52.55	54.11
委内瑞拉	23.50	24.91	25.18	28.40	25.55	24.96	24.30	23.52	26.15
越南	37.26	39.41	41.76	47.63	49.95	57.31	60.09	61.87	65.01
也门	13.57	12.18	8.36	11.02	11.45	11.69	11.76	12.57	12.88

续表

国家	2013年	2014年	2015年	2016年	2017年	2018年	2019年	2020年	2021年
津巴布韦	8.15	8.70	9.29	9.79	8.93	9.30	15.13	11.82	10.90

附表1-5　　数字治理指数

国家	2013年	2014年	2015年	2016年	2017年	2018年	2019年	2020年	2021年
阿尔巴尼亚	40.37	39.97	41.92	41.28	48.52	52.25	51.69	54.70	54.70
阿尔及利亚	16.36	17.44	21.31	22.03	25.99	29.94	36.13	38.40	38.40
阿根廷	41.02	40.24	44.13	48.05	50.27	51.63	56.17	56.36	56.36
亚美尼亚	52.87	54.67	52.39	51.88	52.66	56.07	61.16	64.62	64.62
澳大利亚	84.25	85.23	84.80	84.02	82.19	82.76	84.53	85.87	85.87
奥地利	77.87	77.87	79.54	81.23	77.10	78.78	83.05	84.50	84.50
阿塞拜疆	49.21	52.20	54.26	59.67	60.51	62.45	70.32	72.69	72.69
巴林	72.32	73.45	72.25	71.68	73.29	74.32	75.65	78.15	78.15
孟加拉国	22.06	20.94	23.62	25.89	27.73	31.14	32.32	34.24	34.24
比利时	73.23	72.50	73.96	76.59	74.51	75.17	75.96	75.97	75.97
玻利维亚	29.07	28.73	30.40	26.11	25.51	25.00	31.89	33.86	33.86
博茨瓦纳	43.19	42.93	43.70	43.94	42.19	41.34	44.16	46.97	46.97
巴西	51.73	49.60	49.95	49.86	49.95	51.22	54.09	55.21	55.21
保加利亚	51.15	49.47	51.23	56.83	55.34	58.45	62.75	64.70	64.70
喀麦隆	26.27	24.68	28.11	26.86	28.98	31.92	33.28	34.08	34.08
加拿大	82.59	81.72	82.52	81.78	80.60	78.88	79.69	80.06	80.06
智利	64.67	65.28	65.31	63.49	60.89	64.11	69.04	71.27	71.27
中国	47.70	48.12	49.87	52.08	53.49	56.10	62.57	66.61	66.61
哥伦比亚	52.74	52.60	56.44	56.50	52.55	55.21	57.01	58.25	58.25
哥斯达黎加	52.10	55.28	56.54	57.95	57.60	59.46	61.15	62.64	62.64
科特迪瓦	18.59	20.82	26.63	28.03	28.02	28.76	36.23	41.60	41.60
克罗地亚	56.12	54.57	56.93	59.86	56.26	55.55	57.44	59.38	59.38
塞浦路斯	57.77	55.66	57.01	56.27	61.48	65.97	68.56	71.23	71.23
捷克	57.90	56.94	59.98	62.88	63.04	64.68	68.01	70.49	70.49
丹麦	82.37	80.94	83.23	84.65	85.19	86.83	89.88	91.35	91.35

续表

国家	2013年	2014年	2015年	2016年	2017年	2018年	2019年	2020年	2021年
多米尼加	45.57	43.75	45.61	45.11	42.32	46.76	52.50	55.22	55.22
厄瓜多尔	44.99	46.54	47.73	47.65	44.18	45.51	48.48	50.61	50.61
埃及	41.65	38.57	37.31	35.87	36.35	39.23	45.36	49.31	49.31
萨尔瓦多	38.46	41.00	42.66	38.07	35.42	36.78	38.10	39.29	39.29
爱沙尼亚	79.46	81.35	84.69	86.34	80.41	81.02	83.90	86.44	86.44
芬兰	90.00	88.56	87.85	88.50	89.28	89.52	92.10	93.65	93.65
法国	81.00	80.99	80.69	82.61	79.60	81.82	82.67	82.51	82.51
格鲁吉亚	54.70	57.10	58.63	57.87	57.77	62.29	63.12	63.86	63.86
德国	81.15	79.53	80.12	81.45	83.90	83.69	81.17	80.93	80.93
希腊	51.84	53.81	55.35	55.83	54.68	57.02	57.84	58.62	58.62
危地马拉	31.46	29.47	35.26	39.21	35.51	36.79	37.45	38.50	38.50
洪都拉斯	33.22	34.20	37.89	37.87	36.06	39.05	39.11	39.24	39.24
匈牙利	58.80	56.63	58.25	58.81	59.41	61.64	64.47	65.66	65.66
冰岛	76.43	75.83	77.91	79.87	79.18	79.96	82.78	84.61	84.61
印度	40.34	40.07	40.32	44.13	48.75	54.36	56.53	59.11	59.11
印度尼西亚	41.50	42.01	46.62	45.83	50.34	53.67	57.54	59.93	59.93
伊朗	36.83	34.05	35.81	36.98	42.37	44.37	43.36	44.80	44.80
爱尔兰	77.94	79.64	81.12	81.28	79.26	80.83	81.72	82.06	82.06
以色列	72.42	71.36	72.15	73.32	72.90	73.01	74.70	76.13	76.13
意大利	58.44	59.13	60.49	64.13	63.64	65.85	66.64	66.63	66.63
牙买加	43.35	42.50	45.82	46.52	45.63	46.40	48.05	50.17	50.17
日本	76.70	81.04	81.76	79.25	77.70	79.52	80.93	81.40	81.40
哈萨克斯坦	56.20	57.25	57.67	61.58	60.14	62.17	65.81	68.57	68.57
肯尼亚	42.52	41.37	43.50	45.84	46.70	49.29	52.49	55.10	55.10
韩国	83.81	83.03	82.74	81.71	77.02	77.47	80.02	81.33	81.33
科威特	37.41	36.73	39.46	47.77	50.37	54.27	57.26	60.55	60.55
吉尔吉斯斯坦	31.63	31.08	35.00	38.41	39.97	42.98	45.84	49.49	49.49
老挝	24.41	24.68	25.72	24.94	26.42	26.44	27.28	28.19	28.19

续表

国家	2013年	2014年	2015年	2016年	2017年	2018年	2019年	2020年	2021年
拉脱维亚	62.87	64.29	65.41	64.95	60.35	63.59	68.23	70.11	70.11
黎巴嫩	25.42	23.57	28.45	29.79	28.27	28.53	27.91	26.52	26.52
立陶宛	67.51	68.24	70.61	73.76	67.52	68.22	73.14	76.17	76.17
卢森堡	80.20	80.19	81.62	82.89	82.14	84.18	84.90	85.03	85.03
马拉维	25.15	21.67	22.69	21.89	23.20	26.77	29.37	31.38	31.38
马来西亚	71.13	71.06	73.78	73.69	73.92	76.67	79.20	80.94	80.94
毛里求斯	57.76	58.11	60.90	62.11	59.55	62.40	64.96	66.57	66.57
墨西哥	53.24	51.48	55.13	57.86	55.83	57.96	59.32	60.45	60.45
摩尔多瓦	45.39	45.88	50.34	52.99	52.08	54.23	57.18	58.30	58.30
黑山	57.44	57.68	58.50	59.43	59.43	61.70	63.18	63.31	63.31
摩洛哥	46.84	49.89	51.71	52.74	51.42	52.87	56.89	58.68	58.68
莫桑比克	22.63	20.70	22.67	20.26	20.71	22.57	23.67	26.39	26.39
纳米比亚	40.55	40.36	40.79	39.49	40.68	43.80	47.99	50.81	50.81
荷兰	85.57	83.67	84.01	84.67	83.84	84.99	86.36	87.47	87.47
新西兰	87.58	87.00	86.86	86.62	87.85	87.68	88.02	89.33	89.33
尼加拉瓜	30.03	25.68	25.49	25.42	27.86	28.56	30.96	33.99	33.99
尼日利亚	26.83	26.59	29.00	27.72	24.37	27.30	30.29	32.88	32.88
北马其顿	54.11	54.79	58.51	62.10	59.38	55.53	58.29	60.14	60.14
挪威	85.35	85.05	85.56	85.64	84.45	84.47	85.76	86.85	86.85
巴基斯坦	28.26	26.62	27.59	26.25	29.76	34.14	37.82	41.15	41.15
巴拿马	58.85	56.38	55.03	53.02	51.11	53.62	56.06	57.70	57.70
巴拉圭	30.99	29.02	33.77	34.37	34.67	34.95	38.12	41.37	41.37
秘鲁	46.66	46.52	47.32	46.33	47.04	48.49	50.41	52.02	52.02
菲律宾	41.88	41.24	44.60	45.35	44.18	50.41	53.59	55.76	55.76
波兰	55.03	55.86	59.07	62.34	62.94	64.86	66.94	68.18	68.18
葡萄牙	71.67	70.58	71.97	73.03	72.10	74.83	75.66	76.19	76.19
罗马尼亚	48.14	49.91	52.98	54.28	56.47	60.84	62.07	64.55	64.55
俄罗斯	46.46	48.08	50.14	52.72	57.49	60.56	61.66	63.38	63.38

续表

国家	2013年	2014年	2015年	2016年	2017年	2018年	2019年	2020年	2021年
沙特阿拉伯	71.11	69.36	68.31	65.29	66.83	70.15	74.66	79.33	79.33
塞内加尔	28.91	28.27	33.99	36.84	35.79	38.54	41.76	45.13	45.13
塞尔维亚	44.91	42.94	46.88	55.35	57.63	59.62	60.71	62.33	62.33
新加坡	94.51	95.58	94.70	93.82	94.46	94.96	96.31	97.50	97.50
斯洛伐克	55.34	53.94	55.01	58.38	59.10	62.84	63.35	64.96	64.96
斯洛文尼亚	65.28	61.12	64.54	70.60	67.82	68.37	71.67	73.67	73.67
南非	54.40	53.57	54.57	55.01	52.25	54.51	57.04	58.60	58.60
西班牙	67.60	67.54	67.93	71.04	69.48	69.59	72.78	73.50	73.50
斯里兰卡	45.74	48.35	51.23	51.56	43.92	43.61	47.64	50.45	50.45
瑞典	85.27	83.95	84.95	86.73	84.52	84.80	84.81	85.94	85.94
瑞士	81.11	77.77	79.41	80.86	83.77	85.59	86.69	87.61	87.61
坦桑尼亚	31.78	29.91	31.28	31.67	35.70	37.50	39.22	39.93	39.93
泰国	47.37	45.21	46.91	48.91	52.08	57.16	61.08	63.69	63.69
特立尼达和多巴哥	46.61	43.24	45.75	46.58	44.88	46.57	46.70	47.61	47.61
土耳其	52.46	53.06	54.31	55.31	58.16	61.75	66.09	68.05	68.05
乌干达	30.60	27.54	32.71	37.18	35.53	37.31	39.24	40.83	40.83
乌克兰	34.07	35.45	41.76	46.89	44.97	48.70	52.22	54.86	54.86
阿联酋	76.83	77.83	80.30	81.91	83.02	84.06	86.60	87.12	87.12
英国	87.93	87.20	88.45	91.17	88.94	88.80	87.95	89.06	89.06
美国	83.81	84.64	84.82	84.74	88.82	89.62	88.49	90.15	90.15
乌拉圭	55.76	57.38	59.70	59.37	55.80	57.30	59.27	61.32	61.32
委内瑞拉	28.87	28.16	25.71	22.00	17.95	17.24	19.04	18.34	18.34
越南	41.24	41.53	43.90	44.34	44.68	47.00	52.57	54.99	54.99
也门	12.02	11.72	8.90	1.30	-1.68	-3.18	-0.27	2.20	2.20
津巴布韦	25.35	26.37	26.20	25.11	21.42	22.86	28.35	32.82	32.82

（三）TIMG 指数的二级分项指标情况

附表 1-6　　　　　数字技术—研发产出

国家	2013年	2014年	2015年	2016年	2017年	2018年	2019年	2020年	2021年
阿尔巴尼亚	15.97	15.07	16.42	15.48	16.09	19.50	18.26	19.42	23.03
阿尔及利亚	37.23	34.60	35.66	38.23	33.96	38.91	34.77	43.16	37.32
阿根廷	34.64	38.96	36.89	38.93	39.16	30.65	39.33	38.68	40.07
亚美尼亚	23.63	24.29	23.17	23.51	20.37	20.37	25.45	23.63	19.62
澳大利亚	70.09	70.71	70.60	71.96	71.65	71.68	71.87	71.77	70.24
奥地利	63.40	63.28	64.70	64.75	64.68	64.60	65.99	64.98	64.58
阿塞拜疆	25.68	26.83	27.00	25.53	26.71	29.76	31.07	32.51	31.27
巴林	15.79	15.67	18.91	16.20	17.34	20.33	23.12	22.97	28.37
孟加拉国	25.75	28.43	26.81	29.91	31.98	31.11	40.02	36.46	31.20
比利时	61.93	61.46	62.44	62.85	63.06	63.03	63.56	64.19	62.67
玻利维亚	6.88	4.32	6.47	9.55	6.47	11.24	12.49	12.73	11.55
博茨瓦纳	14.04	14.13	14.78	17.96	16.26	20.03	18.84	18.19	18.91
巴西	60.56	61.33	60.45	62.30	62.33	62.35	63.90	63.46	61.47
保加利亚	38.53	41.81	36.66	40.46	40.92	37.25	40.82	42.04	39.07
喀麦隆	18.08	18.88	21.87	19.48	23.68	21.95	25.46	26.59	23.22
加拿大	76.44	76.27	75.23	75.04	74.59	74.56	75.30	76.18	74.40
智利	42.17	40.18	47.80	50.55	47.49	45.53	49.55	51.10	49.46
中国	95.77	97.39	98.40	100.34	102.01	103.54	105.04	105.87	105.36
哥伦比亚	39.09	44.79	43.51	43.06	46.24	46.30	45.87	50.87	45.76
哥斯达黎加	15.35	19.35	21.02	30.61	22.34	26.06	25.55	21.74	20.49
科特迪瓦	8.25	9.77	10.74	8.54	16.63	12.96	13.77	14.13	14.30
克罗地亚	38.11	38.01	38.39	36.65	38.58	39.05	36.57	37.46	34.53
塞浦路斯	39.89	39.22	39.63	40.97	41.45	42.11	38.91	43.14	42.16
捷克	48.64	51.66	50.91	53.79	52.60	52.44	55.11	52.77	53.13
丹麦	59.35	60.41	60.78	61.38	61.03	61.26	60.98	61.52	61.34

续表

国家	2013年	2014年	2015年	2016年	2017年	2018年	2019年	2020年	2021年
多米尼加	8.45	9.13	7.94	13.80	10.38	8.81	16.57	13.38	11.24
厄瓜多尔	24.96	25.61	29.71	31.12	32.68	39.51	31.57	39.21	35.47
埃及	44.08	38.99	41.97	44.51	43.74	45.08	43.28	48.10	43.54
萨尔瓦多	6.01	3.58	6.47	10.92	7.62	14.47	15.20	10.56	6.47
爱沙尼亚	36.79	34.26	40.51	37.16	39.33	40.99	42.29	43.00	42.64
芬兰	71.63	70.96	69.72	69.58	68.93	70.12	70.44	70.54	69.58
法国	81.90	82.63	82.79	82.42	81.93	81.87	81.42	81.33	80.45
格鲁吉亚	24.08	26.64	20.49	27.66	24.67	27.41	23.16	29.70	25.64
德国	85.56	86.02	85.90	86.44	86.37	87.04	87.67	88.01	86.16
希腊	49.62	50.95	51.26	49.69	45.88	48.16	46.35	47.71	49.72
危地马拉	6.88	9.31	9.98	15.31	11.55	12.37	11.70	10.18	9.31
洪都拉斯	0.00	-1.65	1.65	6.47	7.26	10.92	15.35	17.68	14.78
匈牙利	50.26	49.78	49.42	48.72	49.45	48.73	50.65	48.35	47.92
冰岛	27.55	31.01	27.11	33.27	27.27	25.29	30.24	25.72	26.47
印度	71.53	71.35	72.23	74.03	75.20	77.44	80.07	79.01	76.66
印度尼西亚	32.78	34.17	40.62	39.06	41.55	37.90	39.19	38.03	42.12
伊朗	37.68	41.75	41.95	50.27	52.94	55.26	57.22	57.54	60.09
爱尔兰	56.37	56.87	57.18	58.32	58.18	58.55	58.53	57.25	58.34
以色列	65.97	67.12	67.06	67.43	67.94	67.83	68.25	68.50	67.78
意大利	72.21	72.69	72.93	73.22	73.50	73.57	74.44	74.62	74.03
牙买加	11.70	10.74	12.96	13.38	10.74	12.24	11.98	11.08	8.81
日本	91.53	91.32	91.35	92.09	92.04	92.49	93.20	93.45	91.57
哈萨克斯坦	28.10	31.91	33.02	32.06	37.17	27.70	35.13	34.94	37.85
肯尼亚	24.88	17.43	27.94	27.59	25.44	29.13	29.87	29.09	21.62
韩国	84.00	84.00	85.08	85.81	85.74	85.83	86.62	88.17	87.77
科威特	22.72	23.21	24.11	23.97	23.54	28.46	25.13	24.82	25.64
吉尔吉斯斯坦	7.62	7.26	4.95	16.63	13.07	12.96	15.86	17.85	16.48
老挝	10.50	10.50	4.95	6.47	8.25	9.97	8.54	6.47	7.26

续表

国家	2013年	2014年	2015年	2016年	2017年	2018年	2019年	2020年	2021年
拉脱维亚	35.06	29.59	33.58	34.87	34.30	32.96	35.82	32.64	34.27
黎巴嫩	27.47	24.38	33.16	33.28	29.76	27.48	36.31	30.88	26.18
立陶宛	34.79	37.75	38.95	38.03	33.23	37.83	36.11	39.46	39.83
卢森堡	47.59	54.23	46.98	48.67	47.86	49.90	49.37	48.94	46.71
马拉维	6.88	9.07	9.55	9.31	14.24	9.98	10.38	11.84	14.38
马来西亚	60.23	62.74	62.47	60.63	58.94	57.92	58.35	61.09	60.66
毛里求斯	23.27	19.32	13.95	16.78	22.14	23.09	30.40	23.74	23.93
墨西哥	51.06	51.98	52.14	54.62	53.83	56.95	56.23	54.52	48.62
摩尔多瓦	15.14	17.48	17.16	22.18	24.92	26.25	16.83	17.43	23.73
黑山	18.15	17.60	21.22	17.12	19.07	23.09	18.81	19.45	15.00
摩洛哥	37.65	45.26	44.56	43.97	45.10	48.37	43.95	44.26	45.29
莫桑比克	6.47	6.88	6.01	5.51	11.11	10.38	9.98	11.70	10.92
纳米比亚	22.05	16.88	13.77	14.70	15.35	17.12	18.78	15.61	18.12
荷兰	72.12	72.43	72.44	72.87	73.22	72.90	72.72	72.65	71.45
新西兰	49.97	51.24	52.06	51.01	52.65	52.20	51.77	51.19	52.60
尼加拉瓜	0.53	2.71	0.28	6.47	0.28	12.61	4.32	12.43	2.71
尼日利亚	23.81	34.28	26.15	35.55	33.27	37.65	31.26	34.51	31.14
北马其顿	20.60	21.69	25.33	21.09	23.02	22.76	22.83	26.58	20.44
挪威	57.55	58.16	58.91	59.47	59.82	60.35	61.49	61.24	59.67
巴基斯坦	35.12	31.66	32.48	33.86	40.78	36.48	38.24	38.24	41.65
巴拿马	14.74	22.89	21.29	14.24	25.28	27.35	22.83	22.34	20.09
巴拉圭	10.38	10.38	13.58	14.55	15.67	14.38	18.55	18.00	13.18
秘鲁	17.12	26.31	28.22	30.26	34.06	36.38	38.57	34.88	31.30
菲律宾	26.72	27.86	33.03	35.50	43.00	38.90	39.91	41.60	35.58
波兰	54.83	56.26	59.05	59.98	59.78	58.29	59.33	59.92	57.96
葡萄牙	54.00	55.06	54.10	54.12	56.04	56.71	56.89	59.75	56.04
罗马尼亚	43.00	44.70	47.44	46.13	44.52	48.75	41.38	45.49	42.85
俄罗斯	65.74	68.47	68.52	68.50	68.96	69.90	71.66	72.12	70.45

续表

国家	2013年	2014年	2015年	2016年	2017年	2018年	2019年	2020年	2021年
沙特阿拉伯	55.42	54.27	57.23	58.86	59.55	60.46	64.33	65.56	67.70
塞内加尔	16.03	16.73	17.39	21.54	18.44	20.62	24.30	25.63	23.00
塞尔维亚	38.87	37.71	36.83	39.17	36.00	34.21	39.42	42.61	38.30
新加坡	65.41	65.43	67.53	67.61	67.14	66.54	68.50	69.20	69.09
斯洛伐克	39.76	41.32	44.84	45.74	45.53	41.82	43.06	45.78	43.05
斯洛文尼亚	44.76	43.40	44.80	40.44	37.47	40.42	43.16	40.79	41.97
南非	53.04	53.97	54.45	55.16	55.71	55.68	56.54	55.51	53.54
西班牙	70.17	70.19	69.05	68.96	69.27	68.15	69.08	69.41	69.36
斯里兰卡	28.74	30.47	23.96	31.66	31.10	33.58	37.05	31.33	29.28
瑞典	74.66	74.98	75.33	75.99	75.67	76.02	76.58	77.05	75.58
瑞士	70.62	71.57	70.98	71.38	70.90	71.67	71.68	72.24	71.30
坦桑尼亚	13.28	14.47	13.58	18.71	16.15	16.63	22.86	18.88	19.50
泰国	43.41	43.24	43.46	46.77	46.50	47.92	48.90	43.02	48.32
特立尼达和多巴哥	10.38	12.96	11.98	19.87	14.70	11.98	14.04	12.24	11.84
土耳其	59.50	60.03	62.47	62.99	64.82	64.66	67.21	68.48	67.19
乌干达	15.28	12.96	14.93	15.61	16.73	17.48	21.54	18.34	17.96
乌克兰	48.11	50.21	48.57	53.55	52.81	52.29	53.31	54.84	49.18
阿联酋	43.20	45.43	47.86	47.46	48.08	48.36	52.38	52.22	51.86
英国	79.22	80.09	80.70	81.44	81.49	81.58	82.28	81.74	80.64
美国	99.73	100.63	100.46	100.93	100.68	101.02	101.20	101.06	99.86
乌拉圭	24.17	21.76	25.22	22.40	31.31	30.24	27.11	31.75	27.61
委内瑞拉	21.97	22.66	21.95	21.71	26.06	21.90	20.94	21.90	19.50
越南	29.62	40.05	33.74	37.55	35.73	38.77	42.62	43.41	35.79
也门	15.14	17.54	13.28	15.67	17.48	18.41	21.45	23.97	25.68
津巴布韦	10.56	12.24	11.98	11.08	14.38	14.70	15.48	15.35	15.92

附表 1-7　　　　　数字技术—人力资本

国家	2013 年	2014 年	2015 年	2016 年	2017 年	2018 年	2019 年	2020 年	2021 年
阿尔巴尼亚	54.84	54.87	59.27	56.18	51.39	50.36	52.41	51.57	51.11
阿尔及利亚	23.42	28.79	31.64	35.85	39.63	41.21	41.74	41.69	42.21
阿根廷	47.49	49.23	49.72	51.59	52.22	52.91	54.55	56.13	56.13
亚美尼亚	44.97	45.74	48.27	52.46	54.11	55.09	53.78	53.50	55.45
澳大利亚	80.87	80.90	83.32	85.65	80.71	78.45	81.90	81.16	81.16
奥地利	64.28	64.22	65.21	67.83	66.25	66.94	66.85	67.16	67.16
阿塞拜疆	25.13	25.94	26.93	33.07	37.08	37.35	38.98	40.55	41.82
巴林	40.95	44.81	48.44	52.29	52.54	53.95	56.14	58.13	59.92
孟加拉国	21.35	22.33	21.66	24.30	22.05	23.07	24.54	24.52	25.00
比利时	77.48	77.41	78.34	78.71	75.19	74.86	75.39	75.71	75.71
玻利维亚	37.17	31.04	24.75	30.47	29.08	28.23	29.48	30.97	32.12
博茨瓦纳	33.13	30.42	31.18	32.03	31.19	31.98	31.28	31.71	31.13
巴西	27.34	29.68	28.50	29.34	29.98	30.69	31.49	31.25	31.25
保加利亚	54.13	56.18	56.18	53.50	51.75	51.96	52.75	53.61	53.61
喀麦隆	30.96	33.51	32.52	32.23	32.41	33.05	33.05	33.05	33.05
加拿大	64.51	63.93	64.09	66.33	68.11	68.61	70.99	72.61	72.61
智利	50.54	53.24	51.68	52.10	54.39	55.43	56.36	55.75	55.75
中国	42.16	45.40	47.94	50.08	49.90	50.55	51.90	53.87	56.07
哥伦比亚	37.21	37.40	35.66	38.08	40.71	40.24	40.09	39.78	39.78
哥斯达黎加	50.08	50.93	50.06	50.83	52.25	51.73	52.73	52.73	52.73
科特迪瓦	30.22	39.22	41.00	34.19	34.36	34.36	34.62	34.60	34.60
克罗地亚	63.38	62.70	60.81	59.28	55.93	55.83	55.86	56.03	56.03
塞浦路斯	61.55	61.71	60.46	53.88	57.54	59.83	62.87	64.76	64.76
捷克	50.86	52.33	54.61	55.45	56.85	56.72	57.50	58.54	58.54
丹麦	64.20	64.22	67.75	72.18	73.19	73.43	73.71	74.13	74.13
多米尼加	21.08	23.13	25.43	30.08	32.75	32.64	33.28	33.28	33.28
厄瓜多尔	40.29	40.29	40.28	39.94	38.90	39.29	39.44	41.41	41.41
埃及	15.68	18.62	22.23	21.73	24.70	26.29	26.29	26.29	26.29

续表

国家	2013 年	2014 年	2015 年	2016 年	2017 年	2018 年	2019 年	2020 年	2021 年
萨尔瓦多	22.17	28.83	24.61	19.94	20.40	20.73	20.97	20.97	20.97
爱沙尼亚	65.10	67.34	68.40	69.34	70.21	70.77	72.41	72.41	72.41
芬兰	87.94	87.01	84.86	85.16	85.94	86.81	87.96	88.85	88.85
法国	62.54	63.23	62.99	65.88	64.28	65.02	65.37	65.79	65.79
格鲁吉亚	32.74	34.48	37.52	39.72	40.32	41.81	43.34	44.51	47.00
德国	61.68	63.86	66.05	67.06	68.04	68.07	69.42	69.20	69.20
希腊	76.32	79.03	80.96	83.12	86.09	88.75	91.16	92.16	92.16
危地马拉	13.72	13.89	14.40	15.06	16.93	16.97	17.01	17.01	17.01
洪都拉斯	11.85	19.88	25.19	23.51	23.65	24.43	24.13	24.13	24.13
匈牙利	54.73	49.23	44.50	42.33	43.08	43.85	44.76	45.91	45.91
冰岛	67.84	66.15	64.54	66.19	64.17	64.70	66.61	69.44	69.44
印度	41.85	37.05	37.52	41.69	42.16	42.42	42.64	43.01	43.80
印度尼西亚	44.30	43.73	42.04	43.67	45.69	45.64	45.64	45.64	45.64
伊朗	55.51	57.91	61.96	59.52	58.60	56.34	55.32	54.40	54.40
爱尔兰	64.18	66.42	67.83	69.50	69.75	69.54	68.64	68.43	68.43
以色列	52.51	51.57	52.82	59.17	60.13	59.34	58.85	59.16	59.16
意大利	53.12	55.21	55.96	55.90	56.79	57.79	58.54	59.99	59.99
牙买加	26.33	29.07	29.61	32.29	35.56	35.56	35.56	35.56	35.56
日本	57.57	62.70	65.79	64.42	63.27	63.39	63.61	63.61	63.61
哈萨克斯坦	45.71	45.64	44.19	44.34	47.30	48.93	52.22	56.02	56.02
肯尼亚	24.80	27.90	27.02	30.08	31.41	31.41	30.80	30.80	30.80
韩国	76.72	71.84	72.90	71.47	70.70	71.34	72.44	74.15	74.15
科威特	40.82	38.87	40.45	41.35	38.06	37.63	38.03	40.51	40.51
吉尔吉斯斯坦	32.17	31.29	32.72	31.81	32.18	31.52	31.96	33.72	36.69
老挝	29.73	30.10	27.09	27.56	26.62	26.29	26.07	25.66	25.44
拉脱维亚	60.70	63.75	61.98	62.71	63.14	65.25	66.03	65.88	65.88
黎巴嫩	60.50	58.67	53.13	55.85	54.41	55.11	53.10	54.61	53.26
立陶宛	68.00	65.57	65.48	63.29	60.67	61.23	60.50	59.98	59.98

续表

国家	2013年	2014年	2015年	2016年	2017年	2018年	2019年	2020年	2021年
卢森堡	37.69	40.82	40.88	38.20	38.23	37.99	37.92	38.25	38.25
马拉维	15.30	12.29	8.94	8.93	9.73	9.86	9.86	9.86	9.86
马来西亚	50.06	54.00	57.61	57.21	56.64	57.23	56.36	56.15	56.15
毛里求斯	46.80	46.57	44.22	47.34	48.21	48.63	49.82	49.76	49.76
墨西哥	22.03	22.26	23.29	27.62	28.49	29.03	29.59	30.43	30.43
摩尔多瓦	46.54	45.26	44.85	46.30	48.00	48.44	48.65	49.38	51.46
黑山	58.69	59.31	55.05	51.96	51.44	50.55	49.74	50.31	50.36
摩洛哥	37.17	36.64	35.78	37.45	35.98	36.90	38.01	38.89	40.09
莫桑比克	9.66	10.32	10.09	11.08	11.15	11.23	11.23	11.23	11.23
纳米比亚	19.12	19.10	20.21	23.10	24.53	25.05	26.12	26.39	26.39
荷兰	71.56	73.58	75.28	75.77	78.87	79.77	79.77	81.85	81.85
新西兰	72.06	71.79	73.03	72.80	72.71	73.11	71.97	71.81	71.81
尼加拉瓜	20.73	16.53	12.93	13.17	14.89	15.25	14.50	14.50	14.50
尼日利亚	17.91	12.79	12.10	14.06	15.86	15.96	15.96	15.96	15.96
北马其顿	43.83	44.99	44.53	41.76	42.04	42.32	41.91	42.28	42.28
挪威	61.01	62.78	66.73	67.88	68.49	68.93	69.02	69.53	69.53
巴基斯坦	21.08	20.94	23.51	22.11	22.06	21.90	23.28	23.28	23.28
巴拿马	33.56	35.03	34.05	34.88	34.13	34.13	33.40	32.67	32.67
巴拉圭	5.52	4.80	3.06	4.14	6.25	6.25	6.25	6.25	6.25
秘鲁	23.50	26.54	30.04	36.92	39.07	39.07	39.07	39.07	39.07
菲律宾	34.97	40.33	41.23	39.34	37.99	35.47	36.35	37.09	38.00
波兰	55.62	57.23	56.55	56.54	57.87	58.21	58.45	59.00	59.00
葡萄牙	52.50	57.56	55.55	57.14	60.12	60.85	61.81	62.85	62.85
罗马尼亚	46.99	51.88	52.91	52.40	55.47	56.16	56.31	57.10	57.10
俄罗斯	60.29	60.51	61.14	63.71	63.44	64.57	65.35	65.35	65.35
沙特阿拉伯	48.31	49.45	50.87	54.61	55.66	54.95	56.17	56.05	56.38
塞内加尔	28.22	28.39	26.73	26.43	26.90	27.43	27.59	27.97	28.65
塞尔维亚	51.33	52.22	53.25	56.55	61.17	61.45	61.72	61.87	62.31

续表

国家	2013年	2014年	2015年	2016年	2017年	2018年	2019年	2020年	2021年
新加坡	85.28	85.57	86.00	86.36	87.52	89.26	90.20	91.06	91.06
斯洛伐克	45.73	46.46	45.03	43.03	41.30	40.77	41.22	41.72	41.72
斯洛文尼亚	72.72	72.45	72.32	72.77	72.64	72.01	72.34	73.20	73.20
南非	8.10	8.23	10.16	12.29	17.83	18.43	18.46	18.62	18.62
西班牙	57.65	58.42	57.87	60.36	62.21	63.17	63.92	65.23	65.23
斯里兰卡	37.23	40.44	41.60	40.52	38.51	38.79	39.43	39.63	39.63
瑞典	56.77	54.84	56.17	56.56	58.36	60.68	62.75	65.80	65.80
瑞士	67.90	69.96	70.13	69.85	72.58	73.36	74.18	75.03	75.03
坦桑尼亚	7.90	7.44	9.45	11.55	12.40	12.40	11.98	13.99	13.99
泰国	44.67	43.78	44.12	42.94	41.50	40.95	40.48	39.54	40.05
特立尼达和多巴哥	46.74	46.84	48.02	50.69	49.31	49.93	49.65	50.48	50.51
土耳其	51.99	55.06	56.63	59.84	62.38	63.93	64.71	65.59	65.59
乌干达	15.04	15.05	16.47	15.23	16.13	16.13	16.13	16.13	16.13
乌克兰	66.58	67.35	65.99	68.09	68.30	68.30	68.30	68.30	68.30
阿联酋	58.84	61.04	61.04	61.82	61.21	61.21	61.21	61.68	61.68
英国	52.06	50.99	52.61	55.87	55.66	56.25	58.11	59.68	59.68
美国	66.03	65.70	67.16	69.58	77.48	77.53	77.36	77.22	77.22
乌拉圭	37.03	36.93	36.54	38.24	38.68	38.91	39.55	40.70	40.70
委内瑞拉	33.65	34.91	35.23	33.14	30.10	28.55	26.61	27.53	27.48
越南	33.76	35.48	37.80	34.61	32.83	32.83	32.88	32.88	35.75
也门	8.23	8.42	8.18	7.93	10.29	10.29	10.29	10.29	10.29
津巴布韦	29.35	29.92	32.01	30.02	29.11	29.11	29.11	29.11	29.11

附表1-8　　　　　　　　数字技术—创新水平

国家	2013年	2014年	2015年	2016年	2017年	2018年	2019年	2020年	2021年
阿尔巴尼亚	15.69	15.93	21.16	38.79	47.42	46.07	45.59	45.59	45.59
阿尔及利亚	0.00	7.13	15.60	27.62	25.61	25.50	33.69	33.69	33.69
阿根廷	35.78	39.77	42.88	42.78	41.08	40.60	40.43	40.43	40.43

续表

国家	2013年	2014年	2015年	2016年	2017年	2018年	2019年	2020年	2021年
亚美尼亚	30.14	28.94	33.21	41.11	42.35	41.65	41.01	41.01	41.01
澳大利亚	70.01	69.34	72.16	68.48	68.17	66.72	64.56	64.56	64.56
奥地利	73.59	72.08	78.26	83.27	82.23	83.56	82.65	82.65	82.65
阿塞拜疆	41.52	39.49	39.49	49.03	63.16	63.16	67.48	67.48	67.48
巴林	26.30	36.36	38.73	47.76	47.76	47.76	40.82	40.82	40.82
孟加拉国	16.33	19.08	21.28	25.19	26.27	26.92	26.87	26.87	26.87
比利时	85.02	86.94	88.49	86.44	87.35	85.42	85.42	85.42	85.42
玻利维亚	35.94	36.35	32.99	17.42	18.70	19.97	18.57	18.57	18.57
博茨瓦纳	27.41	28.16	31.97	39.88	35.14	32.51	34.26	34.26	34.26
巴西	49.30	48.00	44.07	37.15	42.49	44.30	42.27	42.27	42.27
保加利亚	24.81	26.07	33.39	44.68	44.27	44.96	46.66	46.66	46.66
喀麦隆	24.41	38.18	44.85	44.49	43.52	44.19	45.83	45.83	45.83
加拿大	65.75	70.38	73.85	70.68	72.35	74.80	77.06	77.06	77.06
智利	46.61	47.86	48.69	40.39	43.03	44.40	42.36	42.36	42.36
中国	57.57	58.13	57.49	58.89	61.08	61.08	61.08	61.08	61.08
哥伦比亚	38.57	41.94	44.26	42.87	41.66	40.64	41.17	41.17	41.17
哥斯达黎加	55.01	58.65	59.80	48.58	51.60	52.85	50.78	50.78	50.78
科特迪瓦	17.35	33.94	44.94	43.50	37.03	30.56	37.53	37.53	37.53
克罗地亚	29.65	28.57	31.55	27.49	24.09	23.25	23.71	23.71	23.71
塞浦路斯	36.37	49.20	48.28	34.28	36.43	35.73	36.20	36.20	36.20
捷克	59.26	57.85	60.44	56.78	60.30	62.90	63.04	63.04	63.04
丹麦	74.28	79.53	79.90	78.52	77.42	78.59	82.74	82.74	82.74
多米尼加	29.05	35.29	35.47	32.85	29.37	31.11	33.83	33.83	33.83
厄瓜多尔	44.14	45.93	47.72	35.72	32.00	32.43	32.63	32.63	32.63
埃及	18.60	13.12	15.10	15.10	24.11	24.78	31.58	31.58	31.58
萨尔瓦多	34.62	52.39	47.50	29.50	28.69	28.11	27.80	27.80	27.80
爱沙尼亚	58.35	61.43	64.00	63.86	61.05	59.66	60.58	60.58	60.58
芬兰	97.15	98.21	98.82	95.47	93.86	91.70	92.53	92.53	92.53

续表

国家	2013年	2014年	2015年	2016年	2017年	2018年	2019年	2020年	2021年
法国	67.46	67.99	72.25	73.67	73.75	74.52	77.62	77.62	77.62
格鲁吉亚	17.25	20.91	21.90	28.58	29.04	31.16	31.16	31.16	31.16
德国	90.86	89.88	90.44	92.06	93.04	92.94	91.30	91.30	91.30
希腊	22.01	26.79	29.35	28.80	28.42	28.29	30.08	30.08	30.08
危地马拉	42.06	47.07	48.85	48.04	48.09	49.23	46.14	46.14	46.14
洪都拉斯	27.73	48.52	54.41	39.78	34.96	38.04	38.04	38.04	38.04
匈牙利	42.02	39.04	40.47	31.71	38.40	41.54	41.32	41.32	41.32
冰岛	61.72	58.18	65.37	74.94	73.81	71.60	71.17	71.17	71.17
印度	48.67	47.96	50.13	64.31	62.05	64.36	54.40	54.40	54.40
印度尼西亚	61.45	67.37	66.32	65.38	65.61	64.41	64.21	64.21	64.21
伊朗	31.44	31.09	32.42	32.22	36.27	34.15	30.20	30.20	30.20
爱尔兰	74.39	80.37	83.51	83.09	80.82	82.85	80.72	80.72	80.72
以色列	90.98	95.29	96.61	97.31	99.34	100.39	99.65	99.65	99.65
意大利	47.67	49.40	52.13	54.92	58.83	61.28	61.71	61.71	61.71
牙买加	38.34	46.34	48.81	46.19	46.45	50.50	48.69	48.69	48.69
日本	84.21	82.33	80.72	75.32	74.57	76.33	74.66	74.66	74.66
哈萨克斯坦	33.99	36.32	39.28	43.18	39.22	40.35	40.63	40.63	40.63
肯尼亚	54.55	59.20	56.93	64.29	62.76	62.90	59.97	59.97	59.97
韩国	66.17	67.45	69.24	65.95	65.56	65.19	65.90	65.90	65.90
科威特	16.30	23.25	31.52	28.93	30.08	37.61	41.08	41.08	41.08
吉尔吉斯斯坦	6.00	19.76	25.08	25.62	21.29	23.03	24.06	24.06	24.06
老挝	37.82	38.38	38.60	42.82	44.19	44.31	45.20	45.20	45.20
拉脱维亚	37.09	39.86	45.49	45.16	40.36	43.47	52.46	52.46	52.46
黎巴嫩	28.55	34.09	38.70	52.41	51.69	49.61	51.25	51.25	51.25
立陶宛	56.26	61.63	65.81	63.03	61.65	62.03	63.71	63.71	63.71
卢森堡	76.49	79.45	81.20	78.24	82.30	86.04	86.98	86.98	86.98
马拉维	23.36	22.54	25.70	25.30	21.43	21.64	23.45	23.45	23.45
马来西亚	75.33	83.98	88.26	85.45	84.46	86.38	83.43	83.43	83.43

续表

国家	2013年	2014年	2015年	2016年	2017年	2018年	2019年	2020年	2021年
毛里求斯	32.22	38.65	39.53	43.00	42.47	41.77	37.77	37.77	37.77
墨西哥	42.74	45.00	48.56	46.38	45.49	45.58	44.35	44.35	44.35
摩尔多瓦	13.93	18.48	24.08	22.31	23.97	24.66	24.32	24.32	24.32
黑山	44.01	42.87	42.85	35.68	36.91	40.81	43.72	43.72	43.72
摩洛哥	20.07	27.73	32.15	35.27	34.90	33.09	31.54	31.54	31.54
莫桑比克	22.50	28.77	32.60	33.02	33.09	33.07	30.55	30.55	30.55
纳米比亚	34.16	37.63	41.16	40.76	39.70	39.35	43.82	43.82	43.82
荷兰	81.74	85.23	85.45	89.65	94.15	93.65	92.77	92.77	92.77
新西兰	69.05	76.58	79.35	77.69	78.31	77.40	74.82	74.82	74.82
尼加拉瓜	31.95	23.73	20.73	20.73	20.98	20.25	20.25	20.25	20.25
尼日利亚	31.52	28.66	29.92	32.00	28.59	27.35	29.51	29.51	29.51
北马其顿	30.43	38.72	41.83	41.45	36.86	32.26	33.03	33.03	33.03
挪威	78.65	77.41	80.22	78.96	77.72	76.48	76.48	76.48	76.48
巴基斯坦	35.54	38.78	34.16	39.36	41.86	44.31	46.88	46.88	46.88
巴拿马	48.81	52.16	53.02	46.17	44.07	41.59	42.49	42.49	42.49
巴拉圭	19.07	19.85	22.71	23.92	27.01	27.12	24.70	24.70	24.70
秘鲁	25.64	28.92	31.16	30.33	29.15	29.02	28.29	28.29	28.29
菲律宾	40.39	53.96	54.53	48.70	49.39	61.80	61.84	61.84	61.84
波兰	37.24	39.26	41.69	41.80	39.97	38.40	40.09	40.09	40.09
葡萄牙	55.96	62.66	65.65	57.97	60.95	61.95	61.24	61.24	61.24
罗马尼亚	31.19	40.29	43.68	40.31	33.24	35.67	37.38	37.38	37.38
俄罗斯	38.04	41.12	41.12	45.07	49.78	51.42	49.17	49.17	49.17
沙特阿拉伯	53.53	51.68	53.23	44.01	47.45	50.14	54.03	54.03	54.03
塞内加尔	28.92	43.21	50.36	49.56	47.14	44.82	43.34	43.34	43.34
塞尔维亚	21.42	24.65	26.56	27.13	31.43	33.40	34.26	34.26	34.26
新加坡	81.97	84.44	86.60	86.17	82.42	81.33	82.38	82.38	82.38
斯洛伐克	28.99	34.18	38.60	42.74	45.18	44.89	42.99	42.99	42.99
斯洛文尼亚	41.73	44.68	54.27	57.56	58.04	58.85	60.44	60.44	60.44

续表

国家	2013年	2014年	2015年	2016年	2017年	2018年	2019年	2020年	2021年
南非	58.23	60.47	64.18	69.37	66.63	64.93	65.37	65.37	65.37
西班牙	44.26	44.10	47.58	47.69	46.98	47.91	46.97	46.97	46.97
斯里兰卡	33.93	45.15	43.57	48.57	45.95	41.72	43.55	43.55	43.55
瑞典	88.05	88.36	90.99	91.53	91.35	92.25	91.61	91.61	91.61
瑞士	100.00	100.06	101.78	103.46	103.64	103.30	102.01	102.01	102.01
坦桑尼亚	31.35	31.79	34.22	39.17	37.09	40.24	41.85	41.85	41.85
泰国	39.23	45.14	50.03	48.03	50.25	53.14	54.64	54.64	54.64
特立尼达和多巴哥	23.56	28.21	31.35	30.32	26.72	26.69	28.79	28.79	28.79
土耳其	44.40	40.83	42.20	42.99	42.99	39.62	42.57	42.57	42.57
乌干达	33.39	38.47	41.70	45.64	43.08	42.57	42.86	42.86	42.86
乌克兰	30.62	37.55	44.90	47.87	45.37	46.58	49.91	49.91	49.91
阿联酋	59.43	68.85	68.85	75.43	74.99	73.28	76.66	76.66	76.66
英国	86.83	89.63	91.22	89.49	89.29	88.98	86.04	86.04	86.04
美国	95.43	100.69	101.64	97.79	100.64	102.59	98.41	98.41	98.41
乌拉圭	34.89	37.39	38.84	38.61	36.20	33.38	34.44	34.44	34.44
委内瑞拉	24.71	21.13	22.26	30.99	29.76	29.22	29.43	29.43	29.43
越南	31.59	32.24	36.89	40.37	42.44	39.96	42.69	42.69	42.69
也门	4.01	5.84	6.81	7.78	14.89	12.72	11.30	11.30	11.30
津巴布韦	22.02	21.41	21.81	19.85	18.52	19.41	21.20	21.20	21.20

附表1-9　　　　　　　数字基础设施—普惠性

国家	2013年	2014年	2015年	2016年	2017年	2018年	2019年	2020年	2021年
阿尔巴尼亚	43.05	43.27	44.31	45.03	46.08	45.29	45.76	46.45	46.84
阿尔及利亚	35.91	64.18	66.49	68.45	69.06	69.13	69.69	69.94	70.53
阿根廷	71.34	71.98	72.85	73.22	73.43	73.46	73.26	73.36	73.97
亚美尼亚	43.66	44.36	44.81	45.41	45.92	46.58	47.11	47.33	47.95
澳大利亚	68.26	68.66	69.11	69.56	69.89	70.21	70.36	70.40	70.34
奥地利	59.74	59.91	60.29	59.97	60.08	60.26	60.24	60.35	60.55

续表

国家	2013年	2014年	2015年	2016年	2017年	2018年	2019年	2020年	2021年
阿塞拜疆	57.27	58.38	58.44	57.95	57.96	58.30	58.64	58.78	59.07
巴林	43.46	43.78	43.77	44.57	42.96	40.90	40.90	40.62	41.34
孟加拉国	66.32	72.38	74.35	76.44	77.44	78.52	79.07	80.26	80.41
比利时	61.32	61.81	62.04	62.21	62.13	62.27	62.60	62.76	63.04
玻利维亚	47.60	47.79	49.60	51.98	53.79	55.03	56.52	57.34	58.17
博茨瓦纳	35.37	37.26	38.21	39.59	37.67	38.77	40.15	45.95	45.60
巴西	84.64	85.89	85.97	85.96	85.85	85.84	85.86	86.33	87.17
保加利亚	56.82	56.76	57.25	57.45	57.50	57.78	57.91	57.98	58.20
喀麦隆	17.67	37.01	42.45	53.74	55.13	54.81	55.75	59.27	59.07
加拿大	70.49	70.83	71.34	71.75	72.10	72.54	72.98	72.81	73.09
智利	62.43	63.31	63.73	64.39	64.87	65.58	65.82	66.25	67.10
中国	99.90	101.44	103.03	104.15	105.44	106.24	106.86	107.02	107.55
哥伦比亚	68.91	70.67	70.99	71.51	72.06	72.53	72.99	73.55	74.52
哥斯达黎加	51.37	51.83	52.60	53.26	54.18	54.51	54.65	54.43	54.76
科特迪瓦	47.97	52.13	53.10	54.47	55.61	56.85	58.12	59.26	60.72
克罗地亚	51.54	51.48	51.55	51.81	51.93	52.07	52.21	52.23	52.35
塞浦路斯	37.34	38.07	38.76	39.49	40.01	40.39	40.78	40.86	41.48
捷克	60.74	61.38	61.01	61.31	61.48	61.71	62.42	62.52	62.74
丹麦	57.28	57.59	57.76	57.86	58.12	58.33	58.33	58.42	58.48
多米尼加	52.18	52.50	53.68	54.37	54.84	55.30	55.68	56.15	56.58
厄瓜多尔	57.69	58.73	58.35	59.41	60.20	60.92	61.16	61.58	62.10
埃及	71.43	72.10	73.06	73.83	74.70	75.25	75.97	76.85	78.09
萨尔瓦多	47.54	49.12	49.67	51.17	52.29	52.53	53.34	53.30	54.49
爱沙尼亚	43.18	43.59	43.70	44.06	44.34	44.66	44.90	44.98	45.24
芬兰	56.83	57.21	57.12	56.98	57.07	57.13	57.25	57.34	57.40
法国	77.44	77.98	78.38	78.68	78.97	79.21	79.49	79.67	79.67
格鲁吉亚	48.36	49.49	50.41	50.85	51.35	51.86	52.23	52.17	52.28
德国	79.79	80.48	80.65	81.19	81.64	81.73	81.90	82.09	82.17

续表

国家	2013 年	2014 年	2015 年	2016 年	2017 年	2018 年	2019 年	2020 年	2021 年
希腊	59.87	60.23	60.84	61.26	61.83	62.07	62.20	62.17	62.34
危地马拉	52.24	53.05	53.68	54.62	55.47	55.57	56.04	56.13	56.47
洪都拉斯	42.95	46.29	47.33	48.08	48.81	50.33	51.24	50.93	51.65
匈牙利	58.44	58.90	59.04	59.37	59.70	59.99	60.30	60.44	60.60
冰岛	29.82	30.28	30.73	31.21	31.54	31.81	31.90	32.04	32.31
印度	86.68	88.06	89.47	91.29	92.08	92.82	93.31	94.13	94.83
印度尼西亚	78.03	78.97	80.01	81.12	83.98	83.76	84.43	85.47	85.87
伊朗	66.07	70.60	72.23	73.95	75.89	76.42	77.46	78.39	79.30
爱尔兰	52.58	53.14	53.55	53.75	53.90	54.08	54.36	54.54	54.87
以色列	57.51	57.72	59.07	59.39	59.76	60.09	60.57	61.04	61.27
意大利	77.29	77.31	77.59	77.67	77.83	77.99	77.90	77.94	78.10
牙买加	41.05	41.92	44.03	45.04	44.01	44.53	45.12	45.66	45.94
日本	84.61	85.04	85.27	85.56	86.31	86.66	86.96	87.25	87.58
哈萨克斯坦	63.62	63.76	64.02	64.11	64.67	64.37	64.75	64.76	64.83
肯尼亚	50.50	52.73	55.09	56.14	59.62	61.47	62.81	64.61	65.58
韩国	76.48	76.81	77.09	77.38	77.69	77.89	78.14	78.35	78.60
科威特	43.58	44.43	45.03	47.25	47.31	46.92	46.41	45.60	45.63
吉尔吉斯斯坦	45.23	46.65	47.65	48.81	50.34	50.86	51.53	51.70	51.70
老挝	31.09	34.70	34.82	38.36	38.63	40.42	43.39	45.07	46.14
拉脱维亚	45.50	45.24	45.71	46.08	46.52	45.98	45.89	45.81	46.02
黎巴嫩	47.88	51.71	51.46	50.59	50.01	49.36	48.43	49.24	49.24
立陶宛	49.84	49.75	50.04	50.36	50.31	49.95	49.98	50.12	50.32
卢森堡	35.37	35.79	35.99	35.91	36.36	36.84	37.45	37.75	37.75
马拉维	34.56	35.78	35.87	37.83	39.50	39.35	40.60	41.57	42.85
马来西亚	67.44	67.78	68.48	68.07	68.28	68.38	69.06	69.33	70.13
毛里求斯	37.51	38.37	39.17	40.12	41.22	41.93	42.37	42.84	43.23
墨西哥	77.24	77.92	78.81	79.49	79.93	80.54	80.94	81.55	81.75
摩尔多瓦	47.26	47.64	47.85	48.12	48.42	48.61	48.98	48.99	49.93

续表

国家	2013年	2014年	2015年	2016年	2017年	2018年	2019年	2020年	2021年
黑山	32.41	33.26	34.58	34.86	35.65	36.63	37.25	37.20	37.49
摩洛哥	61.07	62.80	63.86	64.30	65.31	65.82	66.57	67.69	68.12
莫桑比克	41.00	44.10	49.58	48.25	47.86	48.07	48.58	48.73	48.29
纳米比亚	36.15	36.57	38.29	39.23	39.11	39.35	39.47	40.07	40.52
荷兰	66.18	66.36	67.56	67.79	67.77	67.97	68.16	68.09	68.22
新西兰	53.10	53.85	54.70	55.04	55.38	55.43	55.36	55.56	55.48
尼加拉瓜	40.29	40.04	43.16	46.80	48.06	46.61	45.95	48.82	49.31
尼日利亚	54.27	55.08	56.45	63.19	62.79	62.94	63.93	63.82	63.50
北马其顿	42.88	43.46	43.42	43.60	43.75	44.03	44.13	44.19	44.51
挪威	55.38	55.89	55.83	55.96	56.11	56.20	56.38	56.65	56.65
巴基斯坦	64.97	69.82	70.77	72.96	73.36	73.69	74.25	75.52	76.61
巴拿马	47.07	47.83	48.64	48.95	49.45	50.70	50.78	51.40	51.15
巴拉圭	45.96	47.38	48.54	49.19	49.88	50.36	51.50	52.64	53.53
秘鲁	60.88	63.35	65.20	65.93	66.52	67.48	67.07	67.57	68.35
菲律宾	71.08	72.10	73.04	73.71	74.55	75.38	77.78	78.25	79.26
波兰	71.83	72.70	71.83	73.04	73.36	73.45	73.59	73.99	74.28
葡萄牙	59.21	59.88	60.39	60.85	61.27	61.60	61.89	62.06	62.54
罗马尼亚	64.43	65.09	65.74	66.09	66.26	66.59	66.74	67.04	67.41
俄罗斯	83.79	84.16	84.65	84.84	85.42	85.67	86.12	86.25	86.58
沙特阿拉伯	69.42	70.70	71.96	71.03	70.81	71.40	71.50	72.24	73.49
塞内加尔	47.82	49.02	49.32	49.34	50.02	51.48	52.80	53.98	55.28
塞尔维亚	55.62	56.08	56.34	56.63	56.57	56.78	57.06	57.25	57.62
新加坡	57.21	56.95	57.09	57.49	57.21	57.37	57.70	57.33	57.49
斯洛伐克	53.11	53.76	54.38	55.00	55.32	55.69	56.02	56.17	56.35
斯洛文尼亚	44.56	44.94	45.20	45.80	46.18	46.46	46.75	47.01	47.29
南非	68.80	68.74	68.95	68.12	68.59	68.92	70.02	70.27	71.41
西班牙	73.85	74.35	74.63	74.91	75.20	75.53	75.79	75.97	76.17
斯里兰卡	53.91	56.11	57.10	60.21	62.01	63.46	63.45	64.08	65.61

续表

国家	2013年	2014年	2015年	2016年	2017年	2018年	2019年	2020年	2021年
瑞典	61.60	61.94	62.36	62.54	62.69	62.87	63.07	63.17	63.20
瑞士	60.37	61.01	61.48	61.56	61.61	61.49	61.68	61.74	61.78
坦桑尼亚	48.02	50.24	53.78	57.59	60.50	61.31	62.49	63.77	64.82
泰国	73.73	74.75	75.63	76.85	77.09	77.67	78.20	78.26	78.94
特立尼达和多巴哥	38.79	40.08	41.00	41.44	41.96	41.81	42.03	42.29	42.29
土耳其	73.68	74.29	74.94	75.83	76.57	77.20	77.47	78.16	78.75
乌干达	46.99	49.20	50.88	52.00	52.71	53.24	50.18	52.81	52.04
乌克兰	66.91	66.99	67.84	69.43	70.43	70.64	72.30	72.84	72.78
阿联酋	58.69	59.07	60.41	61.34	64.53	64.98	64.86	64.71	65.03
英国	78.76	78.89	79.04	79.10	79.28	79.56	79.79	79.83	79.99
美国	92.11	92.42	92.90	93.23	93.42	93.72	94.02	94.28	94.65
乌拉圭	50.11	51.22	51.62	52.13	52.15	51.68	51.94	52.20	52.49
委内瑞拉	64.60	64.94	64.98	65.09	64.57	63.89	63.32	62.51	62.54
越南	73.63	75.40	76.08	77.02	77.75	79.60	79.93	80.61	81.14
也门	50.22	51.90	52.25	51.52	52.30	52.44	52.37	52.43	52.43
津巴布韦	49.57	50.37	50.98	51.38	52.09	52.15	52.29	52.50	52.97

附表1–10　　　　　　　　**数字基础设施—便捷性**

国家	2013年	2014年	2015年	2016年	2017年	2018年	2019年	2020年	2021年
阿尔巴尼亚	30.52	30.62	30.40	33.40	32.92	35.50	31.15	33.43	35.12
阿尔及利亚	27.39	27.43	29.71	31.14	28.57	30.66	24.88	27.27	28.86
阿根廷	34.43	34.48	36.79	35.02	38.42	32.39	38.52	37.36	36.20
亚美尼亚	20.54	20.55	20.88	23.99	22.79	34.62	36.62	34.03	36.11
澳大利亚	55.13	54.90	60.24	64.13	62.66	61.08	63.86	63.83	64.88
奥地利	49.41	49.09	49.37	50.71	50.97	61.13	56.39	58.00	58.10
阿塞拜疆	28.95	28.98	27.25	22.42	34.76	37.17	33.14	39.15	34.58
巴林	43.56	43.64	42.40	41.33	38.29	36.45	41.36	47.08	49.43
孟加拉国	22.69	22.68	24.73	24.55	28.88	30.63	35.72	38.05	38.13

续表

国家	2013年	2014年	2015年	2016年	2017年	2018年	2019年	2020年	2021年
比利时	44.65	44.70	57.09	64.94	58.71	55.91	52.69	59.77	59.90
玻利维亚	22.43	22.47	30.51	34.78	35.26	25.78	28.51	28.46	33.95
博茨瓦纳	19.40	19.42	28.09	34.85	32.61	34.96	35.56	39.28	44.84
巴西	33.69	33.69	34.57	36.96	37.27	34.71	36.35	40.25	50.25
保加利亚	41.30	41.44	41.31	43.56	38.33	41.08	39.69	47.08	51.88
喀麦隆	15.00	14.99	13.03	10.47	19.95	27.06	29.74	27.46	28.00
加拿大	42.00	42.03	41.67	42.20	45.40	50.04	51.34	56.62	56.87
智利	33.52	33.63	42.76	48.43	49.44	48.87	47.22	44.91	44.71
中国	37.73	37.73	38.38	41.91	43.16	44.31	46.17	50.84	48.14
哥伦比亚	30.54	30.90	31.47	32.71	33.55	40.57	37.18	36.68	39.39
哥斯达黎加	45.67	45.75	46.62	48.53	48.72	45.22	46.27	46.15	51.28
科特迪瓦	22.82	22.82	21.80	21.99	24.88	38.71	31.25	31.09	31.92
克罗地亚	45.13	45.19	41.90	42.31	43.76	47.36	43.94	49.75	50.53
塞浦路斯	29.24	29.04	35.05	41.50	43.34	44.29	50.97	50.15	51.09
捷克	29.91	29.94	36.97	42.46	44.06	47.85	51.61	52.68	51.96
丹麦	45.59	45.63	45.95	50.78	52.47	54.23	53.55	51.54	51.65
多米尼加	27.37	27.37	30.90	33.09	38.23	39.06	36.31	37.10	40.66
厄瓜多尔	31.53	31.59	31.90	32.15	31.79	30.04	27.34	35.64	31.28
埃及	28.04	28.04	40.03	44.43	43.28	36.88	40.13	49.41	49.20
萨尔瓦多	29.45	29.50	30.83	31.62	31.28	35.78	30.96	29.89	32.06
爱沙尼亚	41.11	41.15	41.86	44.21	45.92	48.14	48.08	53.72	52.90
芬兰	57.84	57.91	58.18	59.42	59.95	55.16	56.39	56.57	56.54
法国	44.04	44.06	44.34	45.62	50.75	53.30	54.63	52.88	53.68
格鲁吉亚	19.76	20.00	32.51	43.24	42.43	44.93	40.11	37.52	40.91
德国	34.12	34.13	43.59	49.72	50.15	49.57	52.20	60.11	60.50
希腊	44.94	44.98	44.93	45.99	46.47	49.11	48.06	46.12	45.37
危地马拉	27.52	27.57	28.09	28.46	28.15	26.43	27.05	26.97	26.69
洪都拉斯	22.73	22.77	21.74	21.12	21.04	15.65	18.46	13.43	18.58

续表

国家	2013年	2014年	2015年	2016年	2017年	2018年	2019年	2020年	2021年
匈牙利	40.60	40.62	41.62	43.74	45.40	51.06	52.49	52.23	50.37
冰岛	58.21	58.50	61.08	65.05	60.38	59.66	57.56	54.54	54.19
印度	24.32	24.32	21.71	21.44	26.41	40.97	44.30	45.66	48.13
印度尼西亚	29.38	29.40	26.21	23.87	26.02	38.43	40.07	35.93	41.02
伊朗	10.82	10.83	20.34	26.21	31.39	34.21	41.51	42.99	43.74
爱尔兰	35.99	36.03	63.26	69.03	68.22	66.72	68.79	68.02	68.02
以色列	23.30	23.33	40.03	49.22	51.07	57.74	56.67	57.38	57.64
意大利	52.51	52.53	49.85	49.85	50.05	57.34	55.93	59.60	60.58
牙买加	34.84	34.86	35.92	36.65	36.98	37.12	35.64	34.42	30.99
日本	34.05	34.07	32.85	34.53	38.15	43.65	46.61	55.62	55.95
哈萨克斯坦	48.99	49.06	49.38	44.27	52.56	53.46	55.15	51.83	49.99
肯尼亚	21.67	21.69	22.55	22.31	27.09	32.06	32.70	33.04	37.29
韩国	37.96	38.03	37.81	52.66	42.91	45.20	45.28	49.26	49.29
科威特	34.82	34.84	30.61	29.02	34.70	45.18	50.60	45.25	45.81
吉尔吉斯斯坦	2.21	2.32	6.53	6.94	25.21	25.35	20.44	21.05	25.07
老挝	20.71	20.71	18.87	15.83	29.08	29.11	24.45	27.82	32.30
拉脱维亚	36.29	36.36	40.76	43.43	45.45	46.90	43.39	45.00	46.12
黎巴嫩	28.76	28.80	28.83	27.68	29.13	29.86	29.31	14.82	33.06
立陶宛	45.40	45.55	44.68	47.65	50.32	50.62	52.42	56.73	56.89
卢森堡	100.00	101.87	101.98	100.32	111.01	108.50	109.02	108.51	108.51
马拉维	0.77	0.77	1.15	0.52	2.45	6.29	7.72	7.20	16.29
马来西亚	37.18	37.23	36.03	34.80	37.12	37.34	42.21	40.48	41.03
毛里求斯	30.58	30.61	33.20	42.97	42.86	42.41	40.76	37.47	39.99
墨西哥	29.45	29.45	33.19	34.94	37.51	39.23	41.93	41.75	45.04
摩尔多瓦	30.48	30.55	32.80	33.83	35.04	38.09	33.46	34.79	44.05
黑山	28.31	28.45	28.02	29.95	30.30	30.83	42.55	42.75	37.85
摩洛哥	12.51	12.53	22.34	27.18	28.95	30.82	30.91	34.52	32.29
莫桑比克	18.85	18.88	20.29	17.68	19.91	13.48	15.25	15.31	20.58

续表

国家	2013年	2014年	2015年	2016年	2017年	2018年	2019年	2020年	2021年
纳米比亚	28.45	28.46	29.40	30.46	32.64	31.74	33.69	28.62	31.33
荷兰	44.16	44.22	47.46	50.32	50.60	51.04	52.50	55.34	55.12
新西兰	52.88	52.95	54.02	55.62	57.39	58.10	57.23	61.08	61.21
尼加拉瓜	14.52	14.53	18.84	20.93	20.88	19.14	16.08	18.65	19.18
尼日利亚	23.39	23.39	22.62	18.73	26.59	26.45	25.75	33.04	37.22
北马其顿	29.80	29.84	30.48	30.51	33.36	33.93	32.30	30.72	30.51
挪威	55.03	55.07	54.88	55.60	53.37	56.75	58.75	60.06	60.15
巴基斯坦	32.54	32.54	30.07	25.94	31.19	31.56	31.39	32.99	37.20
巴拿马	43.75	43.75	44.54	45.25	44.94	46.41	44.77	41.55	41.85
巴拉圭	35.68	35.70	31.43	29.47	32.50	47.20	34.21	33.67	35.56
秘鲁	44.62	44.66	45.33	46.05	46.85	42.25	49.01	44.96	36.15
菲律宾	21.03	21.05	26.89	27.71	26.81	29.14	29.84	31.68	27.26
波兰	40.28	40.28	40.97	42.47	48.95	50.24	53.53	50.81	50.82
葡萄牙	47.55	47.59	48.16	49.15	49.00	50.91	50.70	48.02	48.26
罗马尼亚	38.33	38.36	39.21	42.93	44.47	48.45	46.97	50.02	44.23
俄罗斯	43.98	44.00	44.35	47.31	49.50	48.84	46.28	52.72	54.12
沙特阿拉伯	37.78	38.01	35.91	34.97	36.33	54.46	50.93	43.75	44.00
塞内加尔	17.76	17.75	19.05	21.08	24.45	19.88	26.36	29.38	31.74
塞尔维亚	45.60	45.10	38.97	37.61	39.29	38.40	41.68	42.41	46.39
新加坡	54.10	54.78	61.11	65.59	73.24	76.33	79.18	94.04	94.53
斯洛伐克	40.08	40.10	42.56	45.38	46.37	45.95	48.17	51.06	50.07
斯洛文尼亚	43.02	43.10	43.57	45.90	47.22	51.25	51.30	50.87	51.82
南非	37.68	37.02	37.69	36.71	40.55	41.29	42.53	40.42	43.47
西班牙	56.11	56.12	55.73	56.65	57.00	52.17	50.95	50.26	50.39
斯里兰卡	24.08	24.08	31.77	33.32	38.58	42.27	41.31	44.30	42.04
瑞典	54.42	54.47	55.22	56.48	56.88	58.30	58.57	57.31	57.73
瑞士	55.00	55.04	59.64	62.21	62.24	66.30	63.24	61.44	61.48
坦桑尼亚	11.37	11.36	10.31	9.21	19.40	21.31	20.81	24.29	25.25

续表

国家	2013年	2014年	2015年	2016年	2017年	2018年	2019年	2020年	2021年
泰国	38.98	39.07	39.52	37.89	40.34	39.25	43.03	44.83	39.02
特立尼达和多巴哥	34.47	34.54	34.18	32.69	34.83	33.11	31.95	32.20	31.82
土耳其	27.70	27.74	33.39	36.11	37.56	38.12	39.59	41.03	45.83
乌干达	13.32	13.32	13.38	15.39	17.44	16.13	20.59	25.19	30.33
乌克兰	34.31	34.35	29.69	33.66	35.09	39.74	36.27	38.19	40.72
阿联酋	39.39	39.51	44.89	46.50	50.25	49.32	55.06	60.50	61.38
英国	49.16	49.20	56.21	59.00	55.86	58.73	62.87	64.58	64.72
美国	47.26	47.32	51.04	53.03	51.23	57.04	55.32	63.05	63.20
乌拉圭	31.90	31.90	42.13	47.94	49.71	42.00	50.14	53.13	52.11
委内瑞拉	23.93	23.95	25.81	22.99	16.87	31.82	22.59	22.21	22.06
越南	32.24	32.28	32.77	39.29	40.07	31.61	42.17	36.02	42.55
也门	9.51	9.51	6.80	5.54	10.33	6.33	4.38	4.23	1.59
津巴布韦	1.82	1.82	6.87	7.51	10.40	12.72	3.71	8.15	15.06

附表1-11　　　　数字基础设施—安全性

国家	2013年	2014年	2015年	2016年	2017年	2018年	2019年	2020年	2021年
阿尔巴尼亚	25.00	25.00	29.37	33.74	38.11	76.58	76.58	78.06	78.06
阿尔及利亚	21.36	21.36	31.72	42.07	52.43	31.80	31.80	41.20	41.20
阿根廷	50.00	50.00	52.83	55.66	58.50	49.39	49.39	60.83	60.83
亚美尼亚	21.36	21.36	22.17	22.98	23.79	60.07	60.07	61.25	61.25
澳大利亚	92.84	92.84	95.23	97.61	100.00	108.01	108.01	118.29	118.29
奥地利	82.04	82.04	80.54	79.05	77.55	100.24	100.24	113.94	113.94
阿塞拜疆	64.20	64.20	65.41	66.63	67.84	79.25	79.25	108.39	108.39
巴林	35.68	35.68	42.68	49.68	56.67	71.00	71.00	94.49	94.49
孟加拉国	35.68	35.68	44.98	54.29	63.59	63.71	63.71	98.63	98.63
比利时	53.52	53.52	62.82	72.13	81.43	98.79	98.79	116.81	116.66
玻利维亚	14.32	14.32	14.48	14.64	14.81	16.87	16.87	19.59	19.59
博茨瓦纳	21.36	21.36	31.63	41.91	52.18	53.40	53.40	64.39	64.39

续表

国家	2013 年	2014 年	2015 年	2016 年	2017 年	2018 年	2019 年	2020 年	2021 年
巴西	85.68	85.68	81.11	76.54	71.97	70.02	70.02	117.23	116.81
保加利亚	53.52	53.52	59.10	64.68	70.27	87.50	87.50	81.77	81.77
喀麦隆	50.00	50.00	50.04	50.08	50.12	52.43	52.43	55.38	55.38
加拿大	96.36	96.36	97.33	98.30	99.27	108.25	108.25	118.53	118.71
智利	46.36	46.36	45.75	45.15	44.54	57.04	57.04	83.53	83.53
中国	53.52	53.52	60.92	68.33	75.73	100.49	100.49	112.29	112.29
哥伦比亚	71.36	71.36	70.59	69.82	69.05	68.57	68.57	77.33	77.33
哥斯达黎加	42.84	42.84	42.15	41.46	40.78	26.82	26.82	81.86	81.86
科特迪瓦	28.52	28.52	35.84	43.16	50.49	55.34	55.34	82.31	82.31
克罗地亚	50.00	50.00	57.20	64.40	71.60	101.94	101.94	112.29	112.29
塞浦路斯	35.68	35.68	43.49	51.29	59.10	79.13	79.13	107.79	107.79
捷克	60.68	60.68	65.09	69.50	73.91	69.05	69.05	90.25	90.25
丹麦	71.36	71.36	72.53	73.71	74.88	103.40	103.40	112.38	112.38
多米尼加	14.32	14.32	16.10	17.88	19.66	52.18	52.18	91.08	91.08
厄瓜多尔	42.84	42.84	47.41	51.98	56.55	44.54	44.54	31.92	31.92
埃及	71.36	71.36	78.80	86.25	93.69	102.18	102.18	115.87	115.15
萨尔瓦多	25.00	25.00	25.08	25.16	25.24	15.05	15.05	16.14	16.14
爱沙尼亚	85.68	85.68	91.34	97.01	102.67	109.83	109.83	120.73	120.73
芬兰	75.00	75.00	79.98	84.95	89.93	103.88	103.88	116.24	115.87
法国	71.36	71.36	80.70	90.05	99.39	111.41	111.41	118.45	118.45
格鲁吉亚	60.68	60.68	73.58	86.49	99.39	104.00	104.00	98.39	98.37
德国	85.68	85.68	84.59	83.50	82.40	103.03	103.03	118.22	118.11
希腊	25.00	25.00	35.88	46.76	57.65	63.96	63.96	114.05	114.05
危地马拉	25.00	25.00	21.28	17.56	13.83	30.46	30.46	15.93	15.93
洪都拉斯	0.00	0.00	1.94	3.88	5.83	5.34	5.34	2.67	2.67
匈牙利	82.04	82.04	76.29	70.55	64.81	98.54	98.54	110.78	110.78
冰岛	25.00	25.00	32.20	39.40	46.60	54.49	54.49	96.86	96.86
印度	85.68	85.68	84.75	83.82	82.89	87.26	87.26	118.33	118.33

续表

国家	2013年	2014年	2015年	2016年	2017年	2018年	2019年	2020年	2021年
印度尼西亚	57.16	57.16	55.26	53.36	51.46	94.17	94.17	115.15	114.79
伊朗	35.68	35.68	43.77	51.86	59.95	77.79	77.79	98.39	98.39
爱尔兰	25.00	25.00	43.97	62.94	81.92	95.15	95.15	104.20	104.20
以色列	82.04	82.04	82.65	83.25	83.86	95.02	95.02	110.35	110.35
意大利	67.84	67.84	70.55	73.26	75.97	101.58	101.58	116.66	116.55
牙买加	28.52	28.52	32.73	36.93	41.14	49.39	49.39	39.48	39.48
日本	85.68	85.68	88.92	92.15	95.39	106.80	106.80	118.71	118.85
哈萨克斯坦	21.36	21.36	28.48	35.60	42.72	94.42	94.42	113.05	113.05
肯尼亚	50.00	50.00	56.55	63.11	69.66	90.78	90.78	99.15	99.15
韩国	85.68	85.68	88.75	91.83	94.90	105.95	105.95	119.56	119.56
科威特	7.16	7.16	8.98	10.80	12.62	72.82	72.82	91.10	91.10
吉尔吉斯斯坦	14.32	14.32	20.47	26.62	32.77	30.83	30.83	60.24	60.24
老挝	7.16	7.16	20.63	34.10	47.57	23.67	23.67	24.68	24.68
拉脱维亚	78.52	78.52	80.18	81.84	83.50	90.78	90.78	118.06	117.78
黎巴嫩	10.68	10.68	14.08	17.48	20.87	22.57	22.57	36.94	36.94
立陶宛	53.52	53.52	56.07	58.62	61.17	110.19	110.19	118.85	119.00
卢森堡	57.16	57.16	62.46	67.76	73.06	107.52	107.52	118.22	118.22
马拉维	21.36	21.36	17.64	13.92	10.19	33.37	33.37	44.70	44.70
马来西亚	92.84	92.84	98.02	103.20	108.37	108.37	108.37	119.00	119.00
毛里求斯	71.36	71.36	81.15	90.94	100.73	106.80	106.80	117.58	117.23
墨西哥	39.32	39.32	52.91	66.50	80.10	76.33	76.33	99.13	99.13
摩尔多瓦	46.36	46.36	47.82	49.27	50.73	80.34	80.34	91.97	91.97
黑山	46.36	46.36	47.98	49.60	51.21	77.55	77.55	64.60	64.60
摩洛哥	67.84	67.84	67.11	66.38	65.66	52.06	52.06	100.01	100.01
莫桑比克	7.16	7.16	13.11	19.05	25.00	19.17	19.17	29.34	29.34
纳米比亚	0.00	0.00	2.67	5.34	8.01	15.41	15.41	13.92	13.92
荷兰	82.04	82.04	85.44	88.83	92.23	107.40	107.40	117.78	117.58
新西兰	89.20	89.20	88.51	87.82	87.14	95.75	95.75	101.99	101.99

续表

国家	2013年	2014年	2015年	2016年	2017年	2018年	2019年	2020年	2021年
尼加拉瓜	17.84	17.84	17.80	17.76	17.72	15.66	15.66	10.92	10.92
尼日利亚	53.52	53.52	58.70	63.88	69.05	78.88	78.88	102.86	102.86
北马其顿	17.84	17.84	32.81	47.78	62.74	97.09	97.09	109.13	109.13
挪威	89.20	89.20	91.26	93.33	95.39	108.25	108.25	117.58	117.58
巴基斯坦	21.36	21.36	32.32	43.28	54.25	49.39	49.39	78.74	78.74
巴拿马	35.68	35.68	43.41	51.13	58.86	44.78	44.78	41.40	41.40
巴拉圭	25.00	25.00	29.85	34.71	39.56	73.18	73.18	69.28	69.28
秘鲁	39.32	39.32	41.34	43.37	45.39	48.67	48.67	67.56	67.56
菲律宾	42.84	42.84	52.59	62.34	72.09	78.03	78.03	93.45	93.45
波兰	64.20	64.20	67.96	71.72	75.49	98.91	98.91	113.91	113.91
葡萄牙	35.68	35.68	44.34	52.99	61.65	91.99	91.99	118.11	118.06
罗马尼亚	57.16	57.16	61.77	66.38	71.00	68.93	68.93	92.58	92.58
俄罗斯	60.68	60.68	72.33	83.98	95.63	101.46	101.46	119.00	119.00
沙特阿拉伯	35.68	35.68	46.80	57.93	69.05	106.92	106.92	120.80	120.80
塞内加尔	21.36	21.36	26.94	32.52	38.11	37.01	37.01	43.51	43.51
塞尔维亚	32.16	32.16	34.02	35.88	37.74	78.03	78.03	108.98	108.98
新加坡	82.04	82.04	92.11	102.18	112.26	108.98	108.98	119.56	119.56
斯洛伐克	75.00	75.00	64.64	54.29	43.93	88.47	88.47	112.09	112.09
斯洛文尼亚	21.36	21.36	28.11	34.87	41.63	85.07	85.07	90.93	90.93
南非	46.36	46.36	51.21	56.07	60.92	79.13	79.13	95.22	95.22
西班牙	71.36	71.36	76.62	81.88	87.14	108.74	108.74	119.56	119.56
斯里兰卡	50.00	50.00	50.28	50.57	50.85	56.55	56.55	71.18	71.18
瑞典	78.52	78.52	82.00	85.48	88.96	98.30	98.30	114.79	114.75
瑞士	42.84	42.84	57.97	73.10	88.23	95.63	95.63	105.55	105.55
坦桑尼亚	25.00	25.00	29.49	33.98	38.47	77.91	77.91	109.93	109.93
泰国	50.00	50.00	61.00	72.01	83.01	96.60	96.60	104.98	104.98
特立尼达和多巴哥	25.00	25.00	20.63	16.26	11.89	22.82	22.82	26.92	26.92
土耳其	78.52	78.52	75.85	73.18	70.51	103.52	103.52	118.33	118.31

续表

国家	2013年	2014年	2015年	2016年	2017年	2018年	2019年	2020年	2021年
乌干达	67.84	67.84	66.91	65.98	65.05	75.36	75.36	84.93	84.93
乌克兰	42.84	42.84	48.83	54.81	60.80	80.22	80.22	80.01	80.01
阿联酋	42.84	42.84	51.46	60.07	68.69	97.94	97.94	119.00	119.00
英国	85.68	85.68	88.79	91.91	95.02	112.99	112.99	120.80	120.80
美国	100.00	100.00	103.84	107.69	111.53	112.38	112.38	121.36	121.36
乌拉圭	75.00	75.00	76.17	77.35	78.52	82.65	82.65	91.20	91.20
委内瑞拉	25.00	25.00	31.72	38.43	45.15	42.96	42.96	32.84	32.84
越南	39.32	39.32	36.12	32.93	29.73	84.10	84.10	114.79	114.79
也门	7.16	7.16	5.06	2.95	0.85	2.31	2.31	2.31	0.00
津巴布韦	10.68	10.68	14.89	19.09	23.30	22.57	22.57	44.28	44.28

附表1-12　　数字市场—需求侧

国家	2013年	2014年	2015年	2016年	2017年	2018年	2019年	2020年	2021年
阿尔巴尼亚	34.99	35.21	36.12	42.31	42.57	42.90	43.29	49.36	57.59
阿尔及利亚	23.97	26.12	35.83	48.54	54.27	57.46	61.99	67.59	69.63
阿根廷	61.04	61.73	63.71	75.08	80.62	82.34	83.97	87.49	93.14
亚美尼亚	15.94	17.22	22.49	27.51	31.29	37.20	43.88	52.73	59.39
澳大利亚	62.43	62.60	65.62	68.64	71.33	74.08	76.96	83.76	86.01
奥地利	43.49	43.58	44.66	49.85	53.17	52.97	52.85	75.73	77.51
阿塞拜疆	28.79	29.07	30.79	34.82	37.42	40.00	42.87	47.48	54.16
巴林	43.09	43.19	48.55	65.44	77.63	74.42	71.59	73.87	74.44
孟加拉国	20.46	24.96	27.00	34.09	37.68	40.31	43.10	47.64	49.64
比利时	47.36	47.64	49.72	57.07	61.44	63.54	65.74	74.33	78.99
玻利维亚	26.64	26.31	33.29	45.03	53.87	57.66	62.16	68.12	68.99
博茨瓦纳	17.84	18.55	20.53	25.70	29.58	33.51	36.46	43.09	41.81
巴西	63.56	64.16	68.35	76.84	81.17	84.97	89.08	93.34	100.88
保加利亚	32.49	32.74	36.26	41.17	45.06	48.77	53.00	58.17	60.71
喀麦隆	7.26	10.32	12.43	16.41	18.61	22.20	25.32	27.98	28.33

续表

国家	2013年	2014年	2015年	2016年	2017年	2018年	2019年	2020年	2021年
加拿大	61.76	61.96	63.86	70.53	72.48	74.33	76.23	89.34	91.13
智利	62.58	63.04	67.82	78.43	82.51	81.96	81.42	85.27	92.62
中国	75.45	75.86	79.98	91.56	98.16	103.73	109.79	104.41	107.93
哥伦比亚	53.25	53.46	59.24	66.02	72.80	75.74	78.77	85.30	89.09
哥斯达黎加	45.81	46.69	48.70	57.21	60.56	63.52	67.12	69.77	73.34
科特迪瓦	6.27	8.57	12.68	23.28	26.97	27.75	29.69	32.35	33.37
克罗地亚	35.87	36.01	37.54	40.01	41.93	44.99	47.71	61.23	63.59
塞浦路斯	33.98	34.21	35.50	58.26	60.81	63.94	67.13	66.87	80.95
捷克	36.34	36.36	37.99	43.36	46.55	50.43	54.53	66.44	71.40
丹麦	55.26	55.39	56.63	60.76	63.40	64.64	66.00	75.48	77.18
多米尼加	31.68	32.28	37.36	47.46	51.33	56.22	60.91	65.07	68.92
厄瓜多尔	40.80	41.78	46.68	56.73	60.47	64.51	68.88	79.04	80.88
埃及	37.24	38.53	44.80	52.03	55.66	58.02	61.77	68.68	69.88
萨尔瓦多	32.21	32.57	36.81	46.28	49.54	52.13	54.13	60.63	64.01
爱沙尼亚	27.34	27.55	30.31	36.67	40.52	43.02	45.65	58.02	62.20
芬兰	43.55	43.20	43.11	48.09	52.95	54.66	56.38	72.20	76.06
法国	59.33	59.55	60.19	65.39	68.00	70.62	73.38	85.26	88.81
格鲁吉亚	22.84	22.92	30.12	41.23	47.35	53.66	61.15	70.45	76.54
德国	59.24	59.47	59.41	63.70	66.01	66.17	66.21	91.71	98.11
希腊	38.66	39.00	42.66	47.71	51.00	54.46	58.26	67.13	67.66
危地马拉	24.21	25.38	31.04	38.89	44.51	47.59	50.69	57.76	58.31
洪都拉斯	20.22	21.64	25.56	32.27	37.81	39.97	41.98	47.65	49.41
匈牙利	39.44	39.71	42.63	47.23	51.02	54.94	59.71	68.89	71.04
冰岛	46.32	46.37	48.41	55.19	56.34	57.23	58.41	59.54	68.17
印度	43.57	44.42	46.29	50.47	55.33	59.91	67.70	73.39	74.25
印度尼西亚	47.28	48.47	51.70	61.60	72.76	77.44	82.09	85.53	92.52
伊朗	32.11	34.34	35.56	38.19	55.40	56.54	57.21	63.83	74.82
爱尔兰	49.23	49.69	51.21	56.29	57.70	59.19	60.42	69.30	71.39

续表

国家	2013 年	2014 年	2015 年	2016 年	2017 年	2018 年	2019 年	2020 年	2021 年
以色列	48.06	48.65	51.30	62.70	68.81	67.12	65.57	71.81	73.09
意大利	55.97	55.66	58.85	64.98	68.09	70.89	72.06	80.30	83.81
牙买加	27.04	27.43	31.71	37.93	38.81	39.78	39.62	44.75	51.28
日本	47.37	47.44	66.27	73.11	77.26	81.31	86.41	92.64	98.02
哈萨克斯坦	21.70	22.12	34.45	32.11	37.87	46.74	59.24	69.40	76.91
肯尼亚	18.06	19.92	20.49	23.64	25.71	27.38	29.58	34.68	35.36
韩国	47.74	48.04	87.75	93.34	95.14	95.90	96.78	98.36	99.12
科威特	48.39	48.91	55.12	73.20	88.73	88.97	88.61	88.44	83.82
吉尔吉斯斯坦	6.64	7.74	9.09	14.43	20.37	30.12	39.91	48.41	52.54
老挝	7.41	7.97	12.17	20.81	29.48	34.43	39.68	48.08	50.68
拉脱维亚	19.25	19.24	23.17	29.45	33.75	38.30	43.38	58.98	62.52
黎巴嫩	34.32	34.92	38.73	48.03	53.70	56.10	58.62	62.13	70.71
立陶宛	31.29	31.53	34.64	41.21	47.99	51.58	55.13	61.89	64.09
卢森堡	32.10	32.19	39.59	45.15	48.72	49.34	49.95	50.41	56.66
马拉维	2.58	3.23	3.77	4.39	4.07	5.00	6.40	7.00	7.52
马来西亚	58.80	59.75	62.78	73.42	78.04	82.51	87.49	92.10	97.40
毛里求斯	24.49	24.80	29.55	39.16	44.39	48.98	54.02	58.62	63.08
墨西哥	58.87	59.14	63.46	74.15	79.89	83.37	87.33	93.92	94.89
摩尔多瓦	12.41	12.99	17.16	23.61	30.22	37.08	45.76	55.36	60.69
黑山	31.86	31.89	34.91	39.15	41.98	44.79	47.84	52.92	64.03
摩洛哥	36.58	36.80	41.04	51.46	56.30	58.64	62.76	71.02	74.79
莫桑比克	5.32	5.88	6.49	8.18	9.83	12.83	16.12	18.00	17.86
纳米比亚	11.81	11.97	14.22	18.48	20.55	22.27	23.81	26.29	27.43
荷兰	61.87	61.71	62.64	68.22	70.86	69.44	68.24	85.58	87.90
新西兰	52.38	52.58	55.84	62.72	67.48	66.66	65.95	70.38	75.75
尼加拉瓜	15.33	15.90	19.76	29.93	37.31	40.74	43.18	48.79	51.80
尼日利亚	29.17	30.13	30.90	32.85	34.33	37.52	40.72	43.39	43.00
北马其顿	33.86	34.07	35.79	39.86	41.98	43.45	44.81	48.79	54.37

续表

国家	2013年	2014年	2015年	2016年	2017年	2018年	2019年	2020年	2021年
挪威	55.17	55.33	56.58	61.01	63.73	64.99	66.37	76.44	79.31
巴基斯坦	24.56	25.54	28.06	32.20	34.38	36.51	38.77	44.95	53.70
巴拿马	33.09	33.28	35.97	49.98	52.22	51.72	51.24	58.01	68.98
巴拉圭	34.28	35.25	38.40	46.12	50.32	52.75	55.22	58.63	61.11
秘鲁	40.75	41.02	44.64	58.83	63.56	70.21	77.66	85.05	87.71
菲律宾	45.97	46.56	52.85	61.61	66.88	73.30	79.92	92.44	93.76
波兰	41.31	41.76	43.62	48.45	52.96	57.36	62.49	76.72	79.80
葡萄牙	45.17	45.41	50.09	56.20	60.79	63.45	66.14	72.28	78.24
罗马尼亚	38.42	39.01	42.93	48.79	53.11	57.74	62.31	67.11	73.22
俄罗斯	55.41	55.72	58.18	56.34	66.62	68.20	69.50	87.06	91.28
沙特阿拉伯	55.98	56.72	65.40	91.06	100.10	90.50	82.46	88.14	90.86
塞内加尔	9.58	11.40	14.60	20.16	23.91	26.32	28.41	31.10	30.36
塞尔维亚	39.20	40.15	39.50	39.80	43.58	47.36	51.60	61.89	66.99
新加坡	61.43	61.61	62.77	73.38	78.08	76.50	74.37	79.52	83.65
斯洛伐克	34.39	34.57	37.51	40.86	45.63	47.06	48.84	66.78	67.29
斯洛文尼亚	28.78	28.71	30.45	35.53	39.44	41.84	44.43	57.18	63.52
南非	33.31	33.85	33.63	36.96	40.20	46.86	55.45	59.38	62.68
西班牙	59.30	59.76	62.39	68.42	70.68	72.60	74.75	88.36	94.03
斯里兰卡	13.38	13.38	17.41	24.31	31.57	33.55	35.03	41.74	42.73
瑞典	58.16	58.06	60.23	66.77	69.94	69.95	70.76	77.70	84.00
瑞士	47.41	47.59	48.43	52.79	54.78	54.69	54.56	77.20	80.99
坦桑尼亚	8.22	11.15	13.90	19.08	20.48	21.92	22.48	24.40	25.07
泰国	52.74	54.22	61.96	72.51	77.79	81.63	86.39	90.87	93.51
特立尼达和多巴哥	31.13	31.31	36.37	43.91	45.14	47.45	49.91	54.26	63.16
土耳其	65.01	65.93	70.74	78.08	80.61	80.69	80.44	85.83	94.18
乌干达	7.72	8.20	8.92	10.97	13.72	14.99	16.53	12.41	11.25
乌克兰	48.06	48.95	43.59	42.51	40.17	47.19	57.10	69.28	73.70
阿联酋	57.00	57.21	66.39	90.03	94.02	94.11	94.04	94.04	95.16

续表

国家	2013年	2014年	2015年	2016年	2017年	2018年	2019年	2020年	2021年
英国	72.50	72.72	73.82	79.16	79.84	80.93	82.20	91.04	96.22
美国	84.98	85.21	87.64	94.31	96.96	96.82	96.69	98.69	105.56
乌拉圭	45.51	45.87	51.70	62.00	67.27	67.87	67.87	72.34	77.75
委内瑞拉	39.94	40.29	42.62	50.23	47.96	47.60	47.12	53.79	57.57
越南	44.79	45.37	50.10	61.01	68.74	76.27	83.11	88.58	92.63
也门	15.54	16.54	16.62	18.91	20.19	20.03	19.87	21.60	22.20
津巴布韦	8.92	9.32	10.13	11.01	11.88	12.60	13.25	16.01	17.15

附表1-13　　数字市场—供给侧

国家	2013年	2014年	2015年	2016年	2017年	2018年	2019年	2020年	2021年
阿尔巴尼亚	10.46	10.93	11.21	11.98	12.49	13.00	13.18	13.28	15.21
阿尔及利亚	8.11	8.95	9.17	9.67	10.04	10.54	17.56	11.28	11.74
阿根廷	39.24	41.44	44.09	46.51	42.50	48.57	59.42	46.72	58.19
亚美尼亚	11.21	12.04	12.80	14.70	15.00	14.99	15.48	15.77	19.28
澳大利亚	68.29	68.65	70.71	68.99	72.91	72.87	73.26	73.68	77.28
奥地利	39.11	40.90	51.52	48.01	56.30	44.75	50.52	50.25	59.29
阿塞拜疆	12.52	12.11	12.75	16.06	13.84	14.11	14.38	14.79	15.27
巴林	12.16	12.54	16.39	13.41	27.71	19.53	20.77	29.24	30.82
孟加拉国	23.33	33.62	35.10	31.90	32.45	41.02	34.48	37.20	50.23
比利时	58.47	61.24	61.51	59.46	59.53	60.00	64.94	62.43	64.36
玻利维亚	9.67	9.86	9.95	10.30	10.30	15.66	13.11	11.80	15.34
博茨瓦纳	5.35	6.00	6.39	6.75	6.92	7.55	8.11	8.61	10.94
巴西	63.27	71.12	67.43	67.74	66.39	75.17	70.48	70.81	77.33
保加利亚	36.31	41.20	45.40	48.40	34.01	35.42	36.28	36.48	59.00
喀麦隆	7.40	8.15	9.17	10.11	11.00	12.22	15.98	13.32	21.94
加拿大	69.83	71.87	75.17	74.87	75.02	77.63	78.08	77.15	82.23
智利	37.26	33.81	30.29	43.72	48.94	44.20	47.58	46.29	54.86
中国	73.45	77.82	83.00	86.37	84.14	87.23	87.62	85.90	86.95

续表

国家	2013年	2014年	2015年	2016年	2017年	2018年	2019年	2020年	2021年
哥伦比亚	40.80	37.51	36.24	36.25	44.21	52.17	56.21	53.32	58.09
哥斯达黎加	26.18	23.65	43.15	18.78	19.50	23.50	24.83	41.68	29.11
科特迪瓦	7.25	7.97	8.49	9.27	9.86	10.38	10.78	10.93	11.07
克罗地亚	26.58	25.44	27.62	27.77	30.28	30.59	39.25	45.09	39.89
塞浦路斯	35.93	33.64	31.25	37.77	39.13	37.69	42.42	41.85	51.68
捷克	44.69	45.51	54.16	46.13	50.27	49.36	55.00	54.45	63.21
丹麦	55.74	65.41	64.04	56.26	55.80	69.46	65.35	62.46	72.11
多米尼加	13.14	13.67	13.92	14.19	25.28	14.62	40.52	15.02	22.35
厄瓜多尔	15.79	16.14	16.49	16.86	17.09	17.36	27.65	26.19	19.70
埃及	30.54	24.41	46.68	39.18	37.21	43.46	37.50	43.18	51.59
萨尔瓦多	10.87	10.93	11.42	12.05	12.62	12.90	22.05	16.29	29.83
爱沙尼亚	32.86	37.72	35.90	36.04	39.70	40.64	46.53	51.46	57.81
芬兰	61.85	53.32	65.35	68.23	61.06	56.57	67.33	61.53	62.49
法国	74.48	75.33	77.14	76.70	75.06	78.14	78.17	80.67	80.13
格鲁吉亚	9.48	9.95	29.15	11.54	14.45	29.52	22.16	15.10	18.96
德国	73.10	79.06	79.43	78.56	80.71	77.42	81.51	80.14	84.98
希腊	52.86	51.57	40.21	35.24	44.88	46.15	49.38	48.72	47.81
危地马拉	12.54	15.72	13.50	13.80	14.15	14.48	15.39	15.63	18.29
洪都拉斯	7.55	8.24	8.61	9.06	9.46	9.77	9.77	10.04	10.04
匈牙利	33.52	38.95	39.52	38.44	49.33	44.83	51.56	48.51	47.22
冰岛	22.32	18.18	37.92	34.15	35.12	43.73	31.54	41.50	46.93
印度	71.31	76.63	77.90	77.98	81.19	86.36	82.62	87.69	87.07
印度尼西亚	56.67	48.08	49.27	55.20	60.42	62.84	59.85	64.70	73.13
伊朗	16.40	17.13	17.89	37.41	24.80	40.90	26.34	19.82	19.94
爱尔兰	53.03	62.80	60.12	54.40	58.06	58.91	58.01	62.74	64.36
以色列	65.13	63.26	65.98	69.37	74.31	70.65	70.55	72.26	75.62
意大利	62.96	60.14	67.00	66.38	68.03	71.94	68.08	70.79	72.08
牙买加	33.36	10.46	11.09	11.48	11.98	12.10	12.38	12.44	12.49

续表

国家	2013年	2014年	2015年	2016年	2017年	2018年	2019年	2020年	2021年
日本	72.24	70.77	70.45	72.32	72.79	77.69	78.12	74.54	77.39
哈萨克斯坦	11.54	39.30	10.85	17.46	17.49	21.20	13.55	17.43	22.50
肯尼亚	31.00	29.78	47.01	32.67	41.41	44.19	43.29	45.53	46.13
韩国	60.25	66.09	71.39	66.19	66.95	70.80	69.80	71.72	74.98
科威特	23.74	14.76	15.24	21.75	35.38	33.34	34.99	32.45	34.38
吉尔吉斯斯坦	2.20	3.01	3.71	4.60	5.58	5.79	6.00	6.39	9.49
老挝	0.00	0.00	10.41	0.00	0.65	0.65	1.74	2.20	2.20
拉脱维亚	24.00	22.78	28.44	28.45	29.57	31.12	31.29	33.97	43.51
黎巴嫩	17.07	28.38	27.10	31.58	27.94	30.14	26.82	23.57	19.63
立陶宛	35.94	36.68	39.44	40.96	38.66	42.68	48.61	46.11	49.78
卢森堡	37.90	30.40	46.76	46.82	40.05	46.70	55.45	44.45	55.42
马拉维	2.20	2.20	3.01	3.42	4.32	4.32	4.32	4.60	4.86
马来西亚	48.22	45.82	49.72	52.71	48.92	51.41	46.72	50.89	56.67
毛里求斯	12.65	15.97	13.46	27.45	17.83	14.59	29.81	17.16	20.14
墨西哥	48.87	49.02	53.64	49.81	50.71	55.77	58.19	57.94	66.36
摩尔多瓦	9.57	10.13	10.70	20.03	11.92	26.66	13.00	15.38	13.50
黑山	2.62	2.62	3.22	3.38	4.03	4.60	4.60	5.11	5.11
摩洛哥	20.87	19.51	20.88	19.31	23.73	27.86	19.04	28.65	31.53
莫桑比克	4.90	5.15	6.00	9.31	6.79	6.92	7.09	7.25	7.40
纳米比亚	4.86	4.86	5.11	5.11	5.79	5.79	6.44	6.57	12.93
荷兰	62.23	75.45	73.20	77.40	76.04	73.68	76.32	73.64	82.96
新西兰	55.24	49.37	54.27	53.27	52.81	55.32	61.45	55.59	63.02
尼加拉瓜	6.39	6.57	7.09	7.55	7.97	8.11	8.36	8.49	8.73
尼日利亚	37.70	42.44	40.36	50.47	39.48	43.17	54.47	48.64	57.56
北马其顿	11.78	12.17	12.65	13.20	13.89	14.33	21.27	14.04	30.57
挪威	55.02	63.12	58.24	63.68	63.76	60.64	64.95	62.42	67.13
巴基斯坦	26.56	31.24	43.29	44.97	43.33	49.19	43.13	43.90	51.80
巴拿马	14.19	17.22	15.24	15.76	16.02	41.58	17.13	42.26	37.54

续表

国家	2013年	2014年	2015年	2016年	2017年	2018年	2019年	2020年	2021年
巴拉圭	9.48	15.31	10.67	10.78	10.93	11.14	11.28	11.61	11.61
秘鲁	21.79	24.43	23.09	22.43	27.06	29.05	30.30	27.98	43.62
菲律宾	37.50	42.60	40.17	37.07	42.89	53.34	48.68	46.89	55.20
波兰	44.76	47.16	55.06	53.11	65.74	59.50	57.84	57.84	60.05
葡萄牙	39.00	43.47	45.27	44.54	48.15	43.79	49.99	49.98	56.67
罗马尼亚	29.34	38.28	32.70	50.08	54.94	38.85	52.73	43.79	51.54
俄罗斯	59.16	63.73	60.97	54.09	63.63	61.54	65.71	54.97	61.72
沙特阿拉伯	24.64	21.57	29.33	27.13	35.11	40.26	48.17	48.06	52.75
塞内加尔	7.40	8.11	8.95	9.67	10.46	17.35	11.97	11.68	34.32
塞尔维亚	20.56	22.15	21.41	36.39	24.91	25.81	24.06	22.62	46.63
新加坡	57.19	57.23	58.78	62.57	64.37	67.90	66.37	67.11	71.41
斯洛伐克	27.95	29.33	32.40	31.70	30.81	28.37	36.16	38.53	44.58
斯洛文尼亚	28.88	28.83	26.11	38.24	28.99	32.91	30.74	30.78	33.00
南非	49.26	55.00	52.56	53.91	55.26	57.61	51.00	52.51	58.04
西班牙	63.90	68.64	69.50	69.45	72.30	76.48	71.62	73.27	74.27
斯里兰卡	17.28	30.94	22.82	21.07	25.05	26.00	22.45	22.32	34.16
瑞典	61.10	63.73	64.96	69.70	69.77	69.74	69.34	72.31	74.03
瑞士	66.38	61.70	68.67	65.57	80.84	71.62	71.18	73.21	70.24
坦桑尼亚	17.57	13.46	13.35	13.35	12.77	14.05	24.70	28.11	19.13
泰国	31.64	43.51	40.74	44.60	51.42	46.27	47.09	50.95	50.80
特立尼达和多巴哥	16.54	16.77	17.15	17.49	17.79	19.76	18.17	18.28	20.74
土耳其	57.34	50.93	57.45	47.55	48.36	59.84	55.03	63.93	65.74
乌干达	16.47	13.79	17.04	18.14	23.71	22.01	19.63	23.55	30.37
乌克兰	36.37	32.88	44.53	33.10	34.15	32.96	40.01	44.83	40.58
阿联酋	51.43	56.19	62.41	59.80	60.51	55.95	62.73	65.74	61.40
英国	82.88	83.83	84.57	89.14	87.53	90.49	91.12	88.28	91.48
美国	100.00	101.36	101.96	102.69	103.15	105.66	106.38	105.51	108.49
乌拉圭	23.08	30.04	30.44	27.04	32.19	26.07	18.63	41.96	38.90

续表

国家	2013年	2014年	2015年	2016年	2017年	2018年	2019年	2020年	2021年
委内瑞拉	13.40	13.56	13.71	18.67	13.92	14.04	14.08	14.92	14.19
越南	32.21	37.92	38.87	45.01	43.51	56.46	57.60	50.22	57.04
也门	0.65	1.22	1.22	1.74	1.74	2.62	3.01	3.71	4.03
津巴布韦	9.17	9.95	10.42	10.54	11.07	11.86	23.35	12.51	13.43

附表1-14　　　　　数字市场—国际市场

国家	2013年	2014年	2015年	2016年	2017年	2018年	2019年	2020年	2021年
阿尔巴尼亚	21.41	20.67	19.37	23.41	29.02	28.93	29.71	29.47	31.86
阿尔及利亚	44.97	42.87	43.29	42.70	42.16	43.41	43.08	42.96	43.08
阿根廷	54.81	53.58	53.56	54.48	57.04	56.50	56.19	54.57	55.75
亚美尼亚	17.36	18.30	17.67	20.00	21.97	23.45	23.93	25.65	26.86
澳大利亚	64.54	64.49	63.40	63.46	64.60	65.16	65.84	65.04	66.44
奥地利	69.73	70.45	68.64	69.13	70.20	71.82	71.94	71.79	73.32
阿塞拜疆	31.53	29.09	27.36	25.37	27.49	30.00	31.97	29.02	34.97
巴林	54.80	54.90	54.86	55.21	56.03	56.31	55.87	58.94	60.56
孟加拉国	32.53	34.19	34.63	36.87	37.10	39.86	40.11	38.63	40.73
比利时	79.74	81.04	80.10	80.28	81.13	81.77	81.82	82.01	83.29
玻利维亚	20.19	13.64	12.83	13.55	13.48	13.93	11.37	6.57	6.43
博茨瓦纳	18.07	20.88	17.61	17.50	19.79	20.43	15.84	17.77	16.91
巴西	68.11	69.79	68.06	67.72	68.00	67.95	67.92	66.47	68.13
保加利亚	41.20	44.34	45.89	46.53	46.21	48.41	50.54	50.76	53.91
喀麦隆	29.73	30.00	26.10	27.33	29.86	30.42	30.95	28.31	31.00
加拿大	78.13	77.94	76.90	76.98	77.74	79.20	79.97	80.23	81.56
智利	48.60	47.84	48.32	48.17	47.68	48.73	48.58	47.36	47.96
中国	82.56	84.52	83.88	83.92	84.90	87.64	88.53	89.31	91.82
哥伦比亚	44.89	44.77	43.33	42.97	44.68	45.74	45.01	45.70	47.71
哥斯达黎加	46.16	47.45	48.98	50.20	50.49	52.14	53.75	54.11	54.98
科特迪瓦	22.29	21.91	20.21	11.94	16.21	19.66	18.21	15.10	16.50

续表

国家	2013年	2014年	2015年	2016年	2017年	2018年	2019年	2020年	2021年
克罗地亚	40.47	41.37	41.54	42.85	44.14	46.08	47.19	46.28	48.36
塞浦路斯	50.93	52.90	52.06	53.72	55.50	56.13	57.98	60.70	61.83
捷克	58.70	59.18	58.11	59.10	60.25	61.71	62.11	62.30	64.28
丹麦	65.05	65.21	63.94	64.65	65.92	67.03	68.46	69.10	69.45
多米尼加	26.79	28.21	27.81	28.88	30.28	32.41	32.33	36.51	37.89
厄瓜多尔	19.35	22.17	20.43	19.60	20.40	19.79	21.92	22.71	22.54
埃及	39.60	45.03	40.50	41.48	39.19	40.10	42.45	43.86	45.90
萨尔瓦多	22.18	22.44	23.86	25.01	26.15	25.52	26.91	26.30	29.19
爱沙尼亚	41.61	42.62	40.85	42.21	43.91	45.05	46.19	47.13	52.71
芬兰	64.83	65.16	64.73	65.50	66.44	67.09	68.42	68.54	70.01
法国	87.65	88.58	87.71	88.30	88.29	89.79	89.49	89.10	89.94
格鲁吉亚	14.98	14.81	13.67	14.63	17.44	16.12	17.90	19.33	23.98
德国	89.38	90.46	89.98	90.78	91.68	92.63	92.57	92.30	94.17
希腊	49.77	50.97	47.62	48.61	50.69	51.08	50.80	50.42	53.59
危地马拉	33.13	34.29	34.63	35.70	36.77	37.40	37.28	37.66	38.68
洪都拉斯	20.13	23.12	24.08	24.77	27.31	26.40	25.82	24.54	23.25
匈牙利	58.62	59.73	58.66	59.60	60.88	61.85	61.67	60.71	61.99
冰岛	32.96	34.35	34.39	34.81	35.52	35.89	37.40	38.32	38.02
印度	85.65	85.85	85.97	86.28	86.80	87.69	88.85	89.37	91.27
印度尼西亚	57.48	56.73	54.77	55.66	56.05	58.89	58.25	56.41	57.90
伊朗	32.23	34.55	36.22	32.66	33.28	33.64	33.91	33.91	33.91
爱尔兰	84.80	86.30	86.22	87.67	89.80	91.98	93.63	94.88	97.05
以色列	68.83	69.13	69.20	70.54	71.53	73.40	74.64	75.40	77.94
意大利	76.47	76.70	74.67	75.25	76.52	77.21	76.87	76.65	78.17
牙买加	22.53	23.39	23.20	24.15	24.15	24.15	24.24	26.14	34.14
日本	80.36	83.15	83.02	84.30	84.80	85.36	86.55	86.24	86.80
哈萨克斯坦	31.87	31.85	30.45	30.76	29.25	30.76	33.09	33.09	33.60
肯尼亚	35.04	36.40	35.01	34.58	37.07	39.78	38.66	37.08	39.36

续表

国家	2013年	2014年	2015年	2016年	2017年	2018年	2019年	2020年	2021年
韩国	70.31	72.42	72.35	73.21	73.92	74.58	75.37	75.77	78.02
科威特	49.93	48.90	47.87	47.29	47.14	54.01	53.53	53.18	53.18
吉尔吉斯斯坦	16.27	13.30	13.78	13.84	10.69	7.96	6.76	7.51	6.68
老挝	8.51	3.01	1.99	-1.86	0.13	-2.23	5.05	1.88	1.88
拉脱维亚	40.49	40.47	39.63	40.99	41.89	43.78	44.10	44.33	46.72
黎巴嫩	56.15	54.19	54.86	54.35	53.10	53.47	48.50	43.56	43.56
立陶宛	34.25	34.95	34.33	36.65	39.97	42.29	45.11	46.16	50.72
卢森堡	81.28	82.62	82.41	82.51	83.32	84.47	84.90	85.54	87.06
马拉维	4.47	2.90	3.34	5.30	8.13	11.69	12.45	13.75	13.87
马来西亚	61.69	60.47	58.69	58.95	59.57	60.48	61.09	60.71	61.06
毛里求斯	35.00	34.55	33.70	32.92	33.26	33.48	32.96	30.96	32.17
墨西哥	47.31	49.61	48.44	46.06	50.31	50.11	49.84	49.63	51.86
摩尔多瓦	21.86	22.08	20.51	20.60	22.16	24.10	25.87	26.10	29.43
黑山	11.37	12.17	12.92	13.78	15.04	17.56	17.91	18.75	23.11
摩洛哥	48.40	47.20	46.93	47.91	48.53	50.32	51.24	52.68	54.22
莫桑比克	7.00	8.54	9.46	6.13	4.38	4.72	7.48	6.42	6.72
纳米比亚	3.02	8.44	7.08	3.99	6.84	4.21	1.53	-1.53	-1.10
荷兰	85.67	87.85	87.85	87.29	89.05	90.66	91.62	89.41	89.98
新西兰	47.91	47.60	47.61	48.72	49.48	49.85	50.02	49.51	51.34
尼加拉瓜	15.63	15.81	16.02	17.38	17.00	19.53	19.36	20.90	22.66
尼日利亚	21.20	17.06	26.60	27.68	31.08	35.54	35.66	36.60	35.78
北马其顿	24.76	25.23	23.95	25.48	26.20	28.27	29.17	29.80	32.76
挪威	67.13	67.04	65.63	65.91	64.51	65.72	65.21	64.81	66.63
巴基斯坦	41.00	41.51	41.89	43.10	45.02	46.04	46.69	47.59	50.31
巴拿马	42.04	43.05	44.10	43.94	43.96	43.56	43.73	41.86	41.80
巴拉圭	0.00	2.27	2.07	2.07	2.07	2.07	2.07	2.07	2.07
秘鲁	31.40	32.99	33.53	33.13	33.46	34.77	35.66	34.51	34.78
菲律宾	65.38	66.32	68.09	67.87	68.10	68.80	69.21	69.23	70.16

续表

国家	2013年	2014年	2015年	2016年	2017年	2018年	2019年	2020年	2021年
波兰	63.96	65.22	64.84	66.06	67.99	70.17	70.83	71.75	73.83
葡萄牙	55.94	56.51	55.48	55.71	56.42	57.57	58.05	58.56	61.03
罗马尼亚	56.00	57.61	56.56	58.02	59.56	61.74	62.89	63.46	65.19
俄罗斯	70.03	69.28	66.83	66.05	66.97	67.72	67.89	67.50	69.37
沙特阿拉伯	34.85	33.02	32.87	35.85	35.86	39.69	44.18	43.99	47.54
塞内加尔	27.88	27.85	26.92	26.65	27.12	26.31	25.17	23.88	24.73
塞尔维亚	42.12	43.18	42.72	43.74	45.86	48.38	50.11	50.60	53.06
新加坡	80.07	81.43	82.42	82.70	84.07	85.98	86.79	87.71	88.89
斯洛伐克	47.35	47.02	45.62	47.13	49.64	51.12	51.08	51.50	52.46
斯洛文尼亚	41.28	42.40	41.14	42.15	43.85	45.07	45.48	45.91	48.52
南非	50.49	50.68	50.78	50.91	52.09	53.05	51.94	50.74	53.25
西班牙	74.46	75.64	74.42	75.42	75.97	76.68	77.22	76.80	78.64
斯里兰卡	35.99	36.55	37.08	37.54	38.22	38.62	38.87	36.41	38.03
瑞典	76.67	77.25	76.62	76.48	76.41	76.90	78.11	77.87	78.98
瑞士	82.40	83.26	83.04	83.49	83.39	84.09	83.57	82.92	84.56
坦桑尼亚	26.77	26.57	26.09	24.83	25.58	22.72	22.47	16.42	22.75
泰国	59.30	60.17	59.93	62.15	60.80	62.37	62.91	63.11	63.97
特立尼达和多巴哥	20.82	24.02	17.44	13.80	15.03	15.09	16.93	16.03	16.18
土耳其	54.63	55.54	54.59	52.86	54.55	54.68	55.47	55.44	59.33
乌干达	26.59	30.13	26.84	22.50	20.53	21.99	20.57	19.84	23.51
乌克兰	53.56	52.12	50.46	50.28	52.24	54.30	56.26	57.53	60.23
阿联酋	58.46	58.46	58.75	59.32	59.87	60.23	60.56	60.56	60.56
英国	95.34	96.02	95.48	95.36	95.74	97.09	96.90	97.41	98.25
美国	100.00	100.69	100.76	101.16	102.12	102.33	102.91	103.09	104.19
乌拉圭	42.44	42.31	43.24	41.88	43.60	43.32	44.29	43.33	45.67
委内瑞拉	17.17	20.88	19.21	16.30	14.77	13.24	11.71	1.84	6.69
越南	34.79	34.94	36.30	36.88	37.60	39.20	39.57	46.80	45.35
也门	24.51	18.77	7.24	12.41	12.41	12.41	12.41	12.41	12.41
津巴布韦	6.36	6.84	7.32	7.81	3.85	3.45	8.78	6.94	2.12

附表 1-15　　　　数字治理—数字政府

国家	2013 年	2014 年	2015 年	2016 年	2017 年	2018 年	2019 年	2020 年	2021 年
阿尔巴尼亚	39.55	38.74	40.76	42.77	51.19	59.60	65.83	72.06	72.06
阿尔及利亚	14.83	11.29	10.53	9.77	18.46	27.15	33.85	40.54	40.54
阿根廷	56.03	56.58	61.34	66.10	68.62	71.15	77.83	84.52	84.52
亚美尼亚	44.42	50.79	45.71	40.62	46.04	51.46	59.90	68.33	68.33
澳大利亚	91.14	96.19	96.47	96.74	96.11	95.47	98.16	100.84	100.84
奥地利	78.81	79.33	81.42	83.51	84.17	84.83	89.17	93.51	93.51
阿塞拜疆	41.32	44.78	50.45	56.13	58.25	60.38	64.10	67.82	67.82
巴林	73.73	81.82	79.31	76.79	79.50	82.21	82.89	83.58	83.58
孟加拉国	8.00	6.34	13.72	21.10	28.62	36.14	38.45	40.77	40.77
比利时	75.48	74.39	76.59	78.78	80.24	81.70	81.46	81.23	81.23
玻利维亚	32.57	31.89	33.73	35.56	39.00	42.44	48.26	54.08	54.08
博茨瓦纳	26.66	26.75	29.10	31.46	29.49	27.52	35.52	43.52	43.52
巴西	53.49	52.37	54.98	57.59	64.31	71.04	73.52	75.99	75.99
保加利亚	49.08	44.05	50.82	57.58	63.25	68.91	74.60	80.28	80.28
喀麦隆	8.73	6.70	6.53	6.37	15.13	23.89	26.22	28.54	28.54
加拿大	86.57	86.48	85.54	84.60	84.41	84.22	85.36	86.51	86.51
智利	65.63	68.13	66.91	65.69	68.53	71.36	77.80	84.23	84.23
中国	43.82	44.47	48.86	53.26	58.50	63.73	71.78	79.83	79.83
哥伦比亚	57.53	54.70	55.15	55.61	60.09	64.58	66.66	68.73	68.73
哥斯达黎加	48.42	53.12	54.91	56.70	61.58	66.46	70.51	74.56	74.56
科特迪瓦	0.00	-3.83	-2.80	-1.77	2.42	6.61	18.51	30.41	30.41
克罗地亚	63.65	56.24	62.47	68.71	67.69	66.66	71.81	76.96	76.96
塞浦路斯	55.55	51.65	52.11	52.57	64.70	76.83	83.87	90.91	90.91
捷克	56.22	53.23	55.95	58.67	63.14	67.60	75.04	82.48	82.48
丹麦	88.00	82.86	85.32	87.79	92.32	96.85	101.15	105.45	105.45
多米尼加	35.34	30.74	33.81	36.87	42.62	48.37	55.85	63.32	63.32
厄瓜多尔	37.54	38.84	42.90	46.95	50.51	54.08	60.35	66.62	66.62
埃及	36.26	39.92	36.14	32.35	34.37	36.39	40.97	45.55	45.55

续表

国家	2013年	2014年	2015年	2016年	2017年	2018年	2019年	2020年	2021年
萨尔瓦多	41.64	37.93	36.02	34.11	39.42	44.73	46.35	47.96	47.96
爱沙尼亚	81.75	83.11	84.20	85.30	86.37	87.45	94.43	101.42	101.42
芬兰	87.32	86.92	89.53	92.13	92.12	92.10	96.61	101.12	101.12
法国	91.70	93.85	90.44	87.02	89.38	91.75	91.24	90.73	90.73
格鲁吉亚	49.49	52.91	53.35	53.78	59.34	64.89	66.88	68.87	68.87
德国	80.16	78.64	81.09	83.54	87.47	91.40	89.69	87.98	87.98
希腊	66.33	68.07	66.60	65.13	71.67	78.20	79.53	80.86	80.86
危地马拉	20.76	12.05	23.58	35.12	36.42	37.73	39.01	40.29	40.29
洪都拉斯	26.94	25.11	21.77	18.43	24.54	30.65	30.73	30.82	30.82
匈牙利	65.27	61.27	62.04	62.81	66.48	70.16	73.56	76.96	76.96
冰岛	79.19	80.14	77.96	75.78	80.41	85.04	90.60	96.15	96.15
印度	21.55	21.59	27.28	32.96	40.26	47.56	49.65	51.74	51.74
印度尼西亚	34.10	30.84	30.77	30.71	36.23	41.75	51.33	60.92	60.92
伊朗	33.73	31.12	32.13	33.13	43.28	53.43	57.04	60.65	60.65
爱尔兰	73.20	77.88	77.02	76.16	80.39	84.63	85.66	86.70	86.70
以色列	82.42	82.85	80.33	77.81	79.18	80.54	83.11	85.68	85.68
意大利	71.95	74.80	76.01	77.22	80.37	83.52	83.68	83.84	83.84
牙买加	30.59	29.43	30.46	31.50	32.65	33.80	38.72	43.64	43.64
日本	86.89	92.94	89.87	86.79	89.22	91.65	93.11	94.57	94.57
哈萨克斯坦	67.30	70.41	70.18	69.95	72.40	74.86	80.37	85.87	85.87
肯尼亚	24.06	21.18	23.87	26.56	29.08	31.60	37.15	42.71	42.71
韩国	100.00	101.27	97.39	93.52	94.19	94.86	98.76	102.65	102.65
科威特	53.87	56.05	61.79	67.53	69.72	71.90	75.62	79.33	79.33
吉尔吉斯斯坦	34.81	33.23	35.44	37.65	43.78	49.92	56.38	62.85	62.85
老挝	6.90	4.95	8.00	11.05	10.81	10.57	12.21	13.86	13.86
拉脱维亚	64.86	68.92	66.32	63.72	65.04	66.35	72.03	77.71	77.71
黎巴嫩	38.95	37.84	42.54	47.24	46.42	45.60	41.53	37.46	37.46
立陶宛	70.68	70.24	73.61	76.98	75.47	73.97	81.97	89.98	89.98

续表

国家	2013年	2014年	2015年	2016年	2017年	2018年	2019年	2020年	2021年
卢森堡	77.77	74.78	75.58	76.38	80.84	85.29	84.86	84.42	84.42
马拉维	3.13	0.16	0.71	1.25	3.45	5.65	11.11	16.57	16.57
马来西亚	58.04	53.88	54.30	54.73	61.80	68.87	73.95	79.04	79.04
毛里求斯	40.95	42.87	49.19	55.52	58.68	61.85	65.52	69.18	69.18
墨西哥	52.06	48.47	51.74	55.02	59.42	63.83	67.18	70.53	70.53
摩尔多瓦	46.57	46.17	49.17	52.17	56.39	60.60	62.66	64.72	64.72
黑山	56.24	57.14	59.88	62.62	64.27	65.93	66.21	66.49	66.49
摩洛哥	32.92	38.94	39.83	40.72	40.92	41.12	44.77	48.41	48.41
莫桑比克	3.90	1.05	0.50	-0.06	6.24	12.54	15.15	17.76	17.76
纳米比亚	22.64	22.24	20.83	19.43	25.61	31.78	40.22	48.67	48.67
荷兰	94.88	93.26	91.57	89.89	90.59	91.28	94.62	97.95	97.95
新西兰	87.82	89.68	89.74	89.81	90.89	91.98	95.75	99.52	99.52
尼加拉瓜	12.47	6.36	13.74	21.12	24.18	27.24	33.65	40.06	40.06
尼日利亚	6.98	8.77	11.33	13.90	17.55	21.20	25.44	29.68	29.68
北马其顿	40.26	34.13	42.38	50.63	53.65	56.67	62.13	67.58	67.58
挪威	87.29	85.62	83.92	82.22	85.34	88.45	92.04	95.63	95.63
巴基斯坦	5.56	3.83	3.86	3.88	10.84	17.79	22.16	26.53	26.53
巴拿马	45.00	41.52	39.13	36.73	45.14	53.55	57.96	62.37	62.37
巴拉圭	27.77	20.26	29.10	37.94	39.82	41.70	50.42	59.15	59.15
秘鲁	42.81	44.26	43.88	43.49	51.14	58.78	63.18	67.58	67.58
菲律宾	37.37	34.81	41.87	48.93	54.22	59.50	62.19	64.88	64.88
波兰	58.79	59.08	64.24	69.39	74.46	79.52	83.80	88.08	88.08
葡萄牙	66.87	64.99	66.71	68.44	74.72	81.00	82.59	84.18	84.18
罗马尼亚	50.06	47.03	46.89	46.75	54.25	61.75	68.36	74.97	74.97
俄罗斯	70.94	70.60	70.02	69.45	74.79	80.13	82.07	84.02	84.02
沙特阿拉伯	63.28	64.99	64.44	63.89	65.99	68.09	74.27	80.44	80.44
塞内加尔	5.10	5.05	9.19	13.33	14.99	16.66	21.78	26.91	26.91
塞尔维亚	50.72	44.77	56.51	68.26	68.43	68.60	70.86	73.12	73.12

续表

国家	2013年	2014年	2015年	2016年	2017年	2018年	2019年	2020年	2021年
新加坡	91.54	95.80	94.04	92.29	92.17	92.06	94.45	96.85	96.85
斯洛伐克	55.36	54.34	52.70	51.05	59.83	68.60	73.29	77.97	77.97
斯洛文尼亚	66.39	59.41	68.35	77.30	76.91	76.52	82.41	88.30	88.30
南非	36.24	36.24	41.03	45.83	53.41	61.00	62.93	64.87	64.87
西班牙	81.84	86.37	84.42	82.48	84.46	86.44	89.17	91.91	91.91
斯里兰卡	36.50	44.01	44.20	44.40	46.56	48.73	55.50	62.27	62.27
瑞典	86.40	83.75	87.14	90.53	91.79	93.05	96.47	99.89	99.89
瑞士	76.33	70.19	72.01	73.84	80.88	87.93	90.67	93.41	93.41
坦桑尼亚	10.31	6.44	11.88	17.32	20.13	22.93	24.89	26.85	26.85
泰国	36.14	32.87	39.18	45.49	52.71	59.94	67.17	74.41	74.41
特立尼达和多巴哥	42.78	37.13	43.13	49.14	53.81	58.48	60.92	63.36	63.36
土耳其	43.22	44.36	47.60	50.83	59.41	67.99	72.28	76.57	76.57
乌干达	8.21	4.01	11.14	18.26	21.49	24.72	27.86	31.00	31.00
乌克兰	42.94	38.54	45.93	53.32	53.95	54.59	61.34	68.09	68.09
阿联酋	69.81	68.33	71.02	73.70	79.22	84.74	86.58	88.42	88.42
英国	92.28	90.40	93.93	97.45	96.08	94.71	97.25	99.79	99.79
美国	90.73	91.16	88.84	86.51	88.98	91.45	95.19	98.93	98.93
乌拉圭	64.53	72.35	71.05	69.76	74.16	78.56	83.10	87.64	87.64
委内瑞拉	46.23	46.08	42.99	39.91	41.03	42.16	42.02	41.89	41.89
越南	37.54	33.91	37.01	40.11	45.69	51.27	56.48	61.69	61.69
也门	4.06	5.81	2.47	-0.87	-1.53	-2.20	4.11	10.42	10.42
津巴布韦	18.04	18.05	17.26	16.46	18.02	19.58	28.97	38.36	38.36

附表1-16　　　　　　　数字治理—经济商业环境

国家	2013年	2014年	2015年	2016年	2017年	2018年	2019年	2020年	2021年
阿尔巴尼亚	35.66	31.35	39.99	37.10	43.99	48.07	43.79	44.56	44.56
阿尔及利亚	15.52	20.74	25.97	23.87	28.75	29.99	34.64	34.74	34.74
阿根廷	24.77	25.40	31.65	38.51	40.73	40.91	43.71	44.50	44.50

续表

国家	2013年	2014年	2015年	2016年	2017年	2018年	2019年	2020年	2021年
亚美尼亚	50.41	46.16	48.11	53.92	57.32	59.54	62.32	63.65	63.65
澳大利亚	81.51	83.73	86.89	86.72	86.71	87.26	86.20	86.72	86.72
奥地利	79.39	79.99	82.20	85.61	86.36	85.83	86.11	86.12	86.12
阿塞拜疆	47.54	41.88	43.57	53.04	59.21	61.83	73.58	76.76	76.76
巴林	61.40	60.21	62.57	64.45	66.57	66.95	69.54	75.54	75.54
孟加拉国	14.99	14.12	15.77	15.99	18.41	20.58	19.78	22.42	22.42
比利时	71.34	70.49	74.81	80.75	81.22	80.69	83.30	83.55	83.55
玻利维亚	28.38	28.74	28.13	22.25	20.57	19.18	21.29	21.39	21.39
博茨瓦纳	52.22	53.83	55.07	55.27	54.34	53.61	53.71	53.74	53.74
巴西	37.24	34.09	39.37	42.52	43.99	41.60	42.67	43.17	43.17
保加利亚	46.36	45.83	47.08	52.04	49.39	51.36	55.19	55.36	55.36
喀麦隆	25.77	26.55	31.48	31.02	33.50	34.20	33.71	33.81	33.81
加拿大	83.78	84.65	86.41	86.79	86.01	83.90	82.45	82.41	82.41
智利	57.76	57.91	61.38	61.51	62.36	64.44	66.55	66.82	66.82
中国	45.76	45.86	47.71	52.37	56.57	57.15	66.06	70.12	70.12
哥伦比亚	44.18	44.26	54.65	57.43	56.01	55.04	53.91	54.74	54.74
哥斯达黎加	44.97	48.41	52.37	59.88	63.45	65.05	61.99	62.41	62.41
科特迪瓦	16.74	24.54	36.41	33.80	33.77	35.17	43.37	45.76	45.76
克罗地亚	45.68	47.92	50.31	55.56	56.71	56.55	57.12	57.80	57.80
塞浦路斯	57.25	56.17	56.21	61.78	64.63	66.30	67.98	68.57	68.57
捷克	56.37	58.98	67.33	72.56	73.99	73.39	72.94	72.96	72.96
丹麦	82.61	84.84	88.47	89.12	89.40	88.78	90.13	90.25	90.25
多米尼加	38.87	38.43	43.83	43.75	42.21	44.65	48.72	49.40	49.40
厄瓜多尔	38.77	39.93	41.71	40.07	37.74	38.08	39.83	39.94	39.94
埃及	37.46	34.54	38.23	32.73	30.94	34.45	43.28	44.84	44.84
萨尔瓦多	36.65	42.39	41.07	41.88	40.76	41.23	42.02	42.36	42.36
爱沙尼亚	73.10	74.84	78.45	83.14	82.93	82.84	81.89	81.71	81.71
芬兰	92.91	91.17	91.53	93.51	93.88	93.91	94.37	94.51	94.51

续表

国家	2013年	2014年	2015年	2016年	2017年	2018年	2019年	2020年	2021年
法国	75.51	75.30	78.95	84.68	82.79	83.31	81.50	81.52	81.52
格鲁吉亚	54.83	57.45	60.46	60.70	63.90	67.56	68.06	68.30	68.30
德国	82.95	81.49	83.69	85.82	85.25	82.74	79.79	80.16	80.16
希腊	45.54	48.91	52.75	56.37	56.60	54.91	53.87	54.90	54.90
危地马拉	35.71	39.61	45.44	47.07	46.54	45.99	45.55	45.61	45.61
洪都拉斯	35.29	39.68	45.80	44.04	40.25	41.58	41.67	41.97	41.97
匈牙利	52.64	50.04	51.29	55.53	58.33	58.99	60.90	61.08	61.08
冰岛	76.22	76.11	81.86	84.29	83.88	81.68	82.59	82.54	82.54
印度	34.66	35.10	41.48	46.59	46.79	53.91	58.89	62.51	62.51
印度尼西亚	46.12	48.48	51.11	52.34	57.03	60.01	60.84	62.27	62.27
伊朗	30.66	28.60	32.25	32.83	36.10	33.45	31.25	31.16	31.16
爱尔兰	83.32	82.89	88.22	88.78	87.03	86.13	84.16	84.15	84.15
以色列	67.20	65.69	70.68	78.49	81.66	78.80	78.65	80.38	80.38
意大利	50.19	51.56	56.17	61.89	63.19	65.98	66.34	66.14	66.14
牙买加	43.46	44.92	54.51	57.59	57.95	58.30	57.89	59.32	59.32
日本	82.81	85.19	86.32	85.32	84.38	85.18	86.29	86.25	86.25
哈萨克斯坦	44.64	44.50	47.98	59.04	61.03	63.54	65.95	67.50	67.50
肯尼亚	36.65	36.87	36.85	43.95	53.13	56.11	59.00	61.28	61.28
韩国	69.97	65.96	71.38	74.36	75.20	76.91	77.27	77.31	77.31
科威特	45.16	41.63	43.27	44.43	44.82	48.64	50.23	55.17	55.17
吉尔吉斯斯坦	30.49	29.86	34.84	40.68	39.76	42.53	45.56	48.01	48.01
老挝	29.79	25.64	26.64	30.53	32.98	34.24	35.59	36.66	36.66
拉脱维亚	64.10	64.64	68.00	68.59	68.19	71.30	74.23	74.19	74.19
黎巴嫩	30.52	26.78	35.71	32.77	32.62	33.54	33.23	33.13	33.13
立陶宛	58.22	60.32	63.95	69.49	68.77	71.08	73.63	74.30	74.30
卢森堡	74.50	75.69	78.55	81.51	80.92	80.38	78.65	78.67	78.67
马拉维	28.38	21.76	24.17	28.43	32.18	39.76	41.33	41.91	41.91
马来西亚	74.33	77.29	81.70	79.84	79.17	80.99	83.28	83.42	83.42

续表

国家	2013年	2014年	2015年	2016年	2017年	2018年	2019年	2020年	2021年
毛里求斯	63.95	64.82	67.25	68.09	67.74	70.58	72.17	73.33	73.33
墨西哥	51.46	50.13	54.93	59.99	59.99	60.72	60.53	60.58	60.58
摩尔多瓦	34.56	36.21	43.38	51.02	54.24	55.20	57.91	59.20	59.20
黑山	47.96	49.59	51.03	51.95	53.31	58.28	59.19	59.31	59.31
摩洛哥	42.27	48.12	52.10	57.30	60.23	62.55	68.35	70.09	70.09
莫桑比克	25.50	24.16	31.17	29.99	29.43	28.94	29.56	30.00	30.00
纳米比亚	52.65	51.58	53.92	53.74	53.13	55.42	55.15	55.15	55.15
荷兰	80.38	79.97	83.43	86.41	86.16	85.81	85.63	85.64	85.64
新西兰	96.55	94.65	96.47	97.42	98.42	95.58	93.93	93.69	93.69
尼加拉瓜	38.21	31.08	31.31	29.11	32.28	32.14	32.51	32.36	32.36
尼日利亚	20.00	18.88	27.15	27.60	25.56	28.74	28.82	32.35	32.35
北马其顿	56.81	60.19	61.45	63.77	61.64	56.54	59.41	59.51	59.51
挪威	85.26	86.39	88.65	90.25	88.29	85.58	85.84	85.55	85.55
巴基斯坦	27.41	26.90	30.57	29.95	34.48	37.87	41.98	47.59	47.59
巴拿马	59.28	57.16	60.45	60.09	59.20	57.57	58.14	57.83	57.83
巴拉圭	31.24	31.20	37.07	37.57	37.98	38.09	38.40	39.02	39.02
秘鲁	43.62	42.62	47.94	49.40	48.31	47.13	46.47	46.90	46.90
菲律宾	42.30	43.66	45.70	45.08	46.33	50.63	52.65	54.65	54.65
波兰	55.68	57.56	60.28	64.60	64.87	64.55	64.97	64.40	64.40
葡萄牙	66.69	67.06	68.45	71.43	74.08	75.68	75.32	75.35	75.35
罗马尼亚	40.95	46.16	54.29	60.85	65.91	70.24	66.64	67.48	67.48
俄罗斯	41.92	43.42	45.19	53.48	58.37	61.81	62.39	63.17	63.17
沙特阿拉伯	65.41	61.30	62.51	54.84	55.02	59.73	64.50	72.35	72.35
塞内加尔	22.21	24.22	33.36	39.01	39.76	44.66	45.01	50.00	50.00
塞尔维亚	37.03	37.07	37.41	47.57	52.76	56.40	57.02	58.78	58.78
新加坡	98.70	97.25	97.47	96.54	96.71	97.10	98.41	98.77	98.77
斯洛伐克	55.24	55.21	58.80	65.06	64.92	66.94	65.77	65.92	65.92
斯洛文尼亚	57.78	56.76	61.36	68.96	69.90	71.17	71.38	71.49	71.49

续表

国家	2013年	2014年	2015年	2016年	2017年	2018年	2019年	2020年	2021年
南非	73.51	70.42	70.62	71.70	60.82	55.77	60.45	60.78	60.78
西班牙	56.34	52.21	57.87	69.14	70.33	68.98	72.93	73.17	73.17
斯里兰卡	44.84	45.65	52.05	51.09	48.10	45.09	45.55	45.59	45.59
瑞典	85.57	83.64	87.34	91.20	88.94	88.09	86.38	86.35	86.35
瑞士	85.14	84.24	87.99	89.87	91.19	89.96	88.29	88.30	88.30
坦桑尼亚	34.21	32.63	32.22	31.45	37.23	38.87	41.71	41.89	41.89
泰国	52.21	49.81	51.57	50.90	53.61	61.65	63.24	63.83	63.83
特立尼达和多巴哥	42.46	39.91	44.54	43.62	45.00	47.35	44.17	44.43	44.43
土耳其	49.11	50.73	51.94	52.07	52.31	54.79	60.62	62.19	62.19
乌干达	22.11	22.23	30.81	37.80	37.03	38.07	38.45	40.08	40.08
乌克兰	19.74	31.76	39.13	42.25	43.85	48.06	48.74	49.90	49.90
阿联酋	74.94	77.32	79.31	81.46	83.07	80.73	85.28	84.59	84.59
英国	90.67	90.59	91.78	92.94	93.86	92.47	87.05	87.05	87.05
美国	82.27	84.78	88.64	90.65	90.36	90.62	88.88	89.32	89.32
乌拉圭	50.69	48.99	54.30	55.74	54.73	55.44	55.76	55.94	55.94
委内瑞拉	0.00	-1.01	0.59	-1.76	-4.51	-9.04	-5.13	-7.08	-7.08
越南	35.17	38.04	44.51	45.83	47.01	48.43	51.52	52.74	52.74
也门	24.52	21.78	21.48	5.63	0.97	-0.42	-1.36	-0.25	-0.25
津巴布韦	20.35	18.23	24.42	30.04	27.48	28.22	31.65	35.69	35.69

附表1-17　　　　　　数字治理—政治法律环境

国家	2013年	2014年	2015年	2016年	2017年	2018年	2019年	2020年	2021年
阿尔巴尼亚	45.89	49.83	45.02	43.96	50.40	49.07	45.44	47.47	47.47
阿尔及利亚	18.73	20.29	27.43	32.44	30.76	32.68	39.92	39.92	39.92
阿根廷	42.26	38.74	39.40	39.55	41.46	42.83	46.98	40.06	40.06
亚美尼亚	63.77	67.04	63.36	61.11	54.61	57.21	61.26	61.87	61.87
澳大利亚	80.11	75.78	71.04	68.59	63.76	65.56	69.24	70.05	70.05
奥地利	75.40	74.29	74.99	74.58	60.78	65.69	73.86	73.86	73.86

续表

国家	2013年	2014年	2015年	2016年	2017年	2018年	2019年	2020年	2021年
阿塞拜疆	58.77	69.95	68.76	69.84	64.06	65.15	73.28	73.48	73.48
巴林	81.84	78.31	74.89	73.80	73.80	73.80	74.52	75.33	75.33
孟加拉国	43.20	42.37	41.36	40.59	36.17	36.71	38.73	39.54	39.54
比利时	72.87	72.61	70.49	70.23	62.08	63.11	63.11	63.11	63.11
玻利维亚	26.26	25.56	29.36	20.51	16.95	13.38	26.11	26.11	26.11
博茨瓦纳	50.69	48.21	46.94	45.10	42.72	42.88	43.25	43.66	43.66
巴西	64.47	62.34	55.52	49.47	41.54	41.02	46.07	46.48	46.48
保加利亚	58.00	58.51	55.80	60.87	53.36	55.08	58.46	58.46	58.46
喀麦隆	44.29	40.80	46.32	43.21	38.32	37.67	39.90	39.90	39.90
加拿大	77.43	74.02	75.61	73.96	71.39	68.52	71.25	71.25	71.25
智利	70.63	69.79	67.65	63.27	51.79	56.53	62.77	62.77	62.77
中国	53.51	54.02	53.05	50.62	45.40	47.44	49.88	49.88	49.88
哥伦比亚	56.50	58.85	59.51	56.45	41.54	46.01	50.47	51.29	51.29
哥斯达黎加	62.90	64.31	62.34	57.28	47.76	46.87	50.96	50.96	50.96
科特迪瓦	39.03	41.75	46.28	52.05	47.87	44.50	46.81	48.64	48.64
克罗地亚	59.02	59.54	58.00	55.30	44.40	43.43	43.38	43.38	43.38
塞浦路斯	60.53	59.15	62.72	54.48	55.09	54.77	53.81	54.22	54.22
捷克	61.11	58.59	56.66	57.42	52.00	53.06	56.04	56.04	56.04
丹麦	76.49	75.13	75.89	77.05	73.86	74.87	78.35	78.35	78.35
多米尼加	62.51	62.07	59.18	54.70	42.14	47.26	52.94	52.94	52.94
厄瓜多尔	58.66	60.84	58.59	55.93	44.27	44.37	45.27	45.27	45.27
埃及	51.22	41.26	37.56	42.52	43.74	46.86	51.83	57.52	57.52
萨尔瓦多	37.10	42.67	50.88	38.21	26.09	24.38	25.93	27.56	27.56
爱沙尼亚	83.54	86.10	91.42	90.59	71.93	72.79	75.37	76.18	76.18
芬兰	89.78	87.58	82.51	79.86	81.83	82.54	85.31	85.31	85.31
法国	75.79	73.83	72.69	76.12	66.61	70.41	75.27	75.27	75.27
格鲁吉亚	59.79	60.95	62.08	59.12	50.09	54.41	54.41	54.41	54.41
德国	80.33	78.45	75.60	75.01	79.00	76.95	74.04	74.65	74.65

续表

国家	2013年	2014年	2015年	2016年	2017年	2018年	2019年	2020年	2021年
希腊	43.66	44.46	46.70	45.99	35.78	37.95	40.10	40.10	40.10
危地马拉	37.91	36.74	36.74	35.43	23.57	26.67	27.78	29.61	29.61
洪都拉斯	37.43	37.80	46.10	51.14	43.40	44.93	44.93	44.93	44.93
匈牙利	58.50	58.59	61.41	58.09	53.43	55.76	58.96	58.96	58.96
冰岛	73.88	71.24	73.90	79.56	73.23	73.18	75.15	75.15	75.15
印度	64.79	63.53	52.19	52.83	59.21	61.61	61.04	63.07	63.07
印度尼西亚	44.28	46.70	57.97	54.45	57.76	59.26	60.46	56.60	56.60
伊朗	46.10	42.44	43.05	44.96	47.72	46.25	41.78	42.59	42.59
爱尔兰	77.31	78.17	78.13	78.90	70.35	71.73	75.33	75.33	75.33
以色列	67.64	65.55	65.44	63.67	57.87	59.70	62.35	62.35	62.35
意大利	53.18	51.01	49.28	53.29	47.36	48.03	49.90	49.90	49.90
牙买加	56.01	53.15	52.48	50.48	46.30	47.10	47.54	47.54	47.54
日本	60.41	64.99	69.10	65.65	59.49	61.72	63.40	63.40	63.40
哈萨克斯坦	56.65	56.83	54.85	55.74	46.98	48.11	51.12	52.34	52.34
肯尼亚	66.84	66.06	69.80	67.02	57.89	60.15	61.32	61.32	61.32
韩国	81.46	81.85	79.45	77.24	61.66	60.63	64.04	64.04	64.04
科威特	13.19	12.51	13.34	31.34	36.57	42.27	45.94	47.16	47.16
吉尔吉斯斯坦	29.59	30.13	34.71	36.90	36.38	36.50	35.57	37.60	37.60
老挝	36.53	43.44	42.51	33.23	35.48	34.52	34.05	34.05	34.05
拉脱维亚	59.64	59.33	61.93	62.55	47.84	53.10	58.44	58.44	58.44
黎巴嫩	6.78	6.09	7.11	9.38	5.79	6.45	8.97	8.97	8.97
立陶宛	73.63	74.16	74.28	74.82	58.32	59.63	63.82	64.23	64.23
卢森堡	88.32	90.12	90.72	90.77	84.65	86.87	91.19	92.01	92.01
马拉维	43.95	43.08	43.20	36.00	33.96	34.89	35.66	35.66	35.66
马来西亚	81.03	82.00	85.35	86.50	80.80	80.16	80.36	80.36	80.36
毛里求斯	68.40	66.65	66.26	62.74	52.21	54.78	57.20	57.20	57.20
墨西哥	56.19	55.84	58.72	58.57	48.08	49.33	50.25	50.25	50.25
摩尔多瓦	55.03	55.25	58.45	55.77	45.63	46.88	50.98	50.98	50.98

续表

国家	2013年	2014年	2015年	2016年	2017年	2018年	2019年	2020年	2021年
黑山	68.12	66.30	64.58	63.71	60.70	60.90	64.12	64.12	64.12
摩洛哥	65.34	62.60	63.18	60.18	53.10	54.92	57.54	57.54	57.54
莫桑比克	38.49	36.88	36.35	30.84	26.46	26.24	26.31	31.39	31.39
纳米比亚	46.36	47.28	47.63	45.31	43.32	44.21	48.59	48.59	48.59
荷兰	81.45	77.77	77.02	77.71	74.78	77.87	78.84	78.84	78.84
新西兰	78.37	76.66	74.36	72.62	74.24	75.49	74.36	74.77	74.77
尼加拉瓜	39.41	39.59	31.41	26.03	27.11	26.31	26.71	29.56	29.56
尼日利亚	53.50	52.12	48.50	41.67	29.99	31.95	36.61	36.61	36.61
北马其顿	65.25	70.05	71.71	71.91	62.86	53.40	53.33	53.33	53.33
挪威	83.51	83.15	84.10	84.44	79.73	79.38	79.38	79.38	79.38
巴基斯坦	51.83	49.12	48.34	44.92	43.98	46.76	49.33	49.33	49.33
巴拿马	72.27	70.46	65.52	62.26	48.97	49.74	52.07	52.88	52.88
巴拉圭	33.95	35.61	35.14	27.59	26.20	25.06	25.53	25.94	25.94
秘鲁	53.54	52.68	50.15	46.11	41.66	39.56	41.58	41.58	41.58
菲律宾	45.98	45.24	46.23	42.03	31.99	41.10	45.93	47.76	47.76
波兰	50.63	50.95	52.69	53.03	49.49	50.50	52.06	52.06	52.06
葡萄牙	81.46	79.69	80.74	79.21	67.49	67.80	69.05	69.05	69.05
罗马尼亚	53.42	56.53	57.76	55.25	49.23	50.52	51.20	51.20	51.20
俄罗斯	26.53	30.21	35.22	35.22	39.32	39.74	40.50	42.94	42.94
沙特阿拉伯	84.65	81.78	77.99	77.13	79.48	82.63	85.21	85.21	85.21
塞内加尔	59.42	55.55	59.43	58.18	52.62	54.30	58.48	58.48	58.48
塞尔维亚	46.98	46.97	46.73	50.23	51.69	53.84	54.26	55.07	55.07
新加坡	93.29	93.68	92.60	92.61	94.48	95.72	96.07	96.88	96.88
斯洛伐克	55.41	52.25	53.54	59.02	52.54	52.97	51.00	51.00	51.00
斯洛文尼亚	71.66	67.18	63.91	65.54	56.66	57.41	61.21	61.21	61.21
南非	53.47	54.06	52.05	47.50	42.50	46.74	47.73	50.17	50.17
西班牙	64.64	64.04	61.50	61.50	53.64	53.33	56.24	55.43	55.43
斯里兰卡	55.89	55.39	57.44	59.19	37.08	37.02	41.86	43.49	43.49

续表

国家	2013年	2014年	2015年	2016年	2017年	2018年	2019年	2020年	2021年
瑞典	83.84	84.47	80.36	78.46	72.84	73.27	71.59	71.59	71.59
瑞士	81.85	78.87	78.22	78.86	79.23	78.89	81.11	81.11	81.11
坦桑尼亚	50.81	50.65	49.74	46.25	49.75	50.69	51.06	51.06	51.06
泰国	53.76	52.94	49.97	50.33	49.91	49.89	52.82	52.82	52.82
特立尼达和多巴哥	54.60	52.70	49.57	47.00	35.85	33.88	35.02	35.02	35.02
土耳其	65.05	64.10	63.39	63.03	62.75	62.47	65.38	65.38	65.38
乌干达	61.48	56.36	56.18	55.47	48.08	49.15	51.41	51.41	51.41
乌克兰	39.51	36.04	40.21	45.09	37.09	43.45	46.58	46.58	46.58
阿联酋	85.76	87.84	90.57	90.57	86.76	86.72	87.94	88.35	88.35
英国	80.83	80.62	79.64	83.10	76.89	79.22	79.53	80.35	80.35
美国	78.43	77.99	76.98	77.06	87.11	86.79	81.40	82.21	82.21
乌拉圭	52.07	50.81	53.73	52.61	38.52	37.91	38.96	40.38	40.38
委内瑞拉	40.37	39.40	33.55	27.85	17.32	18.61	20.22	20.22	20.22
越南	51.01	52.66	50.19	47.07	41.35	41.29	49.72	50.53	50.53
也门	7.47	7.57	2.76	-0.85	-4.47	-6.91	-3.57	-3.57	-3.57
津巴布韦	37.65	42.83	36.91	28.83	18.77	20.79	24.42	24.42	24.42

附录二 TIMG 指数代表性维度的国家排名

为了更好地呈现不同国家在特定维度的竞争优势，附录二选取了 TIMG 指数中的代表性维度，梳理全球主要国家在这些代表性维度中的 2021 年排名情况。

附表 2-1　　数字专利最多的国家

排名	国家	数字专利指数
1	中国	105.71
2	美国	100.89
3	日本	98.50
4	韩国	90.98
5	德国	82.95
6	瑞典	77.75
7	法国	74.80
8	英国	72.46
9	芬兰	69.16
10	瑞士	68.03
11	新加坡	66.19
12	荷兰	65.79
13	加拿大	65.37
14	以色列	64.26
15	意大利	60.61

续表

排名	国家	数字专利指数
16	印度	60.18
17	澳大利亚	58.55
18	土耳其	56.59
19	奥地利	55.74
20	俄罗斯	55.25
21	沙特阿拉伯	55.16
22	西班牙	54.13
23	比利时	53.29
24	丹麦	53.02
25	爱尔兰	51.42
26	挪威	49.14
27	马来西亚	45.76
28	巴西	43.18
29	新西兰	42.30
30	南非	39.49

附表 2-2　　产学研合作水平最高的国家

排名	国家	产学研合作指数
1	以色列	96.42
2	瑞士	94.91
3	芬兰	92.06
4	美国	91.92
5	荷兰	89.89
6	新加坡	84.90
7	瑞典	84.46
8	德国	84.01
9	卢森堡	81.84
10	丹麦	81.42

续表

排名	国家	产学研合作指数
11	英国	81.30
12	比利时	80.76
13	马来西亚	80.13
14	爱尔兰	78.43
15	加拿大	76.17
16	奥地利	73.29
17	日本	70.63
18	挪威	69.54
19	阿联酋	66.67
20	阿塞拜疆	66.03
21	新西兰	65.98
22	冰岛	65.38
23	法国	64.37
24	菲律宾	62.82
25	韩国	62.62
26	中国	61.14
27	南非	58.24
28	泰国	57.26
29	葡萄牙	56.48
30	印度尼西亚	56.37

附表2-3　**移动资费最低的国家**

排名	国家	移动资费指数
1	卢森堡	109.96
2	德国	106.76
3	爱尔兰	105.75
4	挪威	101.90
5	新加坡	100.26

续表

排名	国家	移动资费指数
6	瑞典	100.15
7	哈萨克斯坦	99.92
8	以色列	99.14
9	奥地利	99.04
10	瑞士	98.08
11	意大利	98.08
12	克罗地亚	97.24
13	埃及	96.02
14	土耳其	94.71
15	英国	93.79
16	澳大利亚	93.57
17	立陶宛	91.97
18	伊朗	91.84
19	斯里兰卡	91.55
20	中国	89.73
21	阿联酋	88.65
22	斯洛文尼亚	88.05
23	巴西	88.00
24	美国	87.94
25	俄罗斯	87.84
26	芬兰	87.23
27	丹麦	87.18
28	荷兰	87.11
29	新西兰	86.89
30	越南	86.65

附表 2-4　　网络安全度最高的国家

排名	国家	网络安全指数
1	美国	121.36
2	沙特阿拉伯	120.80
3	英国	120.80
4	爱沙尼亚	120.73
5	韩国	119.56
6	西班牙	119.56
7	新加坡	119.56
8	马来西亚	119.00
9	阿联酋	119.00
10	立陶宛	119.00
11	俄罗斯	119.00
12	日本	118.85
13	加拿大	118.71
14	法国	118.45
15	印度	118.33
16	土耳其	118.31
17	澳大利亚	118.29
18	卢森堡	118.22
19	德国	118.11
20	葡萄牙	118.06
21	拉脱维亚	117.78
22	挪威	117.58
23	荷兰	117.58
24	毛里求斯	117.23
25	巴西	116.81
26	比利时	116.66
27	意大利	116.55
28	芬兰	115.87

续表

排名	国家	网络安全指数
29	埃及	115.15
30	印度尼西亚	114.79

附表 2-5　　**社交媒体渗透率最高的国家**

排名	国家	社交媒体渗透率指数
1	阿联酋	155.84
2	塞浦路斯	154.22
3	科威特	144.94
4	智利	142.87
5	马来西亚	142.63
6	新加坡	142.02
7	韩国	138.73
8	乌拉圭	137.44
9	巴林	136.88
10	格鲁吉亚	135.68
11	冰岛	135.61
12	瑞典	134.73
13	荷兰	134.11
14	挪威	133.03
15	西班牙	130.57
16	阿根廷	130.48
17	瑞士	130.20
18	德国	130.18
19	英国	129.25
20	加拿大	128.50
21	沙特阿拉伯	127.85
22	秘鲁	127.81
23	新西兰	127.78

排名	国家	社交媒体渗透率指数
24	丹麦	127.69
25	芬兰	127.07
26	菲律宾	126.77
27	黑山	125.77
28	澳大利亚	124.86
29	泰国	124.86
30	葡萄牙	124.40

附表2-6　　**数字企业融资最多的国家**

排名	国家	数字企业融资指数
1	美国	113.35
2	中国	98.31
3	英国	95.03
4	印度	89.89
5	德国	88.08
6	印度尼西亚	86.97
7	荷兰	85.36
8	加拿大	84.28
9	以色列	82.92
10	韩国	82.09
11	法国	81.02
12	巴西	80.62
13	丹麦	79.78
14	瑞典	78.99
15	澳大利亚	78.59
16	日本	76.14
17	新加坡	76.02
18	挪威	73.08

续表

排名	国家	数字企业融资指数
19	墨西哥	71.85
20	西班牙	71.45
21	意大利	70.15
22	保加利亚	69.86
23	土耳其	68.59
24	瑞士	68.29
25	新西兰	66.94
26	卢森堡	66.53
27	爱尔兰	66.47
28	芬兰	65.04
29	捷克	64.42
30	比利时	63.82

附表2-7 **电子政务水平最高的国家**

排名	国家	电子政务水平指数
1	丹麦	105.45
2	韩国	102.65
3	爱沙尼亚	101.42
4	芬兰	101.12
5	澳大利亚	100.84
6	瑞典	99.89
7	英国	99.79
8	新西兰	99.52
9	美国	98.93
10	荷兰	97.95
11	新加坡	96.85
12	冰岛	96.15
13	挪威	95.63

续表

排名	国家	电子政务水平指数
14	日本	94.57
15	奥地利	93.51
16	瑞士	93.41
17	西班牙	91.91
18	塞浦路斯	90.91
19	法国	90.73
20	立陶宛	89.98
21	阿联酋	88.42
22	斯洛文尼亚	88.30
23	波兰	88.08
24	德国	87.98
25	乌拉圭	87.64
26	爱尔兰	86.70
27	加拿大	86.51
28	哈萨克斯坦	85.87
29	以色列	85.68
30	阿根廷	84.52

附表2-8　数字相关法律完善的国家

排名	国家	数字相关法律指数
1	卢森堡	98.12
2	爱沙尼亚	96.97
3	阿联酋	92.55
4	新加坡	92.29
5	英国	87.91
6	挪威	86.07
7	马来西亚	84.65
8	冰岛	82.31

续表

排名	国家	数字相关法律指数
9	芬兰	81.77
10	美国	80.96
11	荷兰	78.46
12	加拿大	77.74
13	丹麦	77.24
14	新西兰	77.13
15	瑞士	77.12
16	法国	76.90
17	奥地利	76.42
18	瑞典	76.04
19	韩国	76.03
20	爱尔兰	75.01
21	葡萄牙	73.76
22	阿塞拜疆	73.05
23	立陶宛	71.12
24	德国	70.30
25	日本	70.10
26	澳大利亚	67.91
27	沙特阿拉伯	66.92
28	以色列	66.28
29	比利时	63.83
30	斯洛文尼亚	63.63

附录三 样本国家列表

本部分为 TIMG 指数测度样本国家列表，其中收入类型分类依据世界银行收入分配标准。

附表 3-1　　样本国家列表

序号	国家（英文）	国家	地区	收入类型
1	Albania	阿尔巴尼亚	欧洲地区	中高收入国家
2	Algeria	阿尔及利亚	阿拉伯地区	中低收入国家
3	Argentina	阿根廷	美洲地区	中高收入国家
4	Armenia	亚美尼亚	独联体地区	中高收入国家
5	Australia	澳大利亚	亚太地区	高收入国家
6	Austria	奥地利	欧洲地区	高收入国家
7	Azerbaijan	阿塞拜疆	独联体地区	中高收入国家
8	Bahrain	巴林	阿拉伯地区	高收入国家
9	Bangladesh	孟加拉国	亚太地区	中低收入国家
10	Belgium	比利时	欧洲地区	高收入国家
11	Bolivia	玻利维亚	美洲地区	中低收入国家
12	Botswana	博茨瓦纳	非洲地区	中高收入国家
13	Brazil	巴西	美洲地区	中高收入国家
14	Bulgaria	保加利亚	欧洲地区	中高收入国家
15	Cameroon	喀麦隆	非洲地区	中低收入国家
16	Canada	加拿大	美洲地区	高收入国家

续表

序号	国家（英文）	国家	地区	收入类型
17	Chile	智利	美洲地区	高收入国家
18	China	中国	亚太地区	中高收入国家
19	Colombia	哥伦比亚	美洲地区	中高收入国家
20	Costa Rica	哥斯达黎加	美洲地区	中高收入国家
21	Cote d1voire	科特迪瓦	非洲地区	中低收入国家
22	Croatia	克罗地亚	欧洲地区	高收入国家
23	Cyprus	塞浦路斯	欧洲地区	高收入国家
24	Czech Republic	捷克	欧洲地区	高收入国家
25	Denmark	丹麦	欧洲地区	高收入国家
26	Dominican Republic	多米尼加	美洲地区	中高收入国家
27	Ecuador	厄瓜多尔	美洲地区	中高收入国家
28	Egypt，Arab Rep	埃及	阿拉伯地区	中低收入国家
29	El Salvador	萨尔瓦多	美洲地区	中低收入国家
30	Estonia	爱沙尼亚	欧洲地区	高收入国家
31	Finland	芬兰	欧洲地区	高收入国家
32	France	法国	欧洲地区	高收入国家
33	Georgia	格鲁吉亚	欧洲地区	中高收入国家
34	Germany	德国	欧洲地区	高收入国家
35	Greece	希腊	欧洲地区	高收入国家
36	Guatemala	危地马拉	美洲地区	中高收入国家
37	Honduras	洪都拉斯	美洲地区	中低收入国家
38	Hungary	匈牙利	欧洲地区	高收入国家
39	Iceland	冰岛	欧洲地区	高收入国家
40	India	印度	亚太地区	中低收入国家
41	Indonesia	印度尼西亚	亚太地区	中高收入国家
42	Iran，Islamic Rep	伊朗	亚太地区	中高收入国家
43	Ireland	爱尔兰	欧洲地区	高收入国家
44	Israel	以色列	亚洲地区	高收入国家

续表

序号	国家（英文）	国家	地区	收入类型
45	Italy	意大利	欧洲地区	高收入国家
46	Jamaica	牙买加	美洲地区	中高收入国家
47	Japan	日本	亚太地区	高收入国家
48	Kazakhstan	哈萨克斯坦	独联体地区	中高收入国家
49	Kenya	肯尼亚	非洲地区	中低收入国家
50	Korea，Rep	韩国	亚太地区	高收入国家
51	Kuwait	科威特	阿拉伯地区	高收入国家
52	Kyrgyz Republic	吉尔吉斯斯坦	独联体地区	中低收入国家
53	Lao PDR	老挝	亚太地区	中低收入国家
54	Latvia	拉脱维亚	欧洲地区	高收入国家
55	Lebanon	黎巴嫩	阿拉伯地区	中高收入国家
56	Lithuania	立陶宛	欧洲地区	高收入国家
57	Luxembourg	卢森堡	欧洲地区	高收入国家
58	Malawi	马拉维	非洲地区	低收入国家
59	Malaysia	马来西亚	亚太地区	中高收入国家
60	Mauritius	毛里求斯	非洲地区	高收入国家
61	Mexico	墨西哥	美洲地区	中高收入国家
62	Moldova	摩尔多瓦	欧洲地区	中低收入国家
63	Montenegro	黑山	欧洲地区	中高收入国家
64	Morocco	摩洛哥	阿拉伯地区	中低收入国家
65	Mozambique	莫桑比克	非洲地区	低收入国家
66	Namibia	纳米比亚	非洲地区	中高收入国家
67	Netherlands	荷兰	欧洲地区	高收入国家
68	New Zealand	新西兰	亚太地区	高收入国家
69	Nicaragua	尼加拉瓜	美洲地区	中低收入国家
70	Nigeria	尼日利亚	非洲地区	中低收入国家
71	North Macedonia	北马其顿	欧洲地区	中高收入国家
72	Norway	挪威	欧洲地区	高收入国家

续表

序号	国家（英文）	国家	地区	收入类型
73	Pakistan	巴基斯坦	亚太地区	中低收入国家
74	Panama	巴拿马	美洲地区	高收入国家
75	Paraguay	巴拉圭	美洲地区	中高收入国家
76	Peru	秘鲁	美洲地区	中高收入国家
77	Philippines	菲律宾	亚太地区	中低收入国家
78	Poland	波兰	欧洲地区	高收入国家
79	Portugal	葡萄牙	欧洲地区	高收入国家
80	Romania	罗马尼亚	欧洲地区	高收入国家
81	Russian Federation	俄罗斯	独联体地区	中高收入国家
82	Saudi Arabia	沙特阿拉伯	阿拉伯地区	高收入国家
83	Senegal	塞内加尔	非洲地区	中低收入国家
84	Serbia	塞尔维亚	欧洲地区	中高收入国家
85	Singapore	新加坡	亚太地区	高收入国家
86	Slovak Republic	斯洛伐克	欧洲地区	高收入国家
87	Slovenia	斯洛文尼亚	欧洲地区	高收入国家
88	South Africa	南非	非洲地区	中高收入国家
89	Spain	西班牙	欧洲地区	高收入国家
90	Sri Lanka	斯里兰卡	亚太地区	中低收入国家
91	Sweden	瑞典	欧洲地区	高收入国家
92	Switzerland	瑞士	欧洲地区	高收入国家
93	Tanzania	坦桑尼亚	非洲地区	中低收入国家
94	Thailand	泰国	亚太地区	中高收入国家
95	Trinidad and Tobago	特立尼达和多巴哥	美洲地区	高收入国家
96	Turkey	土耳其	欧洲地区	中高收入国家
97	Uganda	乌干达	非洲地区	低收入国家
98	Ukraine	乌克兰	欧洲地区	中低收入国家
99	United Arab Emirates	阿联酋	阿拉伯地区	高收入国家
100	United Kingdom	英国	欧洲地区	高收入国家

续表

序号	国家（英文）	国家	地区	收入类型
101	United States	美国	美洲地区	高收入国家
102	Uruguay	乌拉圭	美洲地区	高收入国家
103	Venezuela，RB	委内瑞拉	美洲地区	中高收入国家
104	Vietnam	越南	亚太地区	中低收入国家
105	Yemen，Rep	也门	阿拉伯地区	低收入国家
106	Zimbabwe	津巴布韦	非洲地区	中低收入国家

附录四　团队相关研究成果

本研究团队长期跟踪和关注数字经济领域研究。目前，研究团队成果已在重要学术期刊和财经媒体上发表。同时，本研究团队承接国家部委课题，为国家相关部委提供重要政策建议。

（一）期刊论文

1. 张明、王喆：《数字货币如何助推人民币国际化》，《北大金融评论》2023年第15期。

2. 张明、陈胤默、路先锋、王喆：《元宇宙：特征、现状及经济影响》，《学术研究》2023年第8期。

3. 王喆：《中美跨境数字并购比较：特征事实、驱动因素与未来展望》，《当代经济管理》2023年第4期。

4. 陈胤默、王喆、张明、仉力：《全球数字经济发展能降低收入不平等吗》，《世界经济研究》2022年第12期。

5. 王喆、尹振涛：《金融科技基础设施指数构建与发展评估》，《金融监管研究》2022年第6期。

6. 王喆、陈胤默、张明：《测度全球数字经济发展：基于TIMG指数的特征事实》，《金融评论》2021年第6期。

7. 王喆、陈胤默、张明：《传统金融供给与数字金融发展：补充还是替代?》，《经济管理》2021年第5期。

8. 陈胤默、王喆、张明：《数字金融研究国际比较与展望》,《经济社会体制比较》2021年第1期。

9. 张明、陈骁、刘南村、郭子睿：《关于金融科技赋能商业银行转型升级的探讨》,《金融纵横》2020年第3期。

10. 杨晓晨、张明：《Libra：概念原理、潜在影响及其与中国版数字货币的比较》,《金融评论》2019年第4期。

11. 杨晓晨、张明：《余额宝：现状、镜鉴、风险与前景》,《金融市场研究》2014年第5期。

12. 杨晓晨、张明：《比特币：运行原理、典型特征与前景展望》,《金融评论》2014年第1期。

13. 张明、杨晓晨：《中国的互联网金融：现状、缘起与风险》,《金融市场研究》2014年第2期。

14. 张明、王喆、陈胤默：《三大数字货币的比较分析：比特币、天秤币与e-CNY》,工作论文。

15. 陈胤默、王喆、张明：《全球数字经济发展能缓解贫困吗？》,工作论文。

16. 王喆、蒋殿春、张明：《数字型跨国并购的动因与影响因素：企业异质性视角》,工作论文。

17. Zhe Wang, Dianchun Jiang, Ming Zhang："Seeking New Location Advantages：Analysis of Emerging Digital Cross-border M&As—Based on TIMG Index", *Working Paper*.

（二）研究报告

张明、杨晓晨：《数字货币对国际货币体系的影响》,财政部国际司委托课题报告,2020年。

（三）财经评论

1. 张明、王喆：《数字人民币的发展空间有多大》,《学习时报》2022年6月3日。

2. 张明：《新冠肺炎疫情、猪周期与互联网金融》，《金融博览》2021年1月（上半月）。

3. 杨晓晨、张明：《央行数字货币：结构分析与能力展望》，FT中文网，2020年4月28日。

4. 杨晓晨、张明：《Libra会影响中国版数字货币吗》，FT中文网，2019年12月25日。

5. 张明：《警惕互联网金融行业的潜在风险》，FT中文网，2013年11月14日。

附录五　全球数字经济发展指数（TIMG）数据库

数据说明：

欢迎各界人士使用 TIMG 指数。

本次课题组提供 2013—2021 年全球 106 个经济体的全球数字经济发展指数——TIMG 指数，以及数字技术（Technology）、数字基础设施（Infrastructure）、数字市场（Market）和数字治理（Governance）四个分项指数数据。

引用：

如有使用本数据，请注明所用数据为"全球数字经济发展指数（TIMG）"，同时烦请参考以下文献引用我们的成果：

张明、王喆、陈胤默：《全球数字经济发展指数报告（TIMG 2023）》，中国社会科学出版社，2023 年 9 月版。

王喆、陈胤默、张明：《测度全球数字经济发展：TIMG 指数与新特征事实》，《金融评论》2021 年第 6 期。

联系：

如了解更详细数据请联系 wangjiji0425@163.com（王喆）。

下载链接：

从中国社会科学院金融研究所官方网站可以获得 TIMG 指数完整数据。http://ifb.cass.cn/newpc/zxsj/202306/t20230627_5663365.shtml.

参考文献

阿里研究院：《数字经济系列报告之一：数字经济 2.0》，2017 年。

郭峰、王靖一、王芳、孔涛、张勋、程志云：《测度中国数字普惠金融发展：指数编制与空间特征》，《经济学》（季刊）2020 年第 4 期。

韩兆安、赵景峰、吴海珍：《中国省际数字经济规模测算、非均衡性与地区差异研究》，《数量经济技术经济研究》2021 年第 8 期。

刘军、杨渊鋆、张三峰：《中国数字经济测度与驱动因素研究》，《上海经济研究》2020 年第 6 期。

赛迪顾问：《2020 中国数字经济发展指数白皮书》，2020 年。

腾讯研究院：《中国"互联网+"指数报告（2018）》，2018 年。

王军、朱杰、罗茜：《中国数字经济发展水平及演变测度》，《数量经济技术经济研究》2021 年第 7 期。

吴晓怡、张雅静：《中国数字经济发展现状及国际竞争力》，《科研管理》2020 年第 5 期。

吴翌琳：《国家数字竞争力指数构建与国际比较研究》，《统计研究》2019 年第 11 期。

习近平：《当前经济工作的几个重大问题》，《求是》2023 年第 4 期。

向书坚、吴文君：《中国数字经济卫星账户框架设计研究》，《统计研究》2019 年第 10 期。

新华三集团:《中国城市数字经济指数白皮书(2017)》,2018年。

许宪春、张美慧:《中国数字经济规模测算研究——基于国际比较的视角》,《中国工业经济》2020年第5期。

张明:《宏观中国:经济增长、周期波动与资产配置》,东方出版社2020年版。

中国信息通信研究院:《中国数字经济发展白皮书》,2017年。

Ahmad, N., J. Ribarsky, *Towards a Framework for Measuring the Digital Economy*, Paris: OECD Publishing, 2018.

Ahmad, N., P. Schreyer, *Measuring GDP in a Digitalised Economy*, Paris: OECD Publishing, 2016.

Barefoot, B., D. Curtis, W. Jolliff, J. R. Nicholson and R. Omohundro, "Defining and Measuring the Digital Economy", *BEA Working Paper*, 2018.

BEA, "Measuring the Digital Economy: An Update Incorporating Data from the 2018 Comprehensive Update of the Industry Economic Accounts", *BEA Working Paper*, 2019.

Bukht, R. and R. Heeks, "Defining, Conceptualising and Measuring the Digital Economy", *Development Informatics Working Paper*, 68, 2017.

Dahlman, C., S. Mealy and M. Wermelinger, "Harnessing the Digital Economy for Developing Countries", *OECD Development Centre Working Papers*, 2016.

Highfill, T. and C. Surfield, "New and Revised Statistics of the U. S. Digital Economy, 2005 – 2021", *U. S. Bureau of Economic Analysis*, November 2022.

Kling, R. and R. Lamb, "IT and Organizational Change in Digital Economies: A Socio-Technical Approach", *ACM SIGCAS Computers and society*, No. 29, 1999.

Knickrehm, M., B. Berthon and P. Daugherty, "Digital Disruption: The Growth Multiplier", *Accenture Strategy*, No. 1, 2016.

Mesenbourg, T. L.: "Measuring the Digital Economy", *US Bureau of the Census*, No. 5 – 6, 2001.

Millar, J. and H. Grant, "Valuing the Digital Economy of New Zealand", *Asia-Pacific Sustainable Development Journal*, No. 1, Vol. 26, 2017.

OECD, *Measuring the Digital Economy: A New Perspective*, Paris: OECD, 2014.

OUP, *Definition of Digital Economy*, Oxford University Press, 2021.

Statistics Canada, "Results from the Digital Economy Survey", *Statistics Canada Report*, 2018.

Tapscott D., *The Digital Economy: Promise and Peril in the Age of Networked Intelligence*, New York: McGraw-Hill, 1996.

UNCTAD, *World Investment Report 2017: Investment and the Digital Economy*, New York and Geneva: United Nations, 2017.

Statistics Canada, "Results from the Digital Economy Survey", *Statistics Canada Report*, 2018.

Zhao P. F.: "Measuring Digital Activities in the Australian Economy", *Australian Bureau of Statistics (ABS) Report*, 2019.

张明　中国社会科学院金融研究所副所长、国家金融与发展实验室副主任、研究员、博士生导师。研究领域为国际金融与中国宏观经济。出版《宏观中国：经济增长、周期波动与资产配置》等多部学术著作，在《世界经济》《金融研究》《比较》以及 The World Economy 等国内外期刊上发表学术论文 100 多篇，在国内外财经媒体上发表大量财经评论。

王喆　经济学博士，中央民族大学经济学院讲师，中国社会科学院国家金融与发展实验室研究员。研究方向为数字经济与数字金融、国际投资、人民币国际化等。在《经济管理》《金融评论》《世界经济研究》等学术期刊上发表论文 20 余篇，在国内外媒体上发表财经评论若干。主持或参与国家自然科学基金、中国社会科学院博士后创新基金等课题十余项，获得中国社会科学院 2021 年度优秀对策信息对策研究类二等奖。

陈胤默　北京语言大学商学院讲师、硕士生导师，中国社会科学院国家金融与发展实验室研究员，研究方向为数字经济、人民币汇率和国际组织。在《财贸经济》《经济理论与经济管理》《经济管理》《国际政治科学》《中国社会科学（内部文稿）》等学术期刊上发表论文 30 余篇。出版著作 1 部。在《中国社会科学报》、FT 中文网、China Daily 等国内外媒体上发表财经评论若干。获中国社会科学院 2020 年度优秀对策信息对策研究类二等奖。